中国近代新闻学名著系列丛书

芮必峰◎主编

最新实验新闻学（上）

——周孝庵◎著——

中国传媒大学出版社
·北京·

编 委 会

主　编　芮必峰

副主编　姜　红　刘　勇

编　委　贾　南　周　彤　张冰清　侯普曼

出版说明

本丛书整理再版了近代在中国用中文出版的经典新闻学著作，所涉及的图书既有专著、教材，也有译著，全面涵盖了新闻学理论、新闻业务、新闻史等领域，成书年份前后跨越40年。在这40年间，中国的新闻学科从无到有、从借鉴到创新，成就巨大。对这些著作的再次出版，为研究中国近代新闻学提供了珍贵的史料，绘制了中国近代新闻学的全景，度量了中国近代新闻学的厚度，填补了该领域空白，也为纪念中国新闻学诞生100周年献上了一份厚礼。

我们请中国人民大学新闻学院教授、博士生导师，广西大学新闻传播学院院长，教育部社会科学委员会委员兼新闻传播学科召集人郑保卫，及中国传媒大学传播研究院院长、教授、博士生导师，中央实施马克思主义理论研究和建设工程新闻学首席专家雷跃捷对本丛书的内容进行了审定，并根据专家的意见进行了修改。在此对两位专家所付出的辛勤劳动表示衷心感谢。

由于历史原因，本丛书中的个别图书存在一些问题，为保存历史原貌，为研究者提供一手的参考资料，影印时均基本保持其原貌，未作大的删改，希望读者结合当时的历史条件和历史环境，对其中的观点进行批判性借鉴。原书中存在一些错别字、漏字和排版错误，我们在影印时均未做改动，敬请读者注意。

由于原书出版年代久远，本丛书中的许多书籍难觅其踪，存世数量稀少，版权状况极其复杂。为了保证本丛书的学术性和完整性，我们将具有价值的图书先行选入其中，进行了抢救性发掘，力图保存中国新闻史珍贵的历史资料。版权所有人若有异议，请及时与我们联系。

为更好地体现中国近代新闻学的发展脉络，本丛书特别收录了欧美学者休曼的《实用新闻学》、斯蒂德的《新闻学的理论与实际》；日本学者松本君平的《新闻学》、后藤武男的《新闻纸研究》、杉村广太郎的《新闻概论》。当年这些书的出版对中国近代新闻学具有一定的借鉴意义。

本丛书为影印制作，成书清晰度由原书决定，由于出版年代久远，受当时生产力水平及制作方法限制，难免会存在一些缺陷，敬请读者谅解。

中国传媒大学出版社

总　序

如果从1903年商务印书馆编译出版日本人松本君平的《新闻学》算起，中国的新闻学已有115年历史①。如果从1918年北大新闻研究会建立，徐宝璜开办新闻学讲座算起，中国新闻学教育和研究迄今正好100年历史。我们搜集整理了清末至民国期间一些有代表性的新闻学书籍，希望借此重现早期中国近代新闻学的本来面貌，反映我国新闻学发展的历史脉络，我们认为，这对中国新闻学术、教育史研究以及中国近现代思想史研究都是很有意义的。

从1903年到1949年9月的40多年间，我国公开出版和内部印行的新闻学书籍，包括专著、教材、论文集、资料汇编、参考工具书等，约468种之多。②它们集中反映了我国新闻学的历史发展轨迹。然而，由于多种原因，这些书籍除了几本曾被重印出版外，大多已经是“只闻其名、难觅其踪”，这对我国新闻学研究不能不说是一个遗憾。

本丛书在梳理1903—1949年间出版的有代表性的新闻学书籍的基础上，精选了50部著作，校订注释，编纂再版，也算对这一遗憾的弥补。

从我们挑选的这50部新闻学书籍来看，中国早期新闻学的发展有三个鲜明的特点：

一、中国早期新闻学的发展与中国社会发展，尤其与国家民族利益息息相关

40多年间，中国新闻学从近乎空白到勃然而兴，这与中国社会的动荡、变

---

① 黄天鹏回顾新闻运动时说：“有清光绪二十八年，商务印书馆刊行《新闻学》一书，为我国人知有新闻学之始，原书为日人松本君平所著……”资料来源：黄天鹏．新闻运动之回顾［A］．黄天鹏．新闻学名论集［C］．上海：上海联合书店，1929．

② 林德海，等．中国新闻学书目大全1903—1987［M］．北京：新华出版社，1989．

革休戚相关。西方新闻学是现代化的产物，最早形成于19世纪末20世纪初。1901年，“新闻学”一词首见于中文报章①，但直到民国前夕，国人对于“新闻有学乎”尚存疑，认为报社就是新闻人才的“养成所”。至1912年上海报业俱进会以“吾国报业之不发达……其最大原因，则为无专门之人才”②为由，号召组织报业学堂，培养报业专门人才。不难看出，此时新闻界亦将新闻学视为办报之“技”。至1918年邵飘萍为徐宝璜《新闻学》作序仍“窃叹我国新闻界人才之寥落，良由无人以新闻为一学科而研究之者”③。黄天鹏把1903年至1918年新闻学研究会建立之前的十余年视为中国新闻学的启蒙期。④

1918年，随着以启蒙为目标的新文化运动愈演愈烈，新思潮涌入国门，“新学”“西学”站在旧传统的对立面被学界关注，新闻学思想也不例外。作为公学之首和新文化运动中心的北京大学率先开办新闻学研究会，力证了“新闻学”存在的正当性；徐宝璜《新闻学》一书问世，成为中国新闻学理论的奠基之作。新闻学教育兴起，新闻学研究著作渐盛，待到北伐前夕，中国新闻学从学理上和实践上俱已建立起来。

新文化运动后期，马克思主义传入中国，资本主义文明逐渐“祛魅”。之后的大萧条使得西方国家的痼疾暴露无遗，曾经“理想之彼方”的西方报业也难以幸免。在这一时代背景下，如何建立“吾国之报业”成为新闻学研究的热点，围绕这一热点，一方面，关于中外新闻理论、新闻事业、新闻业务的著作日益涌现；另一方面，军阀对于激进言论的暴力摧残，又引发了新闻人对于言论自由的论争。20世纪20年代的中国新闻学呈现百家争鸣之势。

“在这言论自由纷争之际，也有若干论调，认为新闻纸不过是一种政治宣传的工具，在新闻学方面也唱过所谓社会主义的新闻理论，不过这种论调没有完成，当头的国难已把这种理论粉碎。”⑤“九一八”事变后，面对空前的民族危机，“国家至上、民族至上”成为国论，报业成为勾连与动员社会的渠道和网络，

---

① 梁启超．本馆第一百册祝辞并论报馆之责任及本馆之经历［J］．清议报，1901（100）：1–8．
② 戈公振．中国报学史［M］．上海：上海书店，1989：278．
③ 徐宝璜．新闻学［M］．长春：时代文艺出版社，2009：7．
④ 黄天鹏．四十年来中国新闻学之演进［M］//龙伟，任羽中，王晓安，何林，吴浩．民国新闻教育史料选辑．北京：北京大学出版社，2010：149．（以下征引本书时，一律简注为《民国新闻教育史料选辑》。）黄天鹏在此文中提出他对于1903年到战事结束的40余年间中国新闻学发展阶段的划分，原载《中国新闻学会年刊》第1期，1942年9月。
⑤ 黄天鹏．四十年来中国新闻学之演进［M］//民国新闻教育史料选辑．北京：北京大学出版社，2010：161．

致力于推动“舆论统一”。直到全面抗战中期之前，以战争宣传动员为主要研究目标的“战时新闻学”都是新闻学研究的热点。

1943—1949年中华人民共和国成立前夕，随着战争形势的转变，抗日战争已现胜利的曙光，中国新闻学人开始构想新闻业的未来。萨空了①于1943年开始着手书写《科学的新闻学概论》，旨在提醒新闻人应“鉴于美英的前车”②，避免报纸“为大财阀资本家所独占”③，“积极地设法使报纸成为大多数民众自己的相互报道消息、提供意见的工具”④。

二、中国新闻学是“西学东渐”的产物，中国早期新闻学人大多具备西学背景

“西学东渐”的内在精神是中体西用。在“用”的招牌下，西学大量涌入。中国新闻学直接引自日本和美国。首先，中国最早的新闻学译著分别为1903年商务印书馆编辑出版的松本君平的《新闻学》和1913年美国记者休曼著、史青编译的《实用新闻学》。前者成为中国新闻学的开端，而后者作为美国第一本新闻教育著作，“提供采访编辑各种实际问题的解决方案”⑤，也奠定了中国新闻人对于新闻教育之作用的基本构想。

早期中国新闻学人大多具备留美留日的求学背景。徐宝璜曾于美国密歇根大学修习经济学与新闻学，其《新闻学》(1919)的参考文献包括在美国出版的图书23种、在英国出版的图书7种，印证了时任北大校长蔡元培所言，“新闻学之取资，以美为最便矣”⑥。任白涛求学日本早稻田大学政治经济学系时，加入了《朝日新闻》名记者杉村楚人冠等筹建的“大日本新闻学会”⑦，《应用新闻学》

---

① 萨空了（1907—1988）四川成都人，蒙古族，笔名了了、艾秋飚，记者、主编、新闻学家。1927年任《北京晚报》《世界日报》编辑记者、《世界画报》总编辑。曾任教民国学院新闻系、北京新闻专科学校。1935年任上海《立报》副刊主编、总编辑兼经理。中华人民共和国成立后任中央人民政府新闻总署副署长兼新闻摄影局局长、出版总署副署长、全国政协副秘书长兼《人民政协报》总编辑等职。负责主编《中国大百科全书·新闻出版》卷，著有《科学的新闻学概论》《科学的艺术概论》《宣传心理研究》等。

② 萨空了．科学的新闻学概论［M］．香港：文化供应社，1946：36.

③ 萨空了．科学的新闻学概论［M］．香港：文化供应社，1946：36.

④ 萨空了．科学的新闻学概论［M］．香港：文化供应社，1946：36.

⑤ 黄天鹏．四十年来中国新闻学之演进［M］//龙伟，任羽中，王晓安，何林，吴浩．民国新闻教育史料选辑，北京：北京大学出版社，2010：157.

⑥ 邓绍根．中国新闻学的筚路蓝缕：北京大学新闻学研究会［M］．北京：清华大学出版社，2015：228.

⑦ 1915年《朝日新闻》的杉村楚人冠等在庆应义塾大学创办“新闻研究会”并讲授课程，后根据该讲义出版了《最近新闻纸学》(1918)。其时，杉村楚人冠还兼任“大日本新闻学会”的筹建者与学会新闻讲座讲师。

（1922）正是仿照杉村楚人冠《最近新闻纸学》一书体例所做。[①]邵飘萍的《实际应用新闻学》（1923）亦参考了《最近新闻纸学》。[②]杉村楚人冠深受美、德新闻思想熏陶，美、日、德的新闻思想因故才传到中国。

事实上，正是留美、留日学生群体的新闻学著述构建起了中国早期新闻学的基本框架。仅本丛书所涉国内著（编）者30人中，剔除资料不详者3人，有留学经历者共计15人。其中留美5人：徐宝璜、伍超、赵敏恒[③]、戈公振[④]、曹用先[⑤]；留日8人：吴定九[⑥]、邵飘萍、黄天鹏、任白涛、张友渔[⑦]、谢六逸、袁殊[⑧]、王文萱[⑨]；

---

① 周光明. 近代新闻史论稿［M］. 北京：社会科学文献出版社，2014：276.

② 方晓红. 中国新闻简史［M］. 南京：南京师范大学出版社，1996：122.

③ 赵敏恒（1904—1961），记者、新闻学教授。早年就读于清华大学，1923年起先后于美国科罗拉多大学文学院、密苏里大学新闻学院、哥伦比亚大学新闻学院攻读英国文学和新闻学，并获新闻学硕士学位。1925年起在纽约环球通讯社当编辑。1927年回国，在国民政府外交部情报处短暂工作后加入路透社。1945年10月任《新闻报》总编，兼任复旦大学新闻学教授。

④ 留学两个及两个以上国家的，按其留学的第一个国家计。

⑤ 曹用先，女，宁波人，天津南开大学社会科毕业。1926年与未婚夫查良鉴自南开大学毕业后，同赴密歇根大学留学，1930年在该校安娜堡完婚。硕士毕业后回国，曾就职于上海商务印书馆编辑所并任教于大夏大学，1949年与查赴台，1951年4月病逝于台湾。

⑥ 吴定九（1890—1930），名鼎，字定九，嘉定人。著名报人，《京报》元勋之一，著有《新闻事业经营法》。公派赴日本名古屋学习土木工程时，与在东京政法学校读书的邵飘萍成为密友。1923年9月，私立北京平民大学设立报学系，时任京报社经理的吴定九担任教授并讲授专业课程“新闻经营法”。

⑦ 张友渔（1898—1992），原名张象鼎，字友彝，又名张忧虞，山西灵石人。法学家、政治学家、新闻学家。先后求学于山西第一师范学校，国立北平法政大学法律系。1927年任《国民晚报》社长兼总编辑。同年加入中国共产党，任中共北平市委委员兼秘书长。1930年赴日留学。“九一八”事变后回国任《世界日报》主笔及燕京大学、中国大学、民国大学、中法大学、北平大学法商学院教授，讲授宪法学、劳动法学、新闻学和日本问题。1943年起在重庆任中共南方局文委秘书长、《新华日报》社论委员会委员、中共重庆工作委员会候补委员兼政策研究室副主任、《新华日报》代总编辑等职。

⑧ 袁殊（1911—1987），中共谍报人员、记者、新闻学者。早年赴日攻读新闻学、东洋史。曾创办上海自修大学并设新闻专科。1931年3月创办的《文艺新闻》，最早揭露了左联五烈士被害的消息。1932年任新声通讯社记者，经潘汉年引介加入共产党。1942年卧底敌伪报纸《新中国报》，1945年10月转移到苏北解放区；1949年调入中央情报部门。著《记者道》《学校新闻讲话》《新闻大王赫斯特》等书；译《新闻法制论》等。

⑨ 王文萱，曾留学日本，1930年5月翻译杉村广太郎的《新闻概论》。1942年国立社会教育学院新闻系成立，王文萱在该系教授新闻业务课程。1947年年初，李宗仁授意萧一山在北平创办《经世日报》作为喉舌，任命王文萱、蓝文澄两位教授为主笔。

旅欧2人为胡愈之和储玉坤[①]（详情见表）。这些涉足新闻学研究的归国留学生兼容并蓄，汲取美、日、德等国新闻理论和马克思主义新闻思想的精华，进行本土化改良，亦从侧面反映出中国新闻学的理论来源。

三、中国早期新闻学人往往兼新闻实践、新闻教育、新闻研究于一身

1918年，北京大学新闻学研究会成立，徐宝璜负责讲授新闻学知识。他结合自身从业经验，参考欧美新闻学书目，形成课程讲义；再结合讲课心得，不断完善新闻学理论。1919年，国人自撰的第一本新闻学专著《新闻学》最终成书。徐在自序中细陈写书修书之过程："新闻学乃近世青年学问之一种，尚在发育时期。余对于斯学，虽曾稍事涉猎，然并无系统之研究。客岁蔡校长设立新闻学研究会，命余主任其事，并兼任导师。余乃于暑假中，正式加以研究，就所得著《新闻学大意》一篇，以为开会后讲演之用。……开会后，余继续研究，加以会员之质疑问难，时有心得，遂将原稿加以修改，成第二次之稿……"[②]显然，"曾稍事涉猎"指其曾经担任《晨报》主笔的工作经历。早期中国新闻学人兼具从业经验和新闻学教学经验者多会总结实践经验、丰富新闻理论、著书立说、传道授业，这种情况并不鲜见。

从早期新闻学著作的作者（编者）身份来看：本丛书涉及国内著（编）者30人，除李公凡、刘元钊和鲁风三人身份不详，仅蒋国珍[③]、项士元[④]二人没有明确的新闻从业经验。而在这25人中，更有20人兼具从业经历与从教经历。新闻学人大多具有新闻从业经历，学术研究、传承活动与新闻实践密不可分（详

---

① 储玉坤，1912年生，江苏宜兴人，笔名雨君、储华。1937年中央政治学校大学部新闻学及国际政治专业毕业。1938年1月任《文汇报》编辑兼社论撰述者；1938年5月担任《文汇报》法国哈瓦斯分社编辑；抗战胜利后，任《文汇报》总主笔。1946年5月转任《申报》主笔和法国新闻社远东分社中文部主任，兼任中国新闻专科学校教务长和沪江大学新闻系教授。著有《现代新闻学概论》《第二次世界大战史》《美国经济》。

② 邓绍根，中国新闻学的筚路蓝缕［M］. 北京：清华大学出版社，2015：244.

③ 蒋国珍出生于1896年，江苏溧阳人，做过学生运动领袖、国民党党员、教育工作者、政府职员、银行经理。曾加入上海学生运动，代表上海全国各界联合会、全国学生联合会、上海各界联合会、学生联合会四团体发声。虞文俊认为其传世的《中国新闻发达史》翻译自日本人伊藤武雄的《中国新闻发达史》，即蒋国珍应为此书的译者而非著者。

④ 项士元（1887—1959），佛教居士、学者。原名元勋，号慈圆，又号石楼。浙江临海人，通日、英、德、梵、俄文，一生佛学著作等身。25岁毕业于杭州府中学堂，后办私立小学和赤城初级师范，兼任各校教师；捐资并赠书创办了临海图书馆。项士元长期辗转江浙等地从事教育、新闻和史志方面的研究工作。中华人民共和国成立后主持台州文管会，任浙江省文史馆馆员。所著《浙江新闻史》是中国最早的新闻史之一。

见表1[①]）。

从新闻学著作本身来看，许多民国新闻学书籍正是新闻实践和新闻教育的直接产物：国人自撰的第一部新闻采访学专著——《实际应用新闻学》根据邵飘萍在北京大学新闻学研究会和平民大学新闻系的讲稿所著，《新闻学总论》一书则根据邵氏国立政法大学的新闻学讲义整理而成；周孝庵[②]根据自己在复旦大学的新闻学讲义编著了《最新实验新闻学》；郭步陶[③]的《本国新闻事业》是上海市私立申报新闻函授学校讲义之十一；而《新闻学的基础知识》本就是中美日报读讯会[④]为新闻学自修者所出版的教材《实用新闻学讲义》之一；储玉坤的《现代新闻学概论》则是专门为大学新闻理论教科书而编写的（详见表2）。

正是由于早期新闻学人兼新闻实践、新闻教育、新闻研究于一身，才能为理论教学与著述提供最鲜活的案例，促使新闻实践经验迅速融入新闻学理论研究。这是近代中国新闻学迅速发展的重要因素，对于当今的新闻学研究、新闻学教育工作也有重要启示。

本丛书编委会邀请相关领域资深专家进行研讨，认真甄选了书目，仔细进行了版本比较和甄别，从而保证了本丛书较高的学术权威性。

由于历史的局限，民国新闻学书籍的不足是明显的，如学术理论不成熟、部分话语和话题打上了深深的时代烙印等；又因书中涉及的新闻稿件写作于特定历史环境和历史年代，其表达方式不严谨亦不可避免。盖所选书目皆是历史文献，我们在审校中尽量保持其历史原貌，不做大的删改；对极个别对马克思

---

① 李秀云．留学生与中国新闻学［M］．天津：南开大学出版社，2009：239-251．本书中李秀云整理了民国期间从事新闻学研究的留学生44人，并分析其留学国别构成、专业构成、新闻实践经历、从教经历等。

② 周孝庵（1900—1973），佛教学者、律师、报人。松江府人。毕业于江苏省立第一商业学校。历任上海时事新报馆记者、编辑、主编，著《最新实验新闻学》。1928年秋被复旦大学聘为新闻学教授。曾于上海法政大学获法学学士学位，1930年兼律师。1932年主编上海《新闻报》“法律质疑”栏目、编著了《法律质疑汇编》。上海沦陷后，曾氏关闭了律师事务所，潜心佛学研究。

③ 郭步陶（1879—1962），原名成爽，后改名惜，字步陶。四川隆昌人。名记者、新闻研究者。1911—1917年任《申报》编辑，1917年任《新闻报》编辑主任、主笔。1930年任教于复旦大学新闻系。上海沦陷后赴香港，任职于《申报》（香港）、《星岛日报》；1939年创建中国新闻学院（香港）并任院长。抗战胜利后回沪任教于复旦大学、新中国学院。

④《中美日报》是“孤岛”时期的国民党报纸，为躲避日伪新闻检查，在美商罗斯福出版公司招牌下运作，副刊有《集纳》《堡垒》等。1938年11月创刊，1941年12月停刊，1945年8月复刊，次年4月终刊。总编先后为杨勋民、查修、詹文浒，总主笔周宪文，执笔者有储玉坤、章丹枫等。胡道静曾任英文编辑。报社读讯会为自修新闻学的读者出版了《实用新闻学讲义》，共计10种，对编辑术、采访术、评论作法、新闻写作、新闻学史、剪报工作等都有专篇论述。

主义、共产党等的不适当叙述已进行了删除处理。

本丛书规模较大，从策划项目、搜集资料、校订编纂到审稿成书，历时两年有余。这50本书可能并非本本经典，其中有些内容亦有重复、雷同之处，但瑕不掩瑜，它们对于研究中国新闻学功不可没，作为新闻史资料极具研究价值。感谢中国传媒大学出版社和安徽大学新闻传播学院诸位老师的辛勤付出，也希望读者在本丛书中能读出更丰富的内容，获得启发并更深入地思考。

丛书主编　芮必峰

2018年5月7日

附表：

表1　著者受教育、从业、从教及著述情况列表

序号	姓名	是否留学及留学国家	从业经历	从教经历	著作
1	徐宝璜	美国密歇根大学，经济学、新闻学	北京《晨报》主笔	北京大学新闻学研究会、北京平民大学新闻系	《新闻学》《新闻事业》
2	戈公振	1927年赴美国、日本考察新闻事业	首创《图画时报》、“上海新闻记者联合会”会长、《申报》总管理处设计处主任兼《申报星期画刊》主编	上海南方大学新闻系、上海国民大学新闻系、复旦大学新闻系、上海沪江大学商学院、上海民治新闻学院	《新闻学撮要》《中国报学史》《新闻学》
3	邵飘萍	东京政法学校	《汉民日报》主编、《时事新报》《申报》《时报》主笔、创办“北京新闻编译社”、《京报》社长	北京大学新闻学研究会、北京平民大学新闻系、国立法政大学	《实际应用新闻学》《新闻学总论》
4	吴定九	日本名古屋工业专门学校土木工程	主持《京报》	北京平民大学新闻系、国立法政大学	《新闻事业经营法》
5	谢六逸	日本早稻田大学东洋文学史	《立报》文艺副刊《言林》主编、《国民周刊》《趣味》周刊主编	复旦大学新闻系、申报新闻函授学校、国立社会教育学院新闻系、暨南大学新闻系、大夏大学新闻系	《实用新闻学》《国外新闻事业》《新闻储藏研究》
6	黄天鹏	日本早稻田大学新闻系硕士	在北平创刊《新闻学刊》并担任主编	复旦大学新闻系、上海沪江大学商学院新闻学科	《新闻文学概论》《中国新闻事业》《新闻学入门》《新闻学概要》
7	赵敏恒	美国科罗拉多大学文学院、密苏里大学新闻学院、哥伦比亚大学新闻学院攻读英国文学和新闻学，并获新闻学硕士学位	纽约环球通讯社编辑，后加入路透社。“九一八”事变后为美国国际新闻社、伦敦《每日电讯报》《朝日新闻》等供稿。1945年10月任《新闻报》总编辑	复旦大学新闻系、中央政治学校新闻系、暨南大学新闻系	《外人在华的新闻事业》

续表

序号	姓名	是否留学及留学国家	从业经历	从教经历	著作
8	周孝庵	无	历任上海时事新报馆记者、编辑、主编；主编《上海新闻报》“法律质疑”栏目	复旦大学新闻系、新闻大学函授科	《最新实验新闻学》
9	张友渔	1930年、1932年、1935年多次赴日学习新闻学、考察日本新闻事业	《世界日报》编辑、《大同晚报》总编辑、《国民晚报》社长、《泰晤士报》总编辑、《新华日报》社论委员	燕京大学新闻系、北平民国学院新闻系	《新闻之理论与现象》《日本新闻发达史》
10	袁殊	日本新闻专科学校、早稻田大学历史系	创办《文艺新闻》《译报》、新声通讯社记者	上海自修大学新闻专科	《记者道》《学校新闻讲话》《新闻大王赫斯特》《新闻法制论》（译）
11	胡愈之	1928年法国巴黎大学攻读国际法	《东方杂志》编辑、创办《公理日报》、哈瓦斯通讯社远东分社中文部编辑主任、主编新加坡《南洋商报》		《胡愈之出版文集》
12	储玉坤	留法	《新闻报》编辑、《文汇报》编辑、法国哈瓦斯通讯社中国分社编辑、《文汇报》总主笔、《申报》主笔、法国新闻社远东分社中文部主任	中国新闻专科学校、沪江大学新闻系、之江大学新闻系、致用大学新闻学系	《现代新闻学概论》
13	任白涛	日本早稻田大学政治经济学	创办中国新闻学社、《新湖北日报》总编辑		《应用新闻学》《综合新闻学》
14	曹用先	美国密歇根大学①	上海商务印书馆编辑所②	大夏大学③	《新闻学》

① 毛彦文．往事［M］．北京：商务印书馆，2012：28.
② 雪林．一段值得介绍的婚姻（红藏·生活·第四卷第三十八期）［M］．湘潭：湘潭大学出版社，2014：435-437.
③ 毛彦文．往事［M］．北京：商务印书馆，2012：28.

续表

序号	姓名	是否留学及留学国家	从业经历	从教经历	著作
15	王文萱	留日①	《经世日报》②	国立社会教育学院新闻系③	《新闻概论》（译）
16	伍超	留美 “攻读新闻科”④			《新闻学大纲》
17	郭步陶	无	《申报》编辑、《新闻报》编辑主任兼主笔、《申报》（香港）、《星岛日报》编辑	复旦大学新闻系、《申报》新闻函授学校、中国新闻学院（香港）、新中国学院	《本国新闻事业》
18	任毕明⑤	无	《民国日报》《时报》《快报》主笔、《大众日报》总编辑	香港中华新闻学院	《战时新闻学》《评论学十讲》
19	赵君豪⑥	无	《申报》副总编辑	上海商学院新闻专修科、复旦大学新闻系、上海法政学院新闻专修科	《中国近代之报业》《上海报人的奋斗》

① 杉村广太郎．新闻概论·黄序［M］．王文萱，译．上海：联合书店，1930.

② 冯国定．忆萧一山先生［M］//中国人民政治协商会议北京市委员会文史资料研究委员会文史资料选编（第43辑），北京：北京出版社，1992：104.

③ 苏州大学社会教育学院．峥嵘岁月（第三集）［M］．北京、上海、南京、苏州校会．1991：229.

④ 伍超．新闻学大纲·自序［M］．上海：商务印书馆，1925.

⑤ 任毕明，原名任大任，生于1904年，广东鹤山人。1925年在广西梧州创办《民国日报》，曾任《时报》《快报》主笔，主持过香港的《大众日报》。参与创办香港中华新闻学院，并任教。著作有《龙虎集》《风云集》《社会大学》《新社会大学》《战时新闻学》和《评论学十讲》等。

⑥ 赵君豪（1900—？）江苏兴化人。报人。“五四时期”求学于上海交通大学，经常给著名的《民国日报》副刊《觉悟》投稿，并与时任《觉悟》编辑的邵力子讨论种种社会改造问题。毕业后进入《申报》馆工作，抗战后任《申报》副总编辑。1929、1942年两度兼任复旦大学新闻系编辑教授；1930年兼任上海法政学院新闻专修科教授，讲授采访学；曾任《申报》新闻函授学校教授。1944年10月在重庆出版《上海报人的奋斗》。

续表

序号	姓名	是否留学及留学国家	从业经历	从教经历	著作
20	杜绍文[①]	无	杭州《民国日报》国际版编辑、《东南日报》《前线日报》主笔兼《新闻战线》周刊主编、《东南日报》总编辑、《文汇报》办公室主任	复旦大学新闻系	《新闻政策》《中国报人之路》《战时报学讲话》《国际新闻纵横谈》
21	胡道静[②]	无	《万有文库》编辑、上海通志馆编修、《通报》《中美日报》《大晚报》等报记者、编辑、撰稿人	上海法政学院新闻专修科	《上海新闻事业之史的发展》
22	张静庐	无	创办上海杂志公司并出任总经理		《中国的新闻记者与新闻纸》《中国近代出版史料》《中国现代出版史料》《中国出版史料》《在出版界二十年》
23	萨空了	无	《北京晚报》编辑记者、《世界日报》画刊编辑、《世界画报》总编辑、天津《大公报》艺术半月刊主编	民国学院新闻系、北京新闻专科学校	《科学的新闻学概论》

① 杜绍文（1909—？），又名杜超彬，广东澄海人。1927年入复旦大学中文学新闻组学习，1931年留校助教。后任杭州《民国日报》国际版编辑、资料室主任、浙江《东南日报》主笔。抗战期间主编浙江战时新闻学会会刊《战时记者》月刊,《国民日报》总编辑、社长；抗战胜利后任上海《前线日报》主笔兼《新闻战线》周刊主编。1946年至1951年间任复旦大学新闻系教授，1952年任上海《文汇报》记者、编委办公室主任。著有《新闻政策》《中国报人之路》《战时报学讲话》《国际新闻纵横谈》。

② 胡道静（1913—2003），安徽泾县人。1931年毕业于上海持志大学国语系。曾参加《万有文库》编辑和上海通志馆编修工作。“孤岛”时期坚守上海新闻界抗日宣传工作，任《通报》《中美日报》《大晚报》《密勒氏评论报》记者、编辑、撰稿人，同时在上海法政学院新闻专修科讲授新闻史课程，为共产党的抗日宣传培养新闻干部。1949年后历任中华书局上海编辑所编辑、上海人民出版社编审等。

续表

序号	姓名	是否留学及留学国家	从业经历	从教经历	著作
24	管照微①		复旦大学校刊编辑、1931年兼任上海新闻社记者	兰州大学经济系	编《新闻学论集》
25	项士元				
26	蒋国珍	疑为《中国新闻发达史》的译者而非著者②			
28	李公凡	不详			
27	鲁风	不详			
28	刘元钊	不详			

① 管照微，高中就读于上海立达学园，曾与王济深、刘仲达、唐旭之等先后组织了“时潮社”和“立达剧团”。后进入复旦大学新闻系学习，与伍梦窗、林楚君、向浦、徐之津等加入了复旦大学“左联”，并负责复旦大学的校刊编辑工作。1933年12月21日因宣传左翼思想被捕，后任教于兰州大学经济系。

② 虞文俊是东亚中国新闻史研究第一人。《中国新闻发达史》译者蒋国珍初考[J]. 新闻界，2015(15).

表2　书目

序号	年份	书名	作者	备注
1	1903	新闻学	〔日〕松本君平 著	
2	1913	实用新闻学	〔美〕休曼著 史青译	
3	1919.12	新闻学	徐宝璜① 著	北京大学 新闻研究会讲稿
4	1922.11	应用新闻学	任白涛② 著	
5	1923.8	实际应用新闻学	邵振青 著	北京平民大学、 国立法政大学讲义
6	1924.4	新闻事业	徐宝璜 胡愈之 著	
7	1924.6	新闻学总论	邵飘萍 著	
8	1925.1	新闻学大纲	伍超 著	
9	1925.2	新闻学撮要	戈公振③ 编	
10	1927.9	中国新闻发达史	蒋国珍 著	
11	1927.11	中国报学史	戈公振 著	
12	1928.9	中国的新闻纸	张静庐 著	
13	1928.11	最新实验新闻学（上）	周孝庵 著	复旦大学新闻系
14	1928.11	最新实验新闻学（下）	周孝庵 著	复旦大学新闻系
15	1930.4	新闻事业经营法	吴定九 著	
16	1930.5	新闻概论	〔日〕杉村广太郎 著 王文萱 译	

① 徐宝璜，中国新闻学者、新闻教育家。1912年毕业于北京大学，后公费留美，于密歇根大学攻读经济学、新闻学。徐宝璜在美国密苏里大学受过系统的新闻学教育。

② 任白涛，笔名冷公、一碧，河南南阳人。1911年辛亥革命后，先后担任上海《民立报》《神州日报》《新闻报》驻河南特约通讯员，参加当地反袁活动。1916年留学日本，在早稻田大学攻读政治经济学，并加入了大日本新闻学会。

③ 戈公振所著的《中国报学史》最早由上海商务印书馆出版，是研究新闻学和我国新闻事业发展史的开山之作，国内外新闻界将之誉为中国首部新闻史学权威著作。任教上海国民大学期间，戈公振开始着手《中国报学史》一书的写作。在从事新闻工作之余，戈公振致力于新闻教育事业和新闻学研究工作，曾在上海国民大学、南方大学、大夏大学、复旦大学等校新闻系和杭州暑假报学讲习所讲授新闻学方面的课程，在新闻学研究上留下了许多著述。

续表

序号	年份	书名	作者	备注
17	1930.8	中国新闻事业（上）	黄天鹏[①] 著	
18	1930.8	中国新闻事业（下）	黄天鹏 著	
19	1930.8	新闻纸研究	〔日〕后藤武男 著 俞康德 译述	
20	1930.9	浙江新闻史（上）	项士元 编	
21	1930.9	浙江新闻史（下）	项士元 编	
22	1932.7	学校新闻讲话	袁殊 著	
23	1932.8	外人在华的新闻事业	赵敏恒 著	
24	1933.4	新闻学入门	黄天鹏 著	
25	1933.10	新闻学论集	管照微 编	复旦新闻学会丛书
26	1935	实用新闻学（上）	谢六逸[②] 编	申报新闻函授学校讲义之三
27	1935	实用新闻学（下）	谢六逸 编	申报新闻函授学校讲义之三
28	1934.1	新闻学	曹用先	
29	1934.2	新闻学概要	黄天鹏 编	复旦大学讲义、上海沪江大学新闻学专修科
30	1935	上海新闻事业之史的发展	胡道静 著	
31	1936.5	新闻学讲话	刘元钊 编著	

① 黄天鹏，字天鹏，别号天庐。1927年1月，他创办了我国首个新闻学刊（1929年扩改为《报学月刊》）并任主编；他是我国新闻学术史上最早研究新闻学之产生及发展史的学者，是我国具有新闻学术史观的第一人。他于1923年就读于北京平民大学报学系，1929年留学日本,修业新研究所,旋入早稻田大学新闻系。归国后出版了《新闻文学概论》《中国新闻事业》《新闻学入门》《新闻学概要》等十余本新闻学专著。

② 谢六逸，中国现代新闻教育事业的奠基者之一。著名的作家、翻译家、教授。1917年以公费生身份赴日就读于早稻田大学。1922年毕业归国，入商务印书馆工作。后历任神州女校教务主任及暨南大学、复旦大学、大夏大学教授。1930年任复旦大学中文系主任，并创设了后来闻名海内外的复旦大学新闻系，任主任。

续表

序号	年份	书名	作者	备注
32	1936	本国新闻事业	郭步陶 编著	申报新闻函授学校讲义十一
33	1936.6	新闻之理论与现象	张友渔 著	
34	1936.11	记者道	袁殊 著	
35	1937.7	现代新闻学概论	储玉坤 著	国民党政府唯一指定大学新闻理论教科书
36	1938.7	战时新闻学	任毕明 著	
37	1938.9	中国近代之报业（上）	赵君豪 著	
38	1938.9	中国近代之报业（下）	赵君豪 著	
39	1938.10	基础新闻学	李公凡 著	
40	1939.7	中国报人之路	杜绍文 著	
41	1940.4	新闻学	戈公振 著	1932 年完稿，另有 1947 年版
42	1941	新闻学的基础知识（上）	中美日报读讯会 编	中美日报读讯会实用新闻学讲义
43	1941	新闻学的基础知识（下）	中美日报读讯会 编	中美日报读讯会实用新闻学讲义
44	1941.7	综合新闻学 1	任白涛 著	
45	1941.7	综合新闻学 2	任白涛 著	
46	1941.7	综合新闻学 3	任白涛 著	
47	1944.9	新闻学	鲁风 著	新中国自修学院约稿
48	1946.6	科学的新闻学概论	萨空了 著	另有 1945.3 出版的署名艾秋飚的版本
49	1946.11	新闻史上的新时代	胡道静 著	
50	1947.12	新闻学的理论与实际	〔英〕斯蒂德 著 王季深 吴饮冰 译	上海文化函授学校读本

題序

（以收到序文之先後爲序）

△潘公弼先生序

最近四五年、我國報紙有顯著之進步、或以歸功於時事新報之革新創制、輒爲同業先、風聲所樹、競求精進、於是數十年來沉沉欲睡之局、爲之震盪、而生氣蓬勃、頓改舊觀矣、不佞服務斯報、竊未敢承也、良以報紙之進步、由於其自身之識力精力物力者半、由於環境之涵育憑藉誘掖者又半、時事新報之有今日、造因於社會者至多、社會而沉沉欲睡、其視報紙也至淡漠、其待遇報業與新聞記者也至冷酷、其審別報紙也復極幼稚、則報紙而托生於此種環境之中、如之何倖免於意氣銷沉耶、自齊盧之戰、以迄國民革命軍奄有東南、號稱商業中心之上海、屢成軍事中心政治中心、復以各種思想之複雜與衝突、而成爲各種民衆運動之中心、滬上報界、以自然之需求、遂不復能保持其靜態、時事新報丁此時會、爭着先鞭、且自審其既往成績之不足與言守成、乃篤行所信、排除萬難、以締造其新生命、如混合編輯、改良標題、又如直接採訪、直接販賣、數管齊下、收效殊宏、雖此諸端、亦猶東西先進各國報界之成法、然於採取混合編輯法之際、外違讀者之定讀性(Reading habit)、內改工友之排版法、於是反對之聲、不一而足、曾幾何時、讀者便之、報界竟有時事新報式之稱、溯自改制以迄風行、煞費苦心、而周孝庵君於此期間之內、歷事採訪編輯、無役弗預焉、孝庵君自強不息、服務餘晷、輒瀏覽各國報學名著、融會之於十年體驗之中、偶有心得、隨筆劄記、復於所見可資例證之資料、盡量蒐集、積久得巨帙、整理編次、成『最新實驗新聞學』一書、脫稿之日、囑爲校閱、不佞快得先覩、深信夫勤業力學者之所爲、不同凡響、以視渾忘我國報學應以我國之文字信仰習慣與國民性爲基礎、而率爾操觚迻譯外籍者、宜異其選矣、夫報學固純理學而兼應用學者也、孝庵君此書、則其理論與經驗之總積也、樂爲之序、以紹介於當世、　潘公弼、

△陳布雷先生序

周君孝庵著實驗新聞學、將付刊矣、授余讀之、而屬弁以言、余深佩周君致力之勤、而自愧無以益周君也、新聞學之成爲一種獨立的學科、爲時蓋猶未久、世人或謂 Journalism 者、與其謂之學、無寧謂之術、學與術本無一定明顯之界限、凡對於一種專門之術、整序而董理之、分合而貫穿之、尋其發展途徑而紀錄之、繹爲若干之原則而闡述之、皆得謂之學、Journalism 者、蓋猶在

胎孕滋息中之一種科學、而有待從事斯業者之含宏光大、使之充實而蔚爲大觀者也、我國之經營近代式的新聞紙、已有數十年之歷史、而新聞學之專著、猶寥寥若晨星、社會既不明新聞事業之眞諦、後進有志之士、遂亦茫然不得研求之途徑、周君此著、綜括採訪編輯製題取材之各方面、切合我國之情況、系以豐富之實例、雖未敢過譽爲空前之著作、而全書首尾、確守此時此地之原則、足爲中國新聞記者之實務寶鑑、則無疑矣、余之識周君、當民國九年之冬、其時商報方在籌備時代、周君枉駕相存、談新聞事業、多精湛獨到之言、其後六七年間、周君佐潘君公弼主時事新報、予在商報、兩報比舍相望、各以銳意改進相策勉、中國新聞界紙面革新之程序、皆同人痛苦試驗中所親歷、周君獨能於職務餘閒、成此蔚然之一帙、其日進無懈之精神、彌足佩也、新聞記者最優良之學校爲新聞社、而新聞學之充實光大、其責任全寄於執務新聞事業中之吾人、余之濩落、誠不足以弁周君之書、然周君之精勤如此、更閱數年、竊願隨中國新聞事業之長足進展、更有裒然之新著以餉讀者、則私衷所尤切望者矣、

民國十七年雙十節、陳布雷於時事新報編輯室、

△趙叔雍先生序

新聞事業、樹政治之先河、爲羣生之明鏡、凡所紀載、上自國家隆替所出之中樞、以至於皁田之院、蓋無不具也、治新聞事業者、更以一人、角逐於萬籟之林、職採訪則寢食或廢、晷刻不停、職編輯則午夜一鐙、積年無息、然其成功之途不一、得其道者、事半而功倍、不然或累月積時以赴之、未有或名焉、顧所謂道者、又在心會神領之際、不易得而宣也、夫以一人應萬幾、以旦夕窮天壤、事變之繁、消息之會、端寄於楮墨之間、輪蹄之際、而又重之以未易得之之道、舉凡個人之學養、歷史之嬗衍、向背之趨勢、在在爲有關係、無已、其求之於術乎、周君孝庵、庶幾其神於術者也、從事時事新報有年、好之而不倦、持之以有恒、以其工於術者、而昌之於用、人之讀時事新報者、亦既習諳之矣、顧又不吝其術、且將充以昌之於世之治新聞事業者、余信人手一編、徵其精意、則造詣必無限量、蓋天下惟以科學之方法、治一切學問、始易實際獲益、今之治斯道者、中外庠序、列爲專科、而或者西來之說、未必盡中於國情、國內所求、猶恐病其爲幼稚、孜孜鑽研於授受講習之際、乃轉不如得實驗者之合於應用、手茲一編也、好斯道者、其試徵余言、歲在戊辰仲春、武進趙尊嶽記於時事新報館鐙窗、

△張君勱先生序

讀英美之報紙、世界大勢、瞭然在目、可謂不出戶庭而知天下事矣、法國報紙、所記不外巴黎之要聞、以一政客主持其事、視同一己之機關、至其銷數之狹隘、財政之獨立、決難與英美比倫、竊嘗論之、吾國京津之報紙類乎法、其紙張之數同、其記事之內容同、滬上之報紙類乎英美、其廣告之多同、紙張之多同、然滬報之外形、視英美雖似、而考其實質、有斷不可相提並論者、海外新聞之來源、由外人主持、其病一、內國新聞僅載事實、以免觸犯忌諱、其病二、是報紙爲附和輿論之具、非所以指導輿論也、周君孝庵服務滬報已逾十載、本其經驗所得、著『最新實驗新聞學』一書、於吾國受國外通信社之支配、言之痛心、故本書中特闢國際的新聞政策一章以討論之、一國之新聞事業、非採訪編輯所能盡焉、尤貴有敢言之氣概、精確之判斷、監督政府、指示國民、滬報同人誠能以報德相砥礪、力矯今日依違之病、則報紙之貢獻於國家者、奚止如今日而已哉、因序周君書、而並及之、滬報同人倘不以其直言爲忤歟、

十七年四月寶山張嘉森君勱序

△嚴獨鶴先生序

中國之有報紙、亦既數十年於茲矣、於此數十年中、執筆爲新聞記者、而從事於報紙生活者、人數蓋亦不尠矣、然而中國不能謂無新聞事業、乃絕對不能謂有新聞學、新聞記者縱令竭其心思、勤於職業、而有相當之成績、要皆本其天才、參以經驗、得免隕越而已、非學而後能、亦幷無所謂學也、國中有如許報社、有如許新聞記者、而需要甚切之新聞學、乃至於今、仍闕焉不完、此亦新聞界之所自愧、而教育界之所引以爲憾者也、最近一二年來、青年學子、對於新聞事業、頗感興趣、羣謀研習新聞學、藉爲他日之用、　於是各學校中、亦間設新聞學一科、聘人主講、　顧講者習者、俱苦不得適於教科用之專書、蓋索諸坊間、關於新聞學之書籍、祇寥寥數冊、非無可采、然求其備具綱要、詳論得失、足爲後學之津梁者、殊不易覯也、周君孝庵、致力於新聞事業者有年、且復出其餘緒、啓牖後進、創辦新聞大學函授科、成績卓著、　夙稱爲吾黨之健者、茲又取其平昔詔示學子之作、整理而編輯之、裒然鉅著、將以問世、予敢斷言、此書一出、其有裨於青年及新聞界之前途者、殆非淺鮮、而在講授新聞學者、得此以爲教材、　嘗更見其完備而切於實用也、戊辰九月嚴獨鶴序、

△著者自序

美新聞家吉佛遜 Thomas Jefferson 有言『予寧居於有報紙無法律之國家、而不願居於有法律無報紙之國家』、此寥寥數語、足以證明報紙與人類生活關係之密切、及新聞事業之重要、

近代民治潮流、瀰漫全球、『主權在民』『言論自由』殆爲一般人所公認之原則、民治云者、以民衆決國是、而徵衆意於輿論、是以輿論爲改進政治之原動力、而報紙者、所以代表輿論者也、惟其然、報紙之態度須極光明坦白、應立於人民地位上、爲人民之代表、作人民之喉舌、其目光應注射於『最大多數之最大幸福』、人民所欲言而不能言者、報紙言之、人民所欲言而不敢言者、報紙言之、人民所欲知欲聞而不及知不及聞者、報紙述之、凡道德之所容、法律之所許、秉孟子『富貴不能淫、貧賤不能移、威武不能屈』之人格與精神、以與世周旋、上自政府、下至貧民窟、蓋莫不爲新聞記者日常視覺聽覺之對象、然後基於『公平正義』而監督之、指導之、歐美人尊新聞記者爲『無冕帝王』、以其具有與王者彷彿之權威、僅不冕耳、

吾國之有新聞紙、始自東周、早於歐洲新聞鼻祖之羅馬、然當時之官報、僅載上諭奏議及宦海升沉、發布於朝廷官吏之間、不普及於民間、新聞之記載烏有、政治之批評缺如、印以木刻、內容簡陋、與其稱之爲報、曷若名之爲『再版公文』、至若近代報紙之出現於吾國、尙不足百年、據最近

調查、全國報紙僅六百二十八種、與歐美日本相較、相去何啻霄壤、年來雖力圖刷新、進步亦速、然尙有不能予吾人以滿意者在、是則吾國報紙、尙須加以一番建設功夫、殆無疑義、但欲言建設、須先破壞、現有落伍之舊制度、應一律改造、吾全國新聞界同人、應高樹『報紙革命』之幟、立於聯合戰綫之上、一致向前進攻、報紙始有新生命之可言、且始有與歐美日本齊驅之一日、

現在最應澈底改造者、殆莫採訪與編輯若、

(一)以採訪言之、新聞無異營養報紙生命之血、美故總統威爾遜有言『新聞爲國民之食料』、其重要可知、故吾人欲維持報紙生命、卽應努力於新聞之採訪、但現有公雇制、一日不打破、則採訪一日難進步、歐美日本報紙中之新聞、十之九得自各報之專雇訪員、美國大報、每日在本埠編輯指揮之下之訪員、甚有在五十人以上者、若二三十人、則司空見慣、不足爲奇、其訪員工作之繁重、數倍於吾國、至若吾國、則數十年來、依賴於公雇訪員、以同樣新聞、供給各報、致威廉博士有中國報紙新聞雷同之言、此實吾國報史上之一大缺憾、年來吾國報紙雖漸有增加專雇訪員(卽各報自雇之外勤記者)之勢、但無必須依賴專雇訪員之現象、換言之、專雇訪員中設有若干人不出外活動、仍有公雇訪員送來之無聊新聞稿、爲之補充、不若歐美日本報紙之非專雇訪員

無從得新聞、致報界有競爭與進步之功效也、吾國報紙、欲除舊弊、莫若擴充現有之專雇訪員額、組織一戰鬥力堅强之軍隊、每日與人決勝負於新聞戰場之上、此其一、吾國國際新聞、仰人鼻息、爲人操縱、已數十年於兹、今後欲圖國際上之自由平等、應擴大國際宣傳、直接收發國際新聞、故吾國亟應新聞獨立、及應有對外的新聞政策、此其二、『一畫值萬字』、歐美人懸爲閱報要件之一、吾國報紙今後除新聞採訪上的競爭外、宜注意於攝影、訪員應人人有攝影之技能、隨時將重要新聞中之重要事實、映於讀者之眼簾、庶報紙呈活氣、而臻美化、此其三、吾國訪員之工作時間、初無一定、採訪新聞、亦少人爲之規劃、常有推諉及勞逸不均之現象、此後不特應有統一指揮之機關（如採訪科）、且工作時間、亦應分爲日夜兩班、蓋每日自日出以至子夜、幾無時不在訪員準備活動之中、人非機械、孰能爲勞苦無度之生活、分班工作、所以調劑其精力之不足、此其四、今後各報聘請訪員、似宜採用考試制度、即不然、亦須其人有已往工作之經驗、此其五、

（二）以編輯言之、則華報之編輯藝術、似足以幼稚兩字盡之、雖其間不乏進化之報紙、然以全部觀之、尚屬少數、故吾國報紙此後應特別注意於標題之製作、而標題須顯明活潑、切合事實、盡

量表現新聞中之價值、而不使之湮沒、此其一、『毒素新聞』時見於吾國報紙、實一汚點、故編輯者應以銳利之目光分析之、嚴定刋棄之標準、此其二、吾國報紙獨多無甚新聞價值之新聞、浪費地位、至爲可惜、蓋編輯之難、不在發稿、而在選稿、選稿苟不精審、報紙必無生氣、稿既精矣、尤須支配適當、故予極主實行編輯上之『精編主義』、換言之、無新聞價值之消息、即無刋載之餘地、此其三、吾國報紙對於國外新聞、不甚注意、實一缺憾、今後應特闢地位、編刋此項新聞、俾民衆注射其目光於全世界、此其四、電報與新聞、一而二、二而一、不應分門別類、多立名目、致新聞受『腰斬』之慘、讀者有顧此失彼之苦、故此後凡事件性質相同者、不問其爲電報或其他新聞稿、更不問其爲本埠或外埠、應打成一片、熔化一爐、而合併編輯於適當之地位、此其五、打破字紙簏式之惰性編法、變更其向來所持的多多益善來者不拒之態度、此其六、

以上僅就採訪與編輯兩方面約略言之耳、此外如新聞記者之待遇、及報館之設備等等、亦均有徹底改造之必要、

予濫竽報界、忽忽十載、學識譾陋、既愧且慚、惟對於新聞學則極感興味、平日偶有所得、輒隨筆劄記、數年來不覺已成巨帙、民國十四年春、有上海新聞大學之發起、本書之作、始於斯時、本供

函授科講義之用、諸生以吾國新聞學書籍、雖不乏佳著、然譯自東西各國原本者居多、國情互歧、鮮切實用、且戴季陶先生在滬演講新聞學時、對於新聞學書籍、亦以為『……研究事實、尤其要注意本國事實』、因此紛囑予集合舊稿、付諸棗梨、予覺其簡陋、乃於前年春另起爐竈、重加整理、較原有講義增加材料十之九、頃始脫稿、題其眉曰『最新實驗新聞學』、書凡三編、第一編為新聞採訪法、第二編為新聞編輯法、第三編為新聞標題法、專論新聞之採訪與編輯、凡二十萬言、計本書之成、埋首工作者幾三易寒暑、而平日之搜集材料、尚不在內、其中第三編、易稿凡三次、蓋國內新聞學書籍中、對於標題之製作、極少論及、即或論及、亦都語焉不詳、但標題為報紙紙面工作中最重要之藝術、不能漠視、因憑個人十年來之心得、詳論其得失與製作之法、聊供同志之研究而已、他如第一第二兩編、完成費時亦久、其中十之八九、均為其他新聞學書籍中所未論及者、雖不敢自謂對於新聞學上有若何貢獻、然本書之作、蓋有兩大目的、(一)為吾國『報紙革命』之前驅、(二)『注意本國事實』、以本國之文字習慣及國民性為基礎、而期其成為最適用於吾國報紙之新聞學、自維愚陋、坐井觀天、海內外同志、苟以為可教而辱教之、則幸甚矣、再本書出版之前、承汪英賓潘公弼兩先生為予校閱、殷殷指示、獲益良多、並承張竹平先生多方

贊助、又聞亦有何中孚兩先生亦曾代予搜集材料、心感奚似、特一併竭誠誌謝於此、

中華民國十七年三月一日、周孝庵序於上海時事新報編輯室、

最新實驗新聞學目錄

第二編　新聞編輯法……一五三

第三編　新聞標題法……二九五

第四編　雜著……三九五

最新實驗新聞學

周孝庵著

第一編　新聞採訪法

第一章　報界競爭之焦點

報紙者、人類日常生活之反映、其最大目的、在報告最新而與人生最有關係最有興趣之各種消息於讀者、故新聞實爲搆成報紙之惟一原料、報紙不欲爭生存則已、否則、必先注意新聞、報界之競爭、至今日而愈演愈烈、其所聚精會神鈎心鬥角者、殆漸集中於新聞、報紙之命運、殆亦決之於新聞、新聞靈、則銷路廣、聲譽著、反是、則必有不堪設想者、報紙爲擴大銷路及增高地位計、勢不得不爲新聞而奮鬥、更不得不廣羅優秀之訪員、此勢之所必至、理之所必然、報界之競爭、漸趨於新聞一途、殆無疑義、以吾國言、其所以臻此境地、則亦有相當時期、試分述之、

(一)最初爲報紙私有時期、在此時期中、報紙既不重新聞、亦不重營業、其宗旨在利用報紙作私

人的宣傳品、凡邸報及西人所發刊之教會報及一系一派之機關報皆屬之、蓋斯時純係個人之新聞事業也、

(二)次爲評論時期、報紙輕新聞而重評論、斯時之讀者、目報紙爲消遣品、酒後茶餘、偶一把誦、報紙爲迎合其心理、競聘文豪或小說家主持筆政、以資號召而暢流布、新聞則僅視爲報紙之附屬品而已、自遜清同治以至宣統末年似之、

(三)又次爲營業時期、在此時期中、讀者始知報紙爲社會公器、漸覺私有報紙不足以引起興趣、同時並已得讀報之習慣、以報界自身言、亦思藉營業以維持其『經濟獨立』、蓋往昔辦報者、以得人豢養、輒沾沾自喜、殊不知政局朝變夕化、報紙因之日在震蕩飄搖之中、其後辦報者知軍閥政客之不足恃、並覺悟報紙須言社會所欲言、更言社會所不敢言、苟其言爲一小部份之私言、即足墮其在社會上之地位、而走入失敗之路、於是亟亟求自給、自給之道、莫若營業、營業發展、經濟自能獨立、其言論自能超然而不爲人所束縛、其權威亦始能確立、故斯時報紙之營業競爭、實爲報業之覺悟、但應注意者、則報紙爲一種職業、乃公意寄托之所在、與普通謀利之營業不同、故報紙一方固應注意營業、但一方亦應顧全其天職也、

（四）更次為編寫時期、此時報界自覺編輯技術不良、不足以引起讀者興味、新聞價值為之湮沒無餘、於是互相競勝、逐謀改良、其編輯優良之報紙、頗有左右銷路之勢力、

（五）報紙之前途、可就新聞卜之、故各報又覺徒有良好編輯、而無良好新聞、則巧婦難為無米之炊、勢將索然無生氣、而營業必為之減色、況讀者目的、乃在新聞、而不專在研究其『編輯法』、新聞不靈快、即不能滿足讀者之『讀報慾』、而必將羣焉趨之於消息靈捷之報紙、經營報紙者為環境所迫、遂以新聞為主體、評論為賓體、更不得不貫注全力、出奇制勝、以求採訪上之成功、而圖日後之生存、若廣羅人才、以擴充『實力』、若改善設備、以增進便利、皆其最顯著之事實、且各報『公雇訪員』既日見淘汰、專雇之外勤記者日漸增加、『新聞網』亦日見撒布而展大、是已漸入於『短兵相接』『向外發展』之時期、行見誰之實力强、新聞靈、設備周、誰即勝利、誰之實力弱、新聞滯、設備缺、誰即失敗、愈競爭、愈進步、競爭不已、進步亦不已、

年來吾國報界人士、頗主張經濟獨立、而與其本身最有利害關係之『新聞』、則漠視採訪、進步甚遲、但當此競爭劇烈之秋、亟應提倡新聞獨立、換言之、即為採訪獨立、以對外言、則一切國際新聞須打破仰人鼻息的現狀、由自己直接收放、庶免外國通訊社操縱新聞之痛苦、以對內言、則

所有各報之公雇制、應卽廢除、而完全專雇、卽仍令公雇訪員存在、亦僅視其爲報告來源之一種、報紙接得此種稿件後、仍須評量新聞價値、爲進一步之採訪、旣免新聞雷同之弊、復開新聞競爭之漸、採訪日見進步、報紙日見革新、可以斷言、以日本言、報館無通訊社爲之傳播消息、其所得之新聞、皆由各報專雇之外勤記者訪得之、以美國言、新聞十之九、亦得自專雇訪員、紐約某大報有直承本埠編輯命令之訪員、達五十餘人之多、以視吾國、相去霄壤、故吾國報界欲求事業之進步、須打破現在之制度、每報暫時至少專雇二十人左右之外勤記者、組織強有力之戰鬥隊、逐日活動於新聞戰場之上、各報雖得同樣新聞、而翌日刊載之結果、則各極其妙、毀滅依賴性、創造新生命、此不特爲採訪上最大之成功、抑且爲吾國報界最大之革命、

最後、尙有不能已於言者、則新聞一項、固爲今後報紙競爭之焦點、然報紙旣以演譯人生爲使命、卽不能謂其與文學絕對無關係、況報紙至今尙不能脫離消遣之範圍(如時事新報之靑光、申報之自由談、新聞報之快活林)、故評論時期雖爲過去之現象、但非謂今後之報紙、絕對不需要評論、所不同者、往昔重評論而輕新聞、今後則重新聞而評論次之、固非謂評論可完全廢棄也、更如營業時期僅爲個人新聞事業後之一種現象、須知報紙之營業競爭、過去如此、現在如此、將

來亦復如此、更進一步言、則上列五種時期中、除第一種外、餘均有相互的『連環性』、蓋報紙入於新聞競爭時期以後、非謂營業、編輯、評論等項、卽可束諸高閣、苟有靈確之新聞、同時復有生動之編輯法、透澈痛快之評論、以及蒸蒸日上之營業、自爲理想中最完美之報紙、特『新聞』爲實現此種『理想』之最重要工具耳、

第二章　訪員之職責

訪員（卽外勤記者、外交記者、英語爲 Reporter）之本職爲採訪新聞、就字義而論、凡在許多靜的或動的事物中、偶然採得任何一種新聞者、謂之採、事物一經變故、卽有導綫、訪員得此導綫、從事訪問、其訪問之時、已有一種固定目的者、謂之訪、前者以歸納爲手段、後者則以演譯爲手段、

採訪苦事亦難事也、在外界之人、以爲訪員祇須往來街衢間、不患無新聞可得、殊不知街衢以外、隨時隨地孰非新聞發生之地、新聞之競爭又不含有排他性、眞消息根據於事實、而事實之成新聞者、固予千百訪員以同等之機會、惟機會雖屬同等、而其採訪方法、則隨訪員之智愚及手腕之巧拙而異、此些微差別、卽爲採訪成敗所繫、不知採訪法者、雖終日奔波於新聞會集之地、日

暮歸來。必鮮成績、反之、則一踰足新聞所在地。正可大展抱負。片刻間不難滿載而歸、訪員者、新聞戰場中之兵隊也、其職責所在、有不容忽者、請分別言之、

A.關於新聞者

報紙以報告新聞爲職志、所載新聞、須爲讀者負責、以忠實不欺讀者爲惟一要件、但報紙新聞、大半由訪員供給、其虛實真僞、惟『親履前敵』之訪員、知之最審、故凡爲訪員者、應對所訪新聞、絕對負責、毋摭拾人言、毋違反事實、蓋一段不確之新聞、足以貽讀者以一種惡印像、報紙長時期奮鬥得來之聲譽、不難毀之於一旦、

B.關於工作者

世間一切事物、無時不在變動中、訪員之工作無時或息、其耳目應隨時警備、其手足應隨處活動、其頭腦尤應無時靜息、往昔吾國報紙之訪員、悉隸屬於各部新聞主任之下、工作時間、亦無規定、每天送若干則新聞、或若干時期送新聞若干則、卽算責任已了、送稿以後、雖有重大事件發生、一若已在其責任範圍以外、此實違反報紙『以最快方法、報告最確新聞』之天職、最近各報新聞競爭、日甚一日、不僅求其確、且須求其靈與詳、於是訪員之責任益重、若採訪科之組織、若專雇訪員額之擴充、胥其最顯著者、若在美國、則支配採訪新聞之權、操於各部編輯之手、故其大報之事務所、不特非一純粹之民治主義、且亦非一模範之共和國、實爲一完

全專制政治 (The office of a large newspaper is neither a democracy, nor a model republic, but an absolute despotism)、訪員在辦公時間之內、苟未得本埠編輯之允許、甚至不准出外小食、苟為報紙所需要、則不論晝夜、均在其活動範圍之內、而大報之總編輯更不啻一專制君主、各部主任亦似各該部之專制君主、本埠編輯則乃本埠新聞編輯室中之王 (The editor-in-chief of a large paper is an autocrat; the head of every division likewise is an autocrat of that department; while the local editor is the Czar of the local room) 訪員採訪新聞、胥由編輯員支配、且因其缺乏經驗、有時竟賴編輯員之指導及訓練者、編輯員則現有由經驗豐富之訪員升任之傾向、

當訪員返館以後、立在可能範圍之內、以極少之字數、將其事實摘要報告於本埠編輯、然後由編輯告以本報對於該項新聞之『需要量』、而令其以若干字數作成一篇新聞、重要新聞詳記之、否則、簡略之、字句忌冗蕪、事實貴捷確、藉免浪費時間、探不需要之事實、並可藉此機會、使訪員知新聞價值之何在、苟遺漏重要事實、仍須出外再訪、至若吾國、則新聞長短、悉由訪員記之、編輯員雖得隨時加以增損、但在作稿之初、並無『先行報告、再加決定』之規定、

且美國報紙、除國外新聞由電報得之外、城市中新聞、則十之九由專雇之訪員採訪而來、因此報館以訪員為主體、每一事件發生、競爭極烈、以各種方法採訪新聞、出版愈早愈妙、本埠編輯每日下午到館、訪員卽須一一『報到』、編輯乃分配其任務、出外活動、苟無報告、卽難辭咎、如煤油大王嫁女一事、事前極秘密、某報訪員候一日未得攝影、蓋煤油大王已由他家之後門走出、該訪員卒受譴責、又如有大人物經過、火車停站、時間極促、而與談話者衆、訪員不得不購票上車、以得一『談話』而返、訪員如在途中遇一事件發生、須先以電話報告於本埠編輯、詢問是否需要採訪、再由本埠編輯視其性質而決定之、一九二二年、華盛頓有一大劇場正在演劇之際、忽為積雪壓坍、死傷甚衆、訪員一面救人、一面記其事、甚有全夜未眠或飲食俱廢者、當美國選舉大總統時、訪員自上午八時起至下午八時止、尙不得一食、故訪員之責任甚重、而其生活乃苦勞無度之生活也、吾國報館現亦不乏設立採訪科者、科中備有『訪員行踪錄』、如甲赴市政府採訪新聞、卽將離館時刻、登載其中、旣達到或離開市政府時、亦應通知報館採訪科、蓋偶或市政府附近某處適有重大事件發生、採訪科卽可打電話於甲、使其就近探問、不必另行派人前往、以節時間、又如甲出市政府至公安局、待至公安局後亦應通知報館、至於發生新聞、『先行報告、再

行決定』、則尙少此項規定、但亦不妨實行也、

一般人以爲訪員得參加盛大之宴會、演講會、歌舞會、或其他娛樂場所、其樂無藝、殊不知訪員除一般人所共有之『耳聽目娛』以外、尙有記述新聞之工作、故當盛大宴會之際、訪員須將其演說稿先設法取得（當場筆記亦可、但恐多錯誤）、順便更可與之談話、爲題外之材料、宴畢、仍須回館記述新聞、在一般人視訪員爲樂者、而在訪員則反視一般人爲樂、但其職責所在、故亦不自以爲苦耳、

訪員之職責、旣略述如上、茲更概括言之、則有二點、

（一）報紙猶一遠涉重洋之船、除富有經驗之船員以外、絕對不載任何一人、上自船長、下至伙夫、應同舟共濟、故訪員對職務須忠實、供職於一報、視其報之生命與吾同、務勤奮耐苦、以戰勝困難、若接受賄賂、若因循塞職、則其人非失敗不可者也、

（二）訪員對新聞須眞確、採訪新聞如有疑問、寧聽毋信、寧訪再記、庶不致偏聽而違反事實、更不致爲人利用、

第三章　訪員之養成

第一節　入門之階

訪員無異一兵士、新訪員更無異一入伍之新兵、必經相當之訓練、此乃各國新聞學者所公認、年來投函報館欲求一相當職務者、實繁有徒、然報館位置、正與工廠商店相同、初無大宗缺位、以予投函請求之人、卽或容許焉、則必其人能證明已往經驗、始克有濟。不然、報館殆不願雇一『生手』、蓋無餘暇時間以訓練此新募之兵士也、

然則、有志爲訪員者、終身殆無入報館之機會乎、是不然、予爲此言、蓋指訪員正式入報館之前、須有相當之練習與經驗、以期能始終勝任愉快、至於其最初練習之一階級、則可分三點言之、

A. 館外練習　館外練習、係指未入報館以前之一種練習工作而言、此一階、爲探訪生活中所不可少、吾國報紙之錄用訪員、並無若何規定、概要言之、有下列數種、(一)由親友間推薦、其人有無已往相當之工作或經驗、不問、(二)須有已往之經驗、或相當之學識、(三)投函自薦、但其中以第一種居多、第二種次之、第三種又次之、社會間雖常有投稿於報紙者、然以小品文字爲多、投寄新聞者、大半爲團體機關、其以個人爲練習性質而對某一事件特別採訪以投寄新聞於報紙者、尙絕無僅有、故由投寄新聞稿而入報館爲訪員者、尙屬少數、蓋報館對於訪員館外練習

之基本工作、似不甚注意也、(館外來稿、應特別注意、以防止揑造事實、乃另一問題、見第二編、編輯新聞之初步工作一章)、若在美國則不然、美新聞家休門(E. L. Shuman)以爲訪員最初之練習、莫若爲鄉鎮小報採訪鄰近新聞、舉凡地方上各學校、官廳、教堂、倶樂部以及鄉村間所發生之新聞、均可採訪試投、由此而更進一階、卽可投身於規模較大薪給較厚之城市大報、若生長於城市者、自無需遠赴鄉報練習、近水樓臺、不妨先就其學校中之新聞、或鄰近耳聞目擊之事實、寄投城市各報、從事練習、初時幾無酬報可得、卽得亦屬微幾、但此種初步之練習、殆不可廢、蓋欲達『成功之路』、必先經紆曲艱行之荊棘小徑、迨其經驗既富、報館當無拒之門外之理、

氏又言、美國大日報錄用新員、大抵揀拔於各晚報間、而晚報則聘自較小市鎮之日報中富有經驗者、至若訪員、亦每先試鄉報、次及市報、全美一萬三千種週刊、不啻訪員之初級學校、不特此也、美國每百里間之重要市鎮、大報每派有特約通信員、苟其地居民不滿一萬者、則除發生重要事件外、週薪極微、故爲大報特約通訊員者、大半爲當地小報之訪員或主筆、駕輕就熟、事半功倍、吾國報紙、此後錄用訪員至少須由其人證明已往之經歷及學識、平日並予外界以練習之機會、苟遞來之新聞稿、事屬重要而確實者、似可酌量採登、認其性質重大者另由報館派人爲進一

步之採訪、以覘虛實、苟其人有特殊成績、亦未嘗不可聘其擔任正式訪員、入館辦事、

B.考試制度

考試制度足以甄拔眞才、不容諱言、故以考試施於最初入館之訪員、尤屬需要、日本對於訪員、限制極嚴、須大學畢業生始得應試、一經錄取、先派爲訪員、經相當時期之『前綫工作』、始再引爲編輯、其法甚佳、吾國對於訪員、既無大學畢業之規定、復無考試之辦法、訪員對於尋常事件、固得應付裕如、但一遇特別問題、或有感覺學識上之困難者、如國府司法部長王亮疇有修正刑法之舉、會適來滬、訪員苟無法學相當之素養、前往談話、所問各點、不免有隔靴抓癢之處、日本所以規定大學畢業生始有應試資格者、以其對於普通學識已有相當之研究、一旦身爲訪員、不患不能勝任愉快耳、吾國將來不行考試制度則已、若其行之、則訪員應試之資格、似亦宜規定、暫擬三點如下、(一)國內外大學新聞科或新聞大學畢業者、(二)或國內外專門以上學校畢業者(或竟照日本辦法、須大學畢業者)、(三)或能證明已往工作之經驗者、此種考試、專爲初入報館之訪員或編輯員而設、(新聞編輯員以曾任訪員者爲宜)、其在考試制度前已入本報辦事者、自無庸考試、至於考試之方法、則美日等國約分四種、(一)須下筆迅速而淸楚、蓋訪員不特下筆須快、字句又須淸楚、考驗此項能力、在報館舉行考試時、每採用一種開

會儀式、由主考者登壇演說、令被考者負記錄之責、彼輩須一面聽、一面記、迨演講者下壇、須立卽繳卷、擇其中一句不漏及措詞最淸楚者、分別錄用、華盛頓某報、曾一度採用此種方法、考試新聞記者、其結果殊出意料之外、在應考者五十八人中、祇兩人及格、是可知此項能力、非人人俱有、故須有相當的訓練、(二)須在嘈雜之場所不亂文思、訪員執筆記述、每無充分時間、且須在嘈雜混亂之中、不亂文思、此亦應有的一種特殊能力、各報舉行考試時、令應考者散在戲院或俱樂部等之喧鬧場所、由主考者給以題目、限以時間、考試結果、甚有不能落筆一字者、(三)須記述問答式之文字、不論何項問題、均可由應考者隨意叩問主考者、其方法與訪問(Interview)無異、應考者一面發問、一面記錄、似不甚難、然考試結果、則答詞之記錄淸楚者居多、獨對於自己之問句、不失之於『無力量』、卽失之『不得當』、故每無從下筆、脫漏甚多、是可知訪問時之『發問』、實爲一種特殊能力、『發問』不得當、『答詞』卽無結果、記錄此種文字、須問、須聽、又須記、確非易事、(四)須有推考力、蓋訪員須處處臨機應變、有時採訪新聞、全憑自己之推考力、推定新聞之眞相、美報試驗此種能力之方法、初無一定、或由主考者講述兩件事、外表上似乎漠不相關、然在機警的人、卽可依據此項聽聞之事、另外推考一則新聞、此種能力、訪員萬不可少、但考

試訪員時、國學亦須測驗、可令作時事論文一篇、擇優錄取、

C. 新聞教育

年來吾國國內大學之設新聞一科者甚多、專以養成專門人才、但偏於學理者多、側重實驗者少、實一遺憾、良以各大學所設之新聞科、應學驗並重、不然、不如專設一『新聞科大學』、除研究學理之日常功課外、復重實驗功夫、自辦報紙、自設通訊社、前者爲學生實習編輯、後者備學生實習採訪、編輯訪員胥學生任之、教授則處於指導監督之地位、各項實習中、尤應側重採訪、若報館然、每日分派若干人出外活動、以成績優良者送刊自辦之報紙、但此種辦法最先實行而有顯著之成效者、厥爲美國米梭里大學、該校設有報學一科、吾國人士在該科畢業者、現在所知、一爲汪君英賓、一爲張女士繼英(兩君初在該科得學士位、後轉入哥倫比亞大學新聞科、再得新聞學碩士學位)、米梭里大學報學科、內分二系、(一)新聞編輯系、(二)廣告學系、入學資格甚嚴、須有大學二年程度、修滿相當之必修科、始得入學、其第一年所讀之功課爲報學原理、報學歷史、訪事學、廣告學、襄校學、社會指導等科、第二年重於實習、以該科所出版之報紙爲實習之機關、是報與大城市報紙同、組職一如大報館、內有本埠新聞、電訊、國外新聞等、學生須有一年之採訪經驗、以得學位、實習每日二小時、由主筆(教員任之)分配各學生出外採訪、

指定如法院、車站、火場等處、此外尙有發生特別事項、由主筆臨時指派、採訪既難、費時又多、但所得經驗則甚大、新聞科所辦報紙之頁數、約自六面至八面、地位既少、而學生練習採訪者有一百餘人之多、此中選取用稿、必以優者爲勝、實足爲互相競爭也、報紙而外、尙有通信社之組織、電報電話皆學生任之、以快聽快寫成稿、供給於報紙、此外美國新聞家柏利直(Joseph Pulitzer)在哥倫比亞大學所辦之新聞科、亦極有成績、總之、訪員之養成、不能不有高深之敎練、若專攻新聞學之大學生、不僅熟諳新聞之採訪與編輯、且富有新聞學以外之普通學識、以之爲訪員、必較未受新聞敎育之人爲宜焉、

第二節　一個訪員之經歷

新聞事業乃一種職業、訪員須有特別訓練、直與習醫學法律者無異、非可一蹴而就、苟疑吾言、則請舉美國名記者勃朗（Brown）所經歷之途徑以爲證、

勃朗、農家子也、平素頗有志新聞事業、一日、受鄉間某週報約、囑任該村中之一訪員、彼深知其地位上所應盡之責任、乃隨時將新聞報告於週報、如東家被盜、西家失牛、某紳感冒時症、危在旦夕、某兒游泳最速、破全村記錄等等、舉凡所見所聞、一一筆之、事事瑣屑、而文

筆流利、記述明瞭、深爲主筆嘉許、未幾、勃朗升學城中專門學校、常以校聞等寄刊鄉報、迨畢業、鄉報主筆介紹於一小鎮日報、充鎮外訪員、週薪十元、每晨遠出鎮外、探訪新聞、及夕始返、習以爲常、自此乃知『探訪新聞、足勝於手』並非虛語、然一面又知訪員不能僅依『足』以生存、『足』以外尙有其他更重要之要素在、此種教訓、乃得諸一雜貨店之訪問、勃朗見店友、詢之曰、『君有些新聞乎』(Have you any news?)答曰『無』、蓋店友絕不知何者爲新聞、何者有新聞價値、更不知報紙所需要者爲何種新聞、其答之曰『無』、勢所然也、有頃、勃朗乃出其社交之態度、轉與店友閒談、略及風土人情、氣候收成、談興正濃、店中人無意間告之曰、『本地銀行行長威爾遜之子、方四歲、頃上午九時許忽失足墮井、其姊年十五、聞警趕至、下井援之出』彼牢記之、欲行、店主忽謂之曰『請君稍待、孩固未傷也』、彼乃欲行又止、但怍色不覺已流露眉宇間、蓋店主之言、一若深知此點含有新聞價値、而勃朗反忽之也、是夜、作一報告、呈諸主筆、自謂必邀靑睞、詎知主筆在其稿上作藍色記號、而令之前、並謂之曰『墮井之孩、救出後果何如』、勃朗答曰『予未知其詳』、主筆遽作不懌之色、曰『勃朗先生、請再下鄉、與其父或姊(卽救出小孩者)談話、一探其詳、此皆較有刊載價値者』、彼乃重赴其地、盡得而返、然自此得一種教訓、蓋彼始知訪員除足以外、須更有『嗅新聞之鼻』(a nose for news)、且須有獨立判別新聞價值之能力、

『墮井』新聞揭布未久、勃朗又被喚至總主筆之前、斯時伊中心危懼、私忖新聞事業之途程、將至末路、而無復希望、抑知總主筆不特無譴責之辭、反獎勵有加、囑令專任鐵路訪員、勃朗受寵若驚、喜出望外、薪水亦復增爲每週十二元、一日清晨、伊決計變更方針、訪問電政監督是否將另敷新線以達印度、並訪運貨代理商、詢加里福尼亞交通現狀、一言以蔽之、伊就各項專門問題、親見最高官員、以求解答、而知顛末、議既決、遂照預定計劃一一實行、旋覺鐵路職員不能拒答與其部份直接有關之公衆事件、某日、近城發生撞車慘劇、伊正擬出發觀察、局長立命侍役邀伊至、局長狀殊親熱、笑容可掬、謂之曰、『微災苟承不宣報端、深感盛情』、語已、頗加譽獎、此初出茅廬之訪員、竟爲所惑、不提隻字、詎翌日同鎮乙報則詳載其事、形勢竟較勃朗所預料者爲重大、而非可僅以『微災』目之、相形見拙、自悔孟浪、蓋此事足以暴露鐵路管理者處置之失當、乃伊竟爲感情所動、自失機會、卒受主筆譴責、

勃朗旋又被派爲法庭訪員、法庭者世間惡魔最易滋生之地、伊因此增進閱歷不少、一日、有

一名流、爛醉如泥、誤毆崗警、罰金五十元、審判官爲顧全其體面計、准予不將其姓名登入法庭記錄簿、將出、名流見勃朗、急低聲語之曰、『此事請勿宣布、倘事洩於外、吾妻將何以爲情、卽吾之名譽、恐亦將掃地以盡、暫奉十元、聊表寸衷、戔戔不足言敬、務請賜納』、勃朗不自知其何故、竟伸手盡納囊中、但在歸途中、始因袋中藏此十元支票、反覺侷促不安、既抵報館、直赴主筆之前、置款桌上、說明原委、不稍隱、主筆默然無語、立將原款納入信封、飭送原人、並附以短柬、略謂『君雖足以賄訪員、而不足以賄報紙、矧訪員亦不欲受君賄乎、事實具在、恕不能秘、璧還十元、諸乞查收』、然後令勃朗作一報告、勿稍隱飾、

伊在法庭中閱歷頗深、覺官員對於名流離婚案件、不願過事聲張、但如易爲一平民、則此種案件必不『秘而不宣』矣、伊既深知達官名人常不欲將有關係之事件宣諸報紙、故對於此種新聞、尤爲努力、凡有綫索可尋者、雖累月窮年、終必以得一結果始止、

此少年訪員既深知社會之裏層、對於人類之信仰心、乃漸爲低降、未幾、伊又由法庭訪員一變而爲政治訪員矣、政治舞台、光怪陸離、尤足使伊驚奇、蓋所謂政治家者、對人輒鼓其如簧之舌、道其家世閱歷、喋喋不休、政見政策、復洋洋千萬言、預置篋中、見有新聞記者、輒

低首下心、和顏悅色、殷勤囑托、刊印報端、然勃朗每見主筆對此種新聞、一面刊布、一面必在『社評』中、加以有力之評論、當否得失、不稍假借、伊深悟政客決不僅限於一政黨、好訪員不能在新聞中帶有任何色彩、以供人利用、而自輕地位、

經歷五年『新聞戰場』上之生活後、勃朗正似一新聞大學之學生、已聽受不少有益之日常功課、行且屆畢業之期、而環境亦且較勝於昔、伊漸以簡明文字、發表個人思想、任何人所告伊、或任何事爲伊所聞、苟非目睹、決不置信、且不以個人之喜憎、流露於字裏行間、拋却『個性』、純以報紙之宗旨爲宗旨、斯時伊之薪金、已達每週二十元、在鎮中已屬最高之訪薪、一日、維吉太報 (Wichita) 來電、擬聘一當地拍電員、主筆遂舉勃朗以薦、伊遂以工作以外之時間爲之、旋又兼任甘散斯 (Kansas) 及都璧加 (Topeka) 等地報紙之通訊員、顧事務繁劇、精力不勝、乃專任週薪二十五元之維吉太報本埠編輯、惟既任編輯、遂不復兼任外埠各報特約通訊員、薪金亦無再增之望、故又辭職、以個人名義、專爲各報特約通信員、設事務所於維吉太鎮、標其門曰『卡爾勃朗、報紙通信員』、各報震其名、爭相聘約、但勃朗不自滿足、猛進不已、憑其流利之文筆、平日之聲譽、遂又任爲芝加哥日報旅行記者、時內亂忽起、

堪勃適臨戰地、乃被派前往、此奮發有為之勃朗、更得不少經驗與光榮、其戰地新聞、莫不爭快先覩、伊亦遂以此而入紐約新聞界矣、紐約者、美國之輿論中心點、猶上海之於中國也、伊初任本埠訪員、週薪四十元、旋任編輯、復增十元、更兼華盛頓報紙特約通信員、遂得每週六十元之薪金、然其不畏艱苦、一心營職、初無異於任職甘散斯報週薪十元時也、某次、伊携一妙齡女郎、遨遊芝加哥、見之者、咸曰、此一對伉儷、已節用縮食、購一甘散斯報紙、風聲所播、莫不欽羨、其經驗告伊、『好訪員須深入社會之裏層、有自尊尊人之高尚人格』、

第四章　新聞中之W要素

採訪新聞、必先明搆成新聞之要素、庶無『漏一掛萬』與不切事實之弊、茲所謂W要素者、即為新聞中之原料、無此原料、即不成其為新聞也、試列舉如后、

1. What?　何事……事件之性質
2. Who?　何人……事件之主體
3. Where?　何處……事件之地點
4. When?　何時……事件之時間

5、Why?　何故……事件之原因

凡為一完整之新聞、必須俱備此五要素、故此種要素、係普遍的、適用於任何新聞、任何報紙、任何地域、往昔如斯、現今如斯、將來亦如斯、缺其一焉、即不足以構成一完備之新聞、惟其然、訪員出外採訪、必須以此種要素、為一種新聞之『骨子』、擴而大之、成為一極詳盡之記載、收而縮之、亦不失為一完整無缺之新聞、試更分析言之、

A.何事　如一暗殺案、當然須明其性質、但如僅記『發生一暗殺案』、則決不能單獨成立一新聞、故『何事』明瞭後、仍須兼備其他各項之要素也、

B.何人　然後採求（一）被暗殺者為何人、（二）傷在何處、（三）傷勢如何、（四）已否身死或何時身死、（五）其略歷如何、（六）家庭狀況如何、（七）平日行為如何、（八）被暗殺者一人或一人以上、（九）其他、均可包含於此要素之下、

C.何處　在此項要素中、應述明（一）兇手之來踪去迹、（二）事主因事經其地、抑被誘至其處、（三）暗殺時之情景（四）何種兇器、（五）兇手何人、人數若干、面貌服飾如何、逃去幾人、被拘幾人、（六）兇手有何死傷、如何處置、（七）兇手有何拒捕行為、如有、則應詳記之、（八）其他、

D.何時　此包含事件發生之始末之時間、但除此以外、如傷者於何時死、兇手於何時被獲、亦有注意之價値、因新聞有時間性也、

E.何故　此卽指事件發生之原因、爲一篇新聞之骨髓、苟僅以上四項要素、而缺此一項、則一般人祇知有此一樁暗殺案、而對於暗殺之由來、仍莫名其妙、豈非一大缺憾、故訪員對此、應根據事實、探明原委、萬勿偏聽一面之詞、以訛傳訛、蓋新聞不確、足以減殺社會對報紙之信仰也、

但須注意者、上列要素、雖爲任何新聞所不可缺、然有數點應連合記述者、有數點應單獨寫述者、各人記述新聞之方法不同、體裁自無刻板式規定之必要、或謂要素中僅有何事、何人、何地、何時、何故五種、而事件之『如何』、獨付缺如、未免缺憾、予曰、誠然、此見仁見智、不能强同、在予則以爲『如何』一項、似指(一)事主之死傷、(二)兇手之處置等等、本可包含於上列各項要素之中、故此點可有、但亦可不必有、例如探訪被暗殺者爲『何人』時、斷無僅記王大華其人、而反將其死傷略而不訪之理、至兇手之死傷處置、亦未嘗不可同時併記於『何處』一項之中也、

第五章　探訪之偵探化

第一節 訪員與偵探

新聞之發生、不限於一時、不囿於一地、環乎吾人四周者、莫不含有多量『新聞素』、隨時隨地亦莫不有採訪機會、然同一事件、有四五人同樣出外活動、而其結果則不能無殊者、亦有歷久而尙無綫索可尋者、前者視乎訪員本能、後者則非經一種偵探功夫不爲功、

軍事或警務機關中之偵探、俗稱包探、其職務頗多知之、但『包打聽』之能力、決非偵探所專有、良以偵探所偵查者爲案件中之事實、訪員所採訪者爲新聞中之事實、而事實卽新聞、案件亦未嘗非事實、偵探可探任何案件、訪員亦未嘗不可探訪任何事實、是兩者之名義職務雖有顯然之不同、但其『暴露事實』之手段與目的則同、

近代新聞事業日見發達、採訪上之競爭日烈、訪員採訪新聞、勢不能離『偵』『探』兩種手續而唾手得之、舉凡軍事、政治、外交、暗殺、姦拐、盜賊、綁票、略誘、私運、以及其他足以妨碍治安之重大案件、莫不在包探活動範圍之內、亦莫非爲訪員努力刺探之新聞、蓋在此種組織複雜之社會、事變之發生、愈多而愈巧、事實愈非短時間所能明瞭、卽或短時間卽能明瞭、而訪員不施行與偵探相類之方法、則採訪必無成功之可言、

歐美日各國新聞事業勝於吾、採訪新聞之方法亦勝於吾、訪員一上『新聞戰綫』、卽能因地制宜、出奇制勝、化裝焉、改名焉、臨機應變、神出鬼沒、不問事實困難如何、複雜如何、凡有偵查採訪一綫之路者、必嘗試之、嘗試失敗、再接再厲、不稍挫其氣、灰其心、其一種『無微不至、無孔不入』之精神、蓋與偵探無稍異、良以不如此、不足以得有價値之新聞、故採訪上之偵探化、實爲新聞事業發達之結果、抑且爲新聞競爭後之產物、

第二節　訪員偵探新聞之實例

訪員偵查新聞、須不避艱苦、不辭勞辛、欲明眞相、則雖喬裝爲乞丐何傷、欲知底蘊、則雖爲厮養何害、其人格初不以此而卑、聲譽不以此而降、地位不以此而賤、蓋爲訪員而不能得好新聞。斯乃可羞、各國訪員採訪特殊新聞時、其頭腦敏捷、手腕靈活、有非吾人所能預料、年來尤日進於偵探化、茲舉一二、以證吾言、

（甲）

民國十六年一月十四日、北京晨報刊登署名『憂時生』之『喬裝視察武漢記』一文、標以『唐生智之兩湖一家論』之大標題、雖如何喬裝、如何視察、文中語焉不詳、而所謂憂時生者、又不知爲何

許人、然其性質、實一經過相當偵探而成之新聞、則一望而知、玆刪節而錄之於次、

『余因欲視察黨軍佔領武漢後實際情況、又因係異黨之故、不得不喬裝變名易姓、以避人目、由京而滬、由滬而漢、往返約一月、在武漢滯留時期、約三旬、聞見雖屬不周、採訪却極愼重、武漢之蕭條景象、斷非吾人遠在北京者所能想像、黨軍旣採用極嚴厲的檢查方法、故眞相殊非外間所能易得、卽有一二親至調查者、亦不過爲表面上之視察、紙上之考究、故所言者、多去事實幾千萬里、余雖屬異黨、然決不願以有色眼鏡、考察或批評事實、余之所述者、無一非有確實證據、今請以次敍述余之見聞、以告國人、

唐生智之投附黨政府、爲環境所逼迫、其衷心何嘗信服三民主義？劉佐龍之倒戈反吳、純屬投機性質、更說不到有何抱負、黨軍之取得武漢、完全爲唐劉二人之力、唐劉初意以爲武漢政權、可以完全操蹤、孰料廣東政府在湖北另組省政府、且力持移設黨政府之議、防其勢力伸張過大、不易統馭、劉佐龍爲腦筋迂腐之人、時時對人拍案大罵：『湖北糟了！』劉旣公言不諱、自不爲若輩所喜、唐生智以轉戰千里、不能如願以償、正在怏怏、聞劉有同感、乃唱『兩湖一家』說、勾結劉佐龍以爲己用、唐謂兩湖本屬一家、兩湖事應由彼二人解決之、目

前因當忍耐、將來必應補救、

漢陽兵工廠在唐掌中、凡所製造之軍械、悉數運回湘省、及唐劉夏三人諒解之後、唐乃將軍械少少分給劉部、以是同盟、益形堅固、唐現有約十一萬人、劉部約三萬人、當南潯戰事正急之際、唐以鄂西尚未解決、不能分兵却之、其實唐劉早已抱定兩湖一家、兩湖事應由兩湖人自決之宗旨、絕對不願以己之勢力、爲他人擴充地盤、唐始終欲獨占京漢路、舍此決不過問』方以自己實力尚未充裕、故一方着着爲擁護地盤打算、自鄂西以迄武勝關、皆唐劉軍隊相間而守、勢如弧形、鄂西爲財富之區、唐爲籌措軍餉起見、自不能不收爲己有、力求發展、

蔣中正亦深知唐之用意、故對唐亦頗戒備、最近又急派李宗仁之第七軍、以援鄂爲名、移師駐守孝感、此外陳銘樞則亦有七千人實力、以武漢衛戍司令名義、坐鎮武昌、防唐反側』、

（乙）

某年某月某日、紐約發生一重大暗殺案、死者爲一大富翁、擁貲逾一萬萬、是晚、氏正由戲院觀劇出、方擬返寓、詎足尚未上汽車、突有暴徒四五、一擁而前、袖出手鎗、向之狙擊、氏中三鎗、一

中胸、一中腰、一中腦、立時斃命、待警捕趕至、暴徒已紛向人叢中逸去矣、事後、社會震動、亟欲一知此案兇手爲誰、因何謀殺、官廳偵騎四出、務獲兇手、某報亦遂密派訪員、多方刺探、歷旬餘、官廳絕無所得、漸淡然處之、而某報則注以全副精神、加派多人、分別暗中活動、有訪員某、精思殫慮、費一月之偵查、始稍得其端倪、蓋某俱樂部中、忽到有舉止闊綽者四五人、歌舞歡笑、終宵達旦、伊初爲好奇心所動、漸加注意、繼頗疑其與此案有關、遂投函自薦爲該部招待員、日偵察其行動、後知彼輩寓某旅館、然當時絕無破綻、尚不敢必其爲兇手、乃轉輾謀充該旅館茶役、端茶送飯、頻獻殷勤、儼然一久於此道之茶役、旅館中人殆無一知其爲訪員者、一日、忽來一生客、匆匆入室、語各暴徒曰、『此間非樂土、不宜久留、萬一破獲、殆矣』、暴徒中之年長者、沉思有頃、謂衆曰、『吾輩明晨可即乘火車赴舊金山、再西渡赴遠東』、衆曰『善』、室中靜默約五分鐘、年長者又曰、『然則、吾輩曷於明晨乘頭班車出發』、衆又曰『諾』、言已、生客卽外出、又歷一小時、各暴徒亦分別出外、時喬裝茶役之訪員在隔壁一空室中、盡聞其言、始知彼輩實係案中兇手、入夜、各人返、年長者曰、『爾等聞彼儈被殺後、已懸有鉅金購緝乎、今夜曷早眠、明晨早起、卽出發』、衆無言、先後就寢、訪員當夜卽密報官廳、探員急蜂湧而至、詎爲暴徒所覺、急出手鎗、向探員轟射、一時彈雨四飛、旅館遂爲雙方惡戰之場、探捕愈來愈多、四面包圍、暴徒衆寡不敵、死二、傷一、生擒者二、無一脫逃、探捕死一、傷五、當時立將死者運入驗屍所、餘一併拘入警局、分別研鞫、認供不諱、自稱『因向該翁嚇借五百萬元、翁僞允之、旣約期交款、詎翁陰報捕房、將代表拘去、施以重刑、吾輩憤無可洩、始出此下策』、該報因此記載獨詳、銷路激增、

（丙）

曩年、孫中山先生因粵局突變、乘艦東渡、事極秘密、詎爲日報某訪員所聞、急電本國、總館得電、密派訪員、駕駛飛機、翺翔太平洋上、以望遠鏡視察該艦行踪、及艦中人物、並預測每日行程及到達日期、迨孫氏抵日、上海雖尙無所聞、而當日之日本報紙、已詳載其事、中山先生見之、亦爲之稱奇咋舌、

（丁）

甲子秋、盧齊戰興、盧永祥何豐林敗績離滬、易服東渡、事前秘不使人知、詎未抵別府、而已遍傳各日報、則亦訪員各方偵察之力也、

第六章　採訪新聞之標準

採訪新聞、全恃訪員之機智與經驗、成績如何、以此而判、初無一定之成法、卽或有焉、而世間一切情態、常在流動變化之中、絕無永久固定者、是在訪員之臨機應變、因時制宜而已、

信如上述、則採訪果無一定標準乎、曰、不然、蓋如何採訪新聞、固無一定標準、而新聞之應否採訪、則應有一種標準也、訪員於事件發生之初、應先注意新聞中之『重心』何在、何者有價值、何者則否、然後出發活動、大凡優秀之訪員、每憑其理智經驗、獲得有價值之新聞、而此理智經驗之所暗示、卽爲採訪標準之一種、特抽象的、而非具體的耳、

吾國報館、對於訪員、未聞有規定採訪標準者、若在美國、則適相反、芝加哥講壇報及美國聯合通訊社對於各地特派員、均有所謂『規約』與『禁約』之頒行、預向特派員說明、不能背此拍電送稿、蓋各已懸爲採訪新聞之標準也、茲將芝加哥講壇報及聯合社之規約、分錄於後、以資參考、惟須知美國爲世界新聞事業最發達之一國、其社會狀況與報紙所需材料、自與吾異、刋棄標準、亦因此而別、彼吾相例、環境不同、尙有變通伸縮餘地、(以下摘錄講壇報之規約)

A. 不需要之新聞

1. 車掌、司機人、工程師、無人認領者、或職位姓名不明者之死亡或不幸事件、但突生事件

死亡在二人以上或致財產受重大損失者、不在此限、

2. 通常瑣屑事件、如機器折斷手足等類、

3. 輕微之盜竊案件、

4. 普通人之死亡、但負有聲望者、則應先電本館請示、

5. 強姦、墮胎、或穢褻事件、但如屬有名人物時、僅需記載法律上已經證明之事實、謠傳勿寄、此外如親屬相姦或殺害嬰兒事件、不甚需要、

6. 紀念日之觀察與慶祝、但有國家名人演說者、宜先郵告本館、由本館酌定、

7. 微細暗殺案之每日審問記錄、但事前經本館指定者不在此限、

8. 普通運動新聞、但事前向本館請示者除外、

9. 鄉市間之日常事件、

10. 為旅館宣傳或其他類似之廣告新聞、

11. 通常劇場或娛樂場所之通告、但在大市鎮或負有重望之藝術家、不在此限、可將最初之節目或有價值之事項、寄至本館、以待決定、

12. 秘密結社之報告、其經指定者不在此限、
13. 學校始業、教員就職、但指定者不在此限、
14. 田禾收穫之新聞、但如秋收前、忽有暴雨嚴霜、可向報館請示、
15. 普通婚姻禮節、但苟為重要人物、仍須報告、
16. 普通之侵害訴訟、
17. 怪產、
18. 距離較遠之罪案或執行死刑、(苟為負有聲望者、當然需要)、

以上所舉、殆為美國一等報紙所不欲刊載之新聞、或曰、新聞既加一種限制、則為訪員者、不將無事可記、無報告可遞而手足無所措乎、曰、不然、此乃一種範圍、範圍以外、遍地新聞、隨時可記、憑其機智手腕、不患無活動飛躍之餘地、於下列數點、可以知之、(以下為聯合社規約)

B. 需要之新聞

1. 政治新聞、應以全國之公衆興趣為主、勿偏重個人或黨員、
2. 選舉、但僅限於當地一隅者、毋需寄遞、

3. 羣衆大會、演說、盛宴等、

4. 鐵路或其他官員之委任而爲人所注意者、

5. 鐵路新公司之成立、或舊公司之合併、以及托辣斯或大公司之創設、每足以使資本財產之大集合、而與公共之福利有關者、

6. 商店倒閉、虧逾三萬元、核明資產債務、而代理人或收款人已有一人正式委定時、

7. 虧用帳款數逾一萬元者、

8. 罷工、失業人數逾二百、或足以引起一般人之注意、及阻碍運輸交通、或罷工者有一部份暴動時、

9. 暴風猛雨、損失多數生命財產者、

10. 突生事件、死亡二人以上或損壞大宗財產者、

11. 火車肇禍、損逾五萬元、死傷一人以上、普通貨車之傾覆、不甚需要、

12. 船隻遇險、損逾萬元、死多人者、

13. 火災、損失逾五萬元、死傷多人、而焚燬商舖三家以上者、至保險總額、亦須略記、

14. 重要案件之審問、須照報館指示各點愼爲記述、關於鐵路公司、大商店、及公衆感有絕大興味之案件之判決詞、須簡明叙述、其他普通刑事案件之預審或判決非所需要、

15. 暗殺案件、除有非常特殊情形者外、可簡略敍述之、

16. 盜案、除足以駭人聽聞者外、須損失在五千元以上、

17. 罪犯執行絞刑、須先將其罪狀、由郵遞寄、然後候示拍電、

18. 强姦或墮胎、均不需要、如墮胎者係有名婦人因而死亡、或行姦之人被捕時、則報告之、

19. 各項運動、須先將節目送至報館、如需要此種材料、卽當覆請採訪、關於懸奬角鬬、運動比賽、打靶競賽等等、苟參預者之聲譽、僅限於本地、卽無需寄稿、但因此而致有死亡、或突破一省或世界之紀錄者、不在此限、

吾國新聞事業及社會狀況、尙不能美相提並論、報紙所載新聞、瑣屑者太多、上列標準、固爲美報專對各地特派員而設、若當地新聞(卽本埠新聞)則限制恐當較寬、此無他、新聞距離之遠近及關係之疎密等(參閱第二編第二章)、在在與讀者之興味成一正比例、往往在外埠報中所認爲重要之新聞、而在本埠報中則僅占地方版之一角而已、予以爲採訪新聞與編輯新聞之標準、係

一元的、非多元的、換言之、無刊登之價値者、即無採訪之必要、至採訪之標準、則概括言之、(一)在合於『新聞價値』、(二)在有益於多數人（國家、社會、民衆、而非一人、一團體、一公司）其有新聞價値者採訪之、編刊之、但雖有新聞價値而有害於多數人時、仍不應爲之刊載、此必然之理、曾憶法學上有一種自由心證主義、即對於刑之輕重、法官有參酌案情而決定之權、若採訪新聞、亦祇須以上列二個標準、由訪員觀察新聞價値而決定其應訪與否、故採訪上之自由心證主義、當較美報所刻板規定者爲活動、例如美報所規定工程師或職位姓名不明之死亡、爲不需要之新聞、但某處發現一男屍、雖職位姓名不明、而身中八鎗、死後又將首級割棄路旁、以新聞價値言、則此種非常事件、應在刊載之列、不特本埠報中應特別記載、即外埠報中亦未嘗無刊登之價値、又如『突生事件死亡在二人以上或財產受重大損失者』及『火災損失逾五萬元、死傷多人、而焚燬商舖三家以上者』、與『商店倒閉虧逾三萬元者』、始爲需要之新聞、此亦未免過於呆板、試問火車突然出軌、車輛倒毀甚多、而僅死一人、傷五六人、果不應採訪乎、又火災損失四萬元或商店虧倒二萬元、亦豈爲『不需要』之新聞乎、一般人必答之曰『否』、蓋任何事件應視其性質之如何、評量其價値之大小、始可決定也、雖然、彼邦新聞之採訪與編輯的『精審精神』、實不可磨滅、吾國報紙苟依其所列標準、而一一對照之、則十之五六、幾盡在其『不需要』之列、浪費寶貴篇幅、殊屬太不經濟、師人之長、補己之短、以徐圖改進、是所望於今後吾國之新聞界也（參閱第二編中之精編主義一章）

第七章 新聞之訪問

第一節 訪問之眞諦

『訪問』英語稱之爲 Interview、以訪員言、乃對外交際活動之最大任務、以報紙言、乃各種新聞之來源、蓋訪員採訪新聞、不能不與外界接觸、更不能不從訪問以得新聞、故就廣義言之、謂一切新聞材料、胥由訪問而來、訪員任務、厥在訪問、決非過言、就狹義言之、則所訪之對方、祗其姓氏、已足爲新聞中之重要材料、其一言一動、已足成爲一完整之記事、

『訪問』既爲採訪新聞中最重要之工作、故重要消息、往往得之於『訪問』、如倫敦太唔士報記者約翰狄蘭氏與醫生黎却特閒談、藉知英國諾斯勃樂克公爵將赴印度總督之任、緣總督因印度奇熱、請醫生同行、醫生因公爵之召、異常得意、故被太唔士報記者訪問之後、不覺樂而忘形、於無意中吿之、該記者聞其言、不稍慌張、仍與醫生閒談、半晌始別、翌日太唔士報卽以大號字刋出『

公爵不日赴印度總督任』之消息、政府中人、見後均爲之一驚、蓋以此事英皇決定不久、除首相公爵外、他人前均秘而不宣、故外間絕少知者、詎竟爲訪員之『訪問』、揭破此啞謎、又如第一次江浙大戰開始時、大陸報總主筆陶也爾曾親赴杭州南京、分謁盧永祥齊爕元、叩兩方對於時局之意見、究竟握手言歡歟、抑必出於一戰、回滬以後、卽在報上大登齊盧兩人的眞態度、雖戰禍不久爆發、却早已在社會一般人預料之中、誠不虛此一行、且不虛此『訪問』、

狹義之『訪問』尙有極大之效力在、蓋訪問重要人物、(甲)可以覘政局之推移、(乙)遇重大問題發生時、訪問衆所信仰之人或對此問題素有研究之人、徵求其主張、刋諸報上、一方面可使民衆對該問題有相當之認識、不致盲從、誤入歧途、一方面可將游移不定之輿論、變而爲一致贊成或反對之輿論、如民國初年間內閣制總統制之爭、民國九十年間聯省自治制與聯邦制之爭、民國十四五年間政府委員制之爭、在多數之國民、對於此種複雜問題、無一定之主張、每以素所信仰之人之主張爲主張、報紙斯時應一面訪問『在朝』的要人、一面訪問『在野』的名流學者、一個問題、宜多訪幾人、在報上爲一次或數次之刋載、俾同一問題、將朝野要人的正反兩面之主張、兼收而並蓄之、藉覘輿論之傾向、由報紙加以有力之批評、以上所舉、雖僅限於政治問題、然社會

經濟等問題、亦莫不應如此、其效用之大可知、年來吾國報紙、對於『訪問』、漸加注意、實一顯著之事實、但一般人對此、尚不免有誤解者、是則不能已於言、試分述之、

(一)少數缺乏採訪經驗之人、以爲訪員採訪新聞、貴在實地調查、何貴乎訪問、顧按之事實、實不盡然、何則、新聞發生之初、訪員馳抵出事地點、觀察調查、固不容稍緩、但觀察調查、決不能絕對拋棄『訪問』、換言之、調查不訪問、即不成其爲調查、蓋訪員採訪新聞、不僅使用耳目手足、尤須賴乎口、如出事地點之鄰居、見聞較切、訪員應一面觀察情狀、一面訪問鄰居、庶眞相可得、事實乃明、不然、不特採訪必歸失敗、而其人更無爲訪員之資格、苟非至愚、寧有默然調查、悄然歸去、不詳加訪問、以求事實之引證者乎、

(二)一般人以爲訪問之目的、僅在訪『達官貴人』與夫『學者名流』、此亦屬誤解、夫所謂『名人』之訪問者、必其人有爲『名人』之地位與資格、如黃膺白(郛)就上海市長、實乃上海市政問題中之中心人物、訪員前往訪問、叩其意見、詢其計劃、以之刊於報紙、必爲當時滬人士所極注意之點、其應特別注意、前往訪問、固不待言、但如以爲訪問必限於『名人』、則直知其一而不知其二耳、

蓋一切新聞、胥由訪問而來、前既言之、是『名人』以外之人、皆應在訪問範圍之內、可無疑義、不然、則訪問之範圍、未免太狹、訪問之效用、亦未免太小矣、如閘北大火災、死十九人、傷五十七人、誠一空前慘劇、訪員對於此種事件、除馳赴火場、實地調查外、尤應訪問鄰居目擊之人、以引證事實、或將事實補充、並馳往救火會及捕房、訪問火災經過及事後處置(如火首已否拘獲、起火原因已否查明、死者已否送驗屍所等)、又如死傷者家屬之訪問、(死者略歷、家庭狀況、善後事宜、喪務籌備等)、在新聞的立場上、均有絕大價值、人非至愚、孰願拋棄、但試問大火後之鄰居以及死傷者之家屬、果爲『達官貴人』歟、抑爲『學者名流』歟、設或不然、則此種事件、鄰居家屬是否均不應訪問、苟認爲有訪問之價值、則何以自解於『訪問之目的、在訪達官貴人及學者名流』之說、其不合事理、不言可喻、準此以觀、『訪問』實爲採訪新聞之一種工具、新聞材料之獲得、決不能離『訪問』、而訪問之對方、又非絕對爲『名人』、可無疑矣、

第二節　訪問之起源

美國報紙視訪問爲一種採訪新聞之工具者、據美新聞家休門考查之所得、以爲始於1859年之紐約通報(N. Y. Herald)、距今適六十八年、斯時約翰勃朗(John Brown)侵略哈判渡口(Harpers

Ferry)、紐約通報或遣訪員至 Peterborough、訪葛利脫司密司氏(Gerrit Smith)於其家、司氏隨問隨答、任意談論其事、然所言均爲極重要之新聞、訪員歸而記之、翌日、『葛利脫司密司氏』之名、赫然見於報紙、初不料一夕談話、竟成絕妙新聞材料、是爲近代新式『訪問』之嚆矢、未幾、美國南北戰起、各報踵相效尤、『訪問』式之記載、於焉大盛、倫敦報紙亦起而效之、

『訪問』之見於吾國報紙、雖僅逾十年、然其漸爲報界所重視、則爲不可掩之事實、但訪員應知如何訪、如何問、更應知如何問始有效力、設知訪而不知發問、則雖遇重要人物、必且『默然相對』、拒人於千里之外、採訪結果、必等於零、而『訪問』之根本效用亦因之全失、此則不可不注意者也、

第三節　訪問之主體

訪問之主體、得分爲二、(一)以事爲主體、(二)以人爲主體、試分述之、

A. 以事爲主體　如某處有突發事件(暗殺或盜刼)、訪員卽馳赴該管之捕房、叩詢一切、請求證明補充、但注重在『事』、而不在被訪問之捕房、(但有時爲明瞭責任起見、亦有述明據某捕房或某探員處消息者)、故當敍述新聞時、可僅敍其事、而略其人、因在此種情態之下、新聞之價

值、在『事』而不在『人』、故記述每偏重於『事』的方面也、學者稱之爲略式的訪問(Informal interview)、

B. 以人爲主體　則其人之資格、已足爲報紙上之材料、如孫中山黎元洪的來滬、各報記者趨之若鶩、一叩其對於改革之方策與時局之意見、而紛紛披露於報紙、蓋此種新聞、以被訪問之『人』爲主、其行動爲全社會所注意、其言尤關於政局、故觀其丰采、聽其言論、訪而問之、整而理之、已足爲一則富有價值之記載、此種訪問盛行於歐美、吾國年來亦多行之者、學者稱之爲正式訪問(Formal interview)、

此種被訪問之『人』、大半指『名人』而言、但須具下列條件之一、始有訪問之必要、

(1)爲時局之中心人物、

(2)爲某問題中之重要人物、

(3)與某問題有直接間接之關係者、

(4)爲學者、名流、或專門家、對某問題有叩詢之必要者、

(5)必其人有訪問之價值者、

但如係普通而絕無關係之人、即無訪問之必要、此非報館以其『人微言輕』、而抱有若干『勢利』之態度、蓋採訪新聞、以具有價値為前提、而普通之人之言動、不足以搆成新聞之要素、抑且無新聞價値可言也、然亦有例外、

(子)戰事區域、欲知災民之苦況或當地之戰狀、應親赴『災民收容所』訪問之、則雖非『名人』、而在新聞上殊有訪問之價値、

(丑)重大事件中之『主要角色』、如被英兵姦污之華婦李沈氏、雖係一娘姨、但當時情形以及該婦之家庭狀況等、殊有親往訪問之必要、〔參閱三十七頁之(二)〕

第四節　如何發問

訪問匪易事、此稍具採訪經驗者類能道之、雖然、訪問不難、發問實難、發問而欲求其適當尤難、故訪問時之最應注意者、殆莫過於『如何發問』之一問題、何則、訪問之成敗、大半繫於發問之如何也、關於此點、有應注意者凡二、

(甲)性格　平時被訪問之人、可分三類、

(1)信口開河、滔滔不絕者、

(2)沉默寡言、不問不答者、

(3)別有懷抱、拒人訪問者、

訪員於此、應先審察對方之性格、以定發問之步驟、『知己知彼、百戰百勝』、用兵然、訪問亦然、以上第一種人、性喜健談、惟恐人不將其談話披露、故訪問較多結果、但亦有談話雖多、閱時雖久、而仍『言之無物』空空洞洞者、則應於其談話奔放時、設法擒之、第二種人、惟恐人將其談話記成新聞、訪員遇之、必少興趣、輒有『默然相對』之痛苦、但亦不應以其言少而卽『望望然去之』、救濟之道、莫若乘其沉默時、設法縱之、如反面責問、令其自證、如略提其擅長之技術、啟其發言之漸、更如以敵黨之人挑之、令其不能不答、不能不辯、迨雙方語言一多、感情必較親熱、乃徐徐以所欲發問之問題、乘機提出、一一叩詢、使其由少言變爲多言、語所謂『話得投機、千言少、話不投機、半句多』者此也、第三種人、除對某問題守秘密、藉故拒客外、必其人抱『多一事、不如少一事』之陳舊觀念、完全拒絕與人談話、自屬無可如何、但苟其人爲某項問題中之中心人物、而欲詢於彼者、關係又極大、則第一次雖無結果、第二次仍須設法求見、必達訪問之目的而後已（如請其熟友、具函介紹、約期會見等等）、

(乙)措辭　對方之性格既明、然後就所欲問之點、加以發問、然發問之措辭、則有直接間接之分、兩者相較、前者不若後者之恰當、蓋間接之發問、較多結果也、如某要人到滬、訪員某訪之於大東旅社、

(問)先生此次特來籌備上海市政乎？

(答)否、

(問)然則、籌備處未設定乎？

(答)然、

(問)先生對市政有無計劃乎？

(答)尚無、

以上所問、皆所謂直接發問也、惟其然、故無甚結果、蓋對方遇此種發問、苟不欲多言、即可以『是』或『否』片言了之、而語意晦澀、殊少新聞價值可言、採訪未有不失敗者也、反之、則第一問不如改爲『先生此次蒞滬、專爲籌備市政乎、抑尚有其他重要任務？』、第二問不如改爲『籌備處如已設定、則在何處、如未、則擬如何進行？』、第三問不如改爲『先生爲市政專家、此次榮任市

長、對於上海市政應興應革之點、必已成竹在胸、其計劃可得聞乎？』、則對方勢不能以『是』或『否』答之矣、何則、此皆間接之發問、每使對方不能不答、答亦不能不較詳切、總之、發問之如何、足以卜訪問之成敗、

第五節　訪問之時

A.應有態度　（一）訪員與人交接之時、傲慢則為人所厭棄、輕浮則為人所卑視、故其所持之態度、一面應凛然於其所處地位之高、不忘『自尊尊人』之念、一面更應『可親而不可犯』、出以溫和之態度、及溫和之語氣、（二）如聞對方重要警句、應處之泰然、不可遽現驚惶之色、（或探囊出紙、急急記錄）、庶對方無意間流露而出之言語、不致突然中止、或被禁止發表、（三）事實見告以後、須臨機應變、善為措辭、擇要發問、勿窮追其所以然、免彼後悔、拒絕刊布、而致功虧一簣、（四）如事實雖盡量見告、而對方以別種關係、不願以個人名義之談話、見諸報紙、則訪員應遵守預約、存其事、而略其人（如某要人之談話是、）如並事實而亦不願披露者、亦不宜貿然發表、（五）如發表前對方欲索原稿一閱、自無拒絕之必要、蓋對方之言、關係至巨、所有新聞中之一言一語、當由對方負責、而記載是否一如對方之言、絲毫無誤、則其責任由訪員負之、交其閱看、足

以糾正記載之錯誤、並泯除意外之糾紛、（六）在應接室中、不可偷視竊聽、自損尊嚴、即書籍等件、亦不宜擅動、免遭人憎厭、（七）容貌服飾宜整潔、態度宜鎮靜、（八）談吐毋粗俗、

B. 面部表現　吾人見了適當的『被訪問』之人、即應盡量發揮本能、努力訪問的工作、但談話時首須注意者、厥為對方之面、蓋其『內心』如何、每流露於面、訪員辯其言、察其色、足以明其誠偽、而後決發問之縱擒、定談話之進止、

C. 對方之言　談話時最應注意對方之言、（一）務須將其緊要之點、深記腦海、（二）事實不可錯誤、（三）如係關於科學或某種學理之談論、而有不明瞭時、不妨一面提出疑點、請其解釋、一面出紙筆錄其重要之點、俾免歧誤、失其原意、（出筆記錄雖為例外、時間亦不宜過久）、（四）如談話後、有公文或函電必須發表、自可擇要當面筆錄、蓋此類文件、決難完全強記、（五）談話中對方雖含有『新聞毒素』（即含有作用者）、不可有不願聽之意思表示、蓋此種談話可在記述時略去之、因其所言、報紙無完全照刊之義務、且事實之眞偽、訪員應有相當之識別力也、

D. 停止狀態　訪問最忌之點、莫如雙方談話入於停止狀態、良以有問無答、當然不成其為談話、而有答少問、不特感覺無味、抑且使對方易於『緘口』、雙方入於停止狀態、故訪員一面應

細聽對方之言、一面應注射精神於『發問』之上、寧對方少發言、不可吾方少發問、庶破室中寂寞空氣、而無『相對默然』『索然寡趣』之苦、

E. 最忌暗示　訪問對方時、最忌予人以『吾乃報館訪員』之暗示、蓋此種暗示、足以使採訪上之効果、打一極大折扣也、然則如何而可、曰、當談話時、(一)使交談以後、視訪員如一熟友、無『為採訪新聞而來』之印像、(二)旁敲側擊、縱擒兼施、使對方之言、於無意間流露出之、而吾得如願以償、『滿載而歸』、(三)如對方因予為訪員、而不願將重要事實見告、則訪員應立即向之表示、『儘請盡量見告、負責不發表新聞來源』、俾安其心、迨訪員既歸、應遵守前約、不將對方之眞姓名披露、但亦不妨假託『某方面消息』、而斟酌環境、將事實之一部或全部、不以訪問之語氣刋布之、(但事關重要、對方堅囑絕對不能發表者、訪員自應守約)、

F. 臨時材料　訪員採訪新聞、貴能忍耐、苟遵約前往訪問、而適座告客滿、照例須依次接見(其提前接見者、係屬例外)、萬不可躁急、遽望望然去之、何則、環乎吾之四周者、殆隨時隨地有多量之『新聞素』存在、其能否為吾所有、則全在吾之能否利用機會而已矣、此種訪問時亦然、訪員應隨時注意(一)來賓中有何重要人物、察對方日來之行動、(二)觀其房屋之建築、室中之

陳設、足以覘其平時嗜好、與家庭生活、(三)如來賓中有要人、亦可於最短時間內、順便與之談話、藉得意外獨立之新聞、 如訪地方法院院長鄭毓秀博士時、 適新任司法部長王寵惠博士在、苟尙未爲對方傳見、而有餘暇時間時、不妨與王部長交談、詢其對於改造司法之計劃與意見(如變更法院組織、廢除檢察廳等)、爲另一獨立之重要新聞、是在訪員之本能矣、

G.預備工夫 (一)在未晤對方之前、須先下一番預備工夫、將待問各點、充分考慮、大體既定、然後摘錄紙上(見面時、不可出示)、庶幾成竹在胸、交談之頃、得造成『多談新聞、多取材料』之機會、而不致臨時茫無頭緒、不然、則除『寒暄式』之談話外、不特『無言可問』、卽『問』、亦不中肯要、初無若何新聞上之價値、勢不得不自認失敗而匆匆告辭矣、 (二)訪員雖可訪問任何一種之人、但預料其人不常願多見『生客』者、則事前可請其熟友介紹、再行前往、如民黨要人胡漢民氏、出洋考察政治、香港某報訪員得港商王某之介紹、訪胡氏於妙高台八號胡淸瑞家、成一極有價値之談話、

第六節 訪問之記述法

訪員本能之高下、訪問之成敗繫焉、蓋當訪問之時、其爲訪員同、其叩對方之門同、其與對方晤

言一室亦同、但一出對方之門、則命運卽已決定、而訪問結果、隨之異矣、是故、訪問乃採訪新聞之一種工具、善用之、則爲近代新聞事業中極有價値之特點、苟在怠忽之報紙或本能低劣之訪員、則訪問之價値、必等於零、而無復功用可言、雖然、以積極之眼光觀之、則乘興而往、滿載以歸者、夫豈少數、茲因論及於訪問之記述、記述之種類、大別爲三、一曰問答體、一曰直叙體、一曰描寫體、但於此有不容不注意者、則其體裁雖有不同、而記述之目的則一、目的維何、卽在『拋棄訪員個人之意見、而着重於對方之言』、且訪問之新聞、不可拘於一格、若然、則必枯燥無味、故須運用自然、一篇中未嘗不可兼用各式以成之、

甲、問答體　在吾國報紙中、此種記述、較占多數、舉例證之、

鄭毓秀歸國後之談話

國民政府駐法代表鄭毓秀博士、日前與中央委員李石曾前司法次長魏道明、同乘克利福蘭總統號抵滬、昨日下午與記者略談片刻、茲記其問答如下、（記者問）先

生係何日由法起程、沿途行程如何、(鄭氏答)余與李先生等係上月二十日由法起程、先到美國、二十六日抵美、在美滯留數日、本月六日由美乘克利福蘭總統號回國、計航行二十一日、於二十七日上午到滬、(問)先生在法與各方接洽想甚圓滿、其情形能見告否、(答)余抵法後與彼國外交當局往返接洽、陸軍總長班樂衛、教育總長赫里歐、工務總長陸色爾、及議會各領袖亦會晤談多次、雖接洽詳情因事關外交尚未便盡量宣布、但彼國朝野對我國勃興之國民運動一致表示深切之同情、議會方面并由議員模德、發起組織一中法聯歡會、專謀增進中法友誼、幷適合中國國民之正當願望、時機成熟、即將有具體之表現、此則可爲國人奉告者也、(問)濟案發生後、先生在法有何進行、(答)當濟案初起時、歐洲方面所得報告幾全由日本東京所發出、其爲日人片面宣傳、自不待言、但余雖未得國內報告、然已推定此項慘案、必係日人有意造成、故余在國內報告未到以前、即已將日本最近對於中國勃興之國民運動如何壓迫、其出兵山東、尤顯然爲一種侵略行爲、幷具有干涉中國內政之決心、濟案發生、即此種侵略干涉之必然的結果等情況、向法國朝野擴大宣傳、不久余接到政府電告及其他各種報告、余之言論乃更有根據、遂陸續將所得者盡量揭佈、於是法國朝野對於濟案眞相大見了解、日人之反宣傳、信用全失、余與李魏諸先生又努力與法國朝野各領袖交換意見、截至現在、法國對濟案觀察與初發生時、已迥然不同矣、(問)法國對修約態度如何、(答)法國各當局對修約均表示極好、並一再聲言、此爲當然必有之結果、中國國民之願望、當以十分同情的態度懇切容納、大約一切手續商定後、卽有具體之表現也、(問)過美時與彼國當局有無接洽、(答)余等過美、因時間過促、未與彼國當局有何接洽、惟到華盛頓時、其東方局長曾一度來訪、余以中國國民之願望告之、彼亦表示十分同情而已、現伍梯雲先生尙在美、以余觀察中美關係、固可信益臻美滿也、(問)留美僑胞對國內觀感如何、(答)關於此事、余有一深刻之印象、卽余等此次過美、中經紐約華盛頓芝加哥舊金山檀香山等埠、當地華僑聞余等到、幾全體輟業、爭就余等問祖國近狀、幷舉行盛大歡迎會、其時克復北平之報告業已到美、華僑得此消息、尤有喜極欲狂之感、幷因余等係由法來美、故聞中法友誼之增進亦極歡忭、羣盼國內早日結束軍事、使和平建設之大業、急速開展、提高對外地位、彼等一息尚存、誓必爲祖國後援、此種愛國熱忱、眞幾使余等感極欲涕也、(問)先生何日赴京、是否將以接洽結果轉陳政府、(答)余此次赴法、係奉政府遣派、今旣回國、自當以一切情形報告政府、幷有種種問題須待政府解決、現小恙略痊、預定一二日內卽將入京、談至此、記者乃興辭而退、

乙、直叙體　並無問答之形式、僅依對方之言、擇要爲之平鋪直叙而已、如

美國新聞家之談話

美國新聞業巨擘霍華特、於星期一之晚從北京來滬、霍偕其夫人同來、現寓禮查飯店、不日卽赴香港小呂宋等處續遊、昨日本報記者前往訪候、據霍氏語記者云、『此次係第一次到中日兩國遊歷、覺東方風物、與美國殊異、甚動興趣、自到中國以後、曾在奉天謁張作霖、又往張家口見馮玉祥、張之爲人、談吐爽直、馮則崇尙樸實、此兩人在中國今日、自居重要地位、其將來舉動、尤當爲世人所注目、予在北京、所見中國報紙甚夥、但新聞紙之文字、須求其

明白淺顯。使人人可讀。不僅讀書人方能閱看、若文字以高華爲貴、則讀者少而效力亦鮮、美國凡有一二萬人民之村鎮、卽可出版一種報紙、遍載世界大事。不獨本埠之事而已、皆由讀報者多、報紙足以自給、而通訊社能以最低廉之價目、供給各種新聞故也、中美兩國、新聞交換、現尙太少、兩國人民之品性、相似處甚多、然尙不能知悉彼此日常情形、凡從美國傳至中國或從中國傳至美國之消息、皆因交換太少、但聞奇怪非常之事、而實在有益於中美兩國者、反付缺如、此次來華、雖曰遊歷、亦欲一察中國各處情形、謀中美兩國通訊事業之發展、無綫電爲傳遞消息之利器、惜今日尙無保護新聞事業之法律、故中美間無綫電通訊尙不多見』云云、

丙、描寫體　此種記法、注重於客觀之描寫、自較生動而多趣、但在吾國報紙、尙不多覯、下例乃『具體而微』之一段記述也、

蔣介石之談話

國民革命軍總司令蔣介石、悄然來滬後。下野消息、甚囂塵上、某通訊社記者乃趨謁於武定

路張靜江宅、

記者以上午八時往、時蔣總司令正與友談家鄉故事、記者靜候客室、聞之甚晰、覘其一種閒情逸致、初不料其已決心解甲歸田、實行『到民間去』也、

尋客去、蔣總司令親出晤予、笑容可掬、予之見蔣、今爲第三次、一在潯、一在寧、最後在滬、前後不足一年、令人有今昔之感、

蔣衣繭綢中山裝、神彩奕奕、就座後、記者叩以下野之說、究係事實、抑屬謠言、蔣答『鄙人於十二夜離寧到滬之時、早已決意下野、宣言即可發表』、言時、頻頻以手作勢、一若表示其意志之堅決者、記者問『北伐正在前進、先生遽以下野聞、其原因可得聞乎』、蔣氏聞言、報以微笑、從容答曰、『鄙人下野、一在謀吾黨統一、一在使吾軍團結、完成北伐與建國之兩大使命』、問、『寧漢兩方此後將何如、』蔣沉思有頃、出擬就之宣言書示記者曰、『予雖去、但要求雙方同志、悉擯外間挑撥之詞、盡捐意氣猜防之念、武漢同志、尅期聯袂、遷移來寧、共同集合於南京、而謀黨國大政之進行、』至此、忽又變爲嚴肅之態度而鄭重言曰、『苟利於黨、鄙人一切皆可犧牲、若懲儆及於一身、而黨基重現鞏固、雖被譴斥、猶有殊榮』、問、『此後北

伐將何如』、蔣嘆息曰、『自出師北伐以來、將士用命、飲馬長江、氣吞幽燕、苟中間無惡化份子之挑撥離間、則今日早已直搗北京、痛飲黃龍』、時大學院長蔡君元培至、握手畢、蔣氏續言『寧漢既已先後清黨、深望分駐湘鄂贛各地之武裝同志、併力北進、會同今日津浦路作戰之軍隊、一致完成國民革命』、旋福開森路孔庸之君來電話、請蔣前往敍談、機聲琅然、起於別室、侍役報告畢、適另一要人至、記者乃即辭出、出門未遠、猶見蔣張蔡等四人、分坐汽車、向西疾馳而去、

但須注意者、描寫應有描寫之價值、換言之、不應描寫而描寫之、反有冗蕪之病、

以上三種記述法、每散見於吾國報紙、但返觀『訪問制』實施較早之美國則何如、 美國新聞紙最近訪問之記述方法、可分為二、

(1)寫述化　一問一答之訪問記述法、已成為過去不適用之方法、蓋美國現代最優之訪問記述者、其記述之稿、一若小說然、對於對方之『人』及『意見』、盡描寫之能事、 凡訪員發問之言、除必要外、完全屏除、昔日枯澀而千篇一律之『談話』、一變而為生動活潑之『寫述化』、

(2)精要化　此法雖甚簡單、却非易易、當訪員與人談話時、須注意對方所言之精義、及發言時之

情狀、將其切實重要之點牢記於心、逐字逐句、不必一一强記、遇關緊要處、或語涉專門時、始宜引對方自用之語、冗蕪之贅語、宜力避、

以美國現在新聞界之趨勢言之、則舉凡吾國報紙所有之問答體與直叙體、殆無存在之餘地、而趨於描寫體之一途、愚以爲三者之中、描寫體較生動而多趣、固矣、然亦非絕對以此爲記述『訪問』之標準、蓋體例之如何、應以事實而定、凡重要之訪問、似以描寫體較宜、次要之訪問、則直叙體較簡而扼要、若一問一答、則繁瑣而呆板、且問句尤多贅語、宜其見棄於美國報界也、

第八章　戰事新聞之採訪

第一節　困難所在

情勢複雜而瞬息千變者、莫戰事若、刺探困苦而難得眞相者、尤莫戰事新聞若、　舉其犖犖大者、則有下列數點、昔年軍閥高揭『人吾不犯主義』、虛僞掩飾、言不由衷、往往陽稱和平、陰下動員、訪員據爲報告、宣諸報紙、而晴天霹靂、戰禍已作、此其一、政局變化、難於捉摸、忽戰忽和、每出意料、此其二、迨戰事爆發、各各努力宣傳、往往前綫失利、甲地陷落、而當局尙稱『正向乙地猛進、丙地旦夕可下』、認爲不確乎、則其言出自負責當局、認爲確乎、則每背離事實、苟過信人言、

輒成笑柄、此其三、新聞之錯綜矛盾、莫甚於戰時、以甲子江浙戰事爲例、甲言齊（燮元）軍進展五十里、前綫開抵黃渡、乙言盧（永祥）軍已由黃渡進占安亭、丙則言前綫無甚變化、各無進展、訪員於此、須得確實反證、始可置信、然轉輾刺探、手續既煩、費時又多、此其四、戰時交通斷絕、出入戰區、復非易易、欲得確訊、須憑手腕、此其五、任何一方、必不願以不利之消息告人、即有確實消息、亦必嚴守秘密、如別動隊已繞道出發、抄襲敵後、而當局否認、此其六、戰區之水陸交通、軍事運輸、官員更動、地方治安等等、毫無一定規律、頓失常態、欲將各項新聞、整理記錄、較見困難、此其七、戰事新聞、不容稍懈、稍縱即逝、相形見拙、此其八、訪員刺探、日以繼夜、但精力有限、疲於奔命、此其九、應付各方、費用必鉅、此其十、茲舉十端、乃其最顯著者耳、雖然、戰爭之際、社會耳目、集於報紙、有所詢、詢戰狀、有所談、談戰事、訪員所負之責任、實不減於衝鋒陷陣之兵隊、報紙之成功失敗、胥繫於此、故尤應於戰時努力、運用其機智手腕、以戰勝困難、而勿屈伏於困難、

又戰爭之時、各方宣傳、消息矛盾、民衆辨別眞僞、似有一法、即見有電訊、須視其來源、察其性質、庶幾得之、如『濟南電、馮軍大敗、曹州陷落』、則濟南爲張宗昌司令部之所在地、當然含有宣

傳作用、如曹州陷落、電由曹州所發、則事乃認爲確實、反之、如『鄭州電、馮軍攻克濟南』、亦須此項電報、由濟南發來、始可置信也、

第二節　下動員令

當戰事之際、總編輯應在其職權範圍之内召集一訪員會議、度量才力、分配職務、以若干人組織一『戰時採訪部』、更以若干人活動普通社會或政治新聞、規定各個活動的『方面』、議既定、應迅下『動員令』、令全體開始出發活動、而以編輯員全體爲『總預備隊』、遇各方不敷分配時、即以編輯員暫任訪員、（如編製戰時地圖、搜集材料、攝取影片等）四出採訪、以助不足、有時總編輯且須親自出馬、赴前敵指揮、（曩歲日内瓦 Geneva 開國際聯盟大會啟幕禮時、倫敦太晤士報總主筆親赴旁聽、記述新聞、編輯員兼爲訪員、在歐美已司空見慣）、惟採訪此種新聞、與兵隊作戰無異、訪員分派愈多、則活動範圍愈廣、此人盡知之、然『多』與『好』、並非一定成正比例、故在前綫作戰之訪員、苟無特色人才、雖多無益、反之、則出奇制勝、雖少何傷、『兵不在多而在精』、於訪員亦然、

第三節　採訪要點

動員令既下、訪員卽當憑其機智手腕、盡量活動、以下諸點、在採訪戰事新聞時、似不容忽焉、

A. 前綫戰訊

1. 在何地開火
2. 在何時開火
3. 何方先開火
4. 接觸若干小時
5. 雙方之最前綫
6. 相距共若干里
7. 前綫有何變化
8. 何方勝—進至何地
9. 何方敗—退至何地
10. 前進有何接觸
11. 潰退若何情狀

12. 死傷人數
13. 俘虜品
14. 軍隊有何調動
15. 前綫駐兵調查
16. 總攻擊令已下否
17. 主力何時接觸
18. 路橋有何毀壞
19. 雙方作戰之實力
20. 其他

B. 軍事布置

1. 雙方作戰計劃
2. 雙方軍事長官
   a. 總司令

b. 總參謀長

c. 第幾路總指揮

d. 前敵總指揮

e. 中路及左右翼司令

3. 要人之照片略歷

4. 要人之作戰談話

5. 軍官之來往

6. 司令部所在地

7. 兵站所在地

8. 運輸司令部所在地

9. 傷兵治療所所在地

10. 俘虜收容所所在地

11. 捷報—備參考

12. 訓令或布告

13. 其他

C. 交通現狀

1. 電報
2. 電話
3. 火車
4. 輪船
5. 汽車

（以上各項）有何阻斷或扣留

D. 戰區現狀

1. 現駐軍警
2. 有何騷動
3. 官吏有何變動
4. 各地防務一斑

5. 戰時之敎育
6. 戰時之農工商業
7. 戰時之民衆
8. 戰時之外交
9. 要人來往
10. 軍隊或軍器之來往
11. 其他

第四節　採訪方法

戰時新聞之最重要者、莫過於『前綫消息』、蓋任何一方之勝負進退、與一般人有密切關係、而爲其所最注意之一點、是故新聞愈靈確、銷路愈廣、或謂戰事新聞足以覘報紙聲譽之隆替、信非虛語、

刺探戰訊、又分七方面、

(一)傷兵口中、　前綫作戰方殷、訪員難赴『前敵』、實地觀察、然不當以此而放棄前綫戰訊、

無已、則惟有求諸由前綫運回之傷兵口中、某日交戰幾次、抵何地、退何處、均可歷歷如繪、

（二）紅十字會、　戰事既起、紅會必組織救護隊、赴前綫救傷埋死、出入彈雨之中、　戰況當知其詳、

（三）軍政機關或要人、　本爲『新聞製造廠』之一、然敗者必故爲掩飾、勝者喜言過其實、多少含有宣傳或偏袒作用、吾人不可全信、但亦不可不問、蓋言出其口、而考慮取舍之責、　則在吾也、

（四）交通機關、　如鐵路、電報、電話、輪船等局、消息必較爲靈通、

（五）戰區難民、　交戰之區、音訊隔絕、　其詳細經過及現狀、　可在新來避難之戰區災民之口中得之、

（六）火車上之司機或車守長等、　輒隨軍開赴戰綫、其耳聞目擊之情形、當較可靠、

（七）收容所、　專爲災民收容之處、戚友相探、互述被難慘狀、每有消息夾雜其間、

（八）其他、

於此尚有應注意者數點、則（甲）採訪新聞時、『足勝於手』、往來奔走、無孔不入、乃其本色、（乙）

採訪戰事新聞、應明瞭戰區地勢、否則、記載地名、必茫無頭緒、新聞失實、無從考證、(丙)記載須合事實、不可稍涉虛僞、或張大其詞、(丁)不可偏信一方面之消息、對於任何一方所供給者、應再爲進一步之刺探、(戊)探詢傷兵、應擇輕傷者與之談、然兵士類多宣揚己方戰績、不願以敗況相告、故須注意而細辨之、(己)審愼新聞之來源、(庚)出外活動之前、應先將緊要各點、牢記腦中、若然、則成竹在胸、按圖索驥、不致臨時慌張、顧此失彼、(辛)耳所聞、目所見、隨時勤錄、免冗繁遺忘、(壬)與人遇、多發問、蓋普通人不知新聞價値、不問每不告也、(癸)不確新聞、應存『寧聞毋信、寧探再記』之心、否則於治安人心、關係甚大、如曩年江浙大戰時、因誤載吳淞到有奉軍、遂致居民紛遷來滬、因誤記蘇州大焚掠、旅滬蘇籍某君等、遂痛不欲生、涕淚滂沱、此等處不可不愼也、

第九章　戰地訪員之任務

第一節　戰地訪員之今昔

戰事新聞之採訪方法、已略如前章所述、第其活動範圍、旣限於『後方』、則『前綫』眞相、自難入諸吾人耳目、但報紙旣以報告新聞爲職志、卽不能僅顧後方、而漠視前綫、換言之、最重要之戰

訊、實在前綫、戰局之關鍵、尤視前綫進退爲轉移、瞬息變化、不可捉摸、隨時隨地與社會治安或平民之生命財產有密切關係、故派遣訪員、親歷戰區、以報告前綫眞實消息、實爲報館最重要之戰時工作、

訪員親赴前綫、眞相可明、言其利益、約有三端、

(一)戰事既發、炮火連天、欲在後方探刺前綫戰訊、殊非易易、不得諸轉輾間接、有隔靴抓癢之虞、即失之暌離事實、感難得眞相之苦、然欲直接探求事實、非親赴前綫不爲功、

(二)敵派每視戰時爲製造『投機新聞』之絕好機會、視報紙爲其宣傳之惟一利器、偶或不察、易爲所愚、然而報紙被愚猶小、讀者若因此而間接被愚則實大、如往日南口之役、聯軍攻克之捷報、何止五六次、報紙僅憑官報、屢屢爲之揭載者、亦何止五六次、但按之事實、則南口陷落、絕非事實、斯時苟有前綫實訊、則消息眞僞、不難立判、此含有毒素的微菌式之『假新聞』、即難逃顯微鏡之察視、

(三)得諸間接之新聞、每錯綜矛盾、陸離光怪、不特社會人士墮入五里霧中、即報館自身、亦覺與前綫如隔雲山萬里、頓見麻木、欲『撥雲霧而見青天』、莫若遣派訪員、親赴前綫、一以

破依賴外國通訊社之舊習、一以證明新聞之矛盾、良以百聞不如一見、間接不及身歷、若夫劇戰之攝影、交鋒之實況、以及前線之布置、非捫戶擬月、所能收效、於此更足證戰地訪員之不可緩、

以廣義言之、世界不啻一『新聞戰場』、終日刺探新聞之訪員、直猶馳騁活動之兵士、彼軍事戰線者、新聞戰場中之『前敵』耳、訪員足迹、非不能至、戰線新聞、非不能得、奈何可至可得、而反難至難得、則環境使之然、採訪術之幼稚使之然、實不容爲之諱、

戰地訪員（或稱隨軍訪員）不自今始、特今尤爲重要、試溯歐美往史、則如一八五四年克里米之戰、一八五七年法奧之戰、一八六六年德奧之戰、一八七〇年德法之戰、以及美墨之戰、美國南北之戰……莫不有各報戰地訪員活躍於槍林彈雨之下、以造成世界新聞史中未有之記錄、試觀英倫太晤士報、其所以能臻今日左右政局之境地者、實由於克里米戰訊之靈捷、以開其端、而深入戰線以採集此項戰訊者、則爲其訪員羅塞爾、太晤士因得有羅氏而名大彰、羅氏則爲太晤士採訪戰訊而垂不朽、自羅死至於今、幾五十年、而世莫不知有羅塞爾其人、其墓在倫敦聖保羅寺院、墓標上『最初最大之軍事通信員』之語句、宛然猶在、足供後人憑弔、想見其爲人、

至若吾國、則十五年來、雖無年不亂、無亂不戰、砲火瀰漫、國無淨土、戰地訪員宜如何『車載斗量』、顧揆之實際、則過去新聞史中、尙無記載戰地訪員之一頁、所謂戰事新聞者、不摭拾人言、即依賴外訊(如英之路透社、日之東方社、電通社、美之聯合社)、一任其宣傳操縱、可悲亦復可嘆、故爲報紙自身計、實莫重於擴充『採訪戰線』、而尤莫急於派遣戰地訪員、蓋將來報紙之競爭、必以採訪新聞爲焦點、可斷言也、

今春、晉豫之郊、戰事劇烈、上海各報遂有派遣隨軍記者之舉、於是大號之『本館隨軍記者專電』遂赫然見於各報、實開採訪上一新紀元、但記者大半『隨軍』出發、初未可自由出入於戰區、所得新聞、亦未可自由寄出、茲將總司令部所頒布之『新聞記者隨軍規則』錄之於後、以供參考、

第一條、得派隨軍新聞記者之報館、限於左之二種、(一)在革命方面之著名正當華人報館、(二)同情於革命之著名正當外人報館、在敵地之報館、不得派遣隨軍記者、第二條、派遣隨軍記者之報館、均由其館主或總經理或總編輯先行具函申請本部核准、第三條、每報館派遣隨軍記者祇許一人、第四條、隨軍記者一切事務、統由本部參謀處管理、第五條、隨軍記者由本部發給特定符號、以資識別、第六條、隨軍記者之宿舍、由本

部副官處指定、或自行覓定、報告本部參副二處、第七條、隨軍記者關於採集新聞之行動、須受本部參謀處之指導、第八條、軍事新聞之可以發表者、由本部參謀處交付隨軍記者、隨軍記者自得之新聞材料、亦應先請該處審查、第九條、隨軍記者所發新聞函件、應先交本部參謀處審查蓋戳、電局及郵局檢查員、對於軍事新聞之函件、須憑此項審查戳記、方予發出、第十條、隨軍記者攝取軍事照片時、應先請各部隊長許可、普通照片不在此限、第十一條、隨軍記者倘要隨附各部隊時、應向本部參謀處及該部隊接洽、各部隊對於隨軍記者、亦指派專員、按照本規則所定辦理、第十二條、隨軍記者、應遵守一般紀律、尤不得妨害軍事之行動、第十三條、隨軍記者倘有不遵紀律或私洩軍情者、按其情節輕重、分別撤懲、第十四條、隨軍記者之食宿旅行等事、倘遇無法自辦時、得商由所附部隊爲之照料、第十五條、本規則如有未盡或應改事宜、得隨時增修之、

惟此項規則、限制極嚴、如『隨軍記者關於採訪新聞之行動、須受本部參謀處之指導』、『……隨軍記者自得之新聞材料、亦應先請該處審查』、以及『隨軍記者所發新聞函件、應先交本部參謀處審查蓋戳、電局及郵局檢查員、對於軍事新聞之函件、須憑此項審查戳記、方予發出』等等、乃

其最著者也、

第二節　戰地訪員之活動

訪員既足歷前綫、則隨時隨地皆在活動範圍之中、目所接、耳所聞、無一不足爲新聞資料、但應注意者十點、(一)身處行營、不涉前綫、卽無以知眞相、僅赴前綫、不至行營、亦難有頭緒、『足勝於手』、在戰綫採訪新聞、尤爲重要、(二)訪員須有辨別新聞眞僞之能力、無此能力、卽不足以爲訪員、蓋報告由人、信否由吾、凡人所言所告、均須爲進一步之考察、如或確焉、則自有報告報館之價值、如或僞焉、則不妨姑聽、但不可姑信、須知人有言之權利、吾無一定照刋之義務、(三)訪員須帶密碼或明碼電報、以便隨時拍發、凡臨時發生之重要事實、可拍電報、其有統系之敘述、可遞快信、軍事行動及重要人物須爲之攝影、戰場寫眞、尤可寶貴、總之、訪員一履前綫、當努力奮鬥、猶時計然、不能片刻稍停、否則、稍縱卽逝、噬臍莫及、(四)至究竟如何活動、始得爲當、則全憑其機智手腕、決不能以刻板規律、限其活動範圍、如傷兵衆多、足以覘戰事劇烈、軍隊行動、足以窺雙方勝負、無意閒談、每足測知虛實、握手聯歡、不難探明眞相、是在其本領之高下、定價值之有無、(五)採訪新聞、只問價值有無、不問代價大小、如必要時、雇汽車以採得重要新聞、代價固大、然此新聞價値、當遠在此汽車代價以上、蓋『以任何之代價、採訪新聞、(Get the news at any cost』、殆爲現代新聞界所公認、吾人應患不能得好新聞、不當爲取得好新聞而吝惜相當的支出、予敢斷言、世必無因吝惜支出而放棄新聞之人、報館亦無拒絕支付之理、年來各報對於戰事新聞、不惜出巨價以求之、職此故也、(六)戰地訪員採取新聞、有一要訣、卽爲『快訪、快送』、故訪員一方須知『如何訪』、一方更須知『如何以最速之方法送至報館、以披露於報紙』、蓋戰地新聞、利在靈捷、否則、失却時間性、有明日黃花之慽、但戰時交通阻斷、如由前綫報告戰訊於後方、必感困難、是則一視乎訪員之才力手腕、一視設備之何若、報告之法、或用電話、或藉鐵路公電、或憑水陸兩路電報、事前須有相當之接洽與準備、(七)在前綫活動時、須多問人、多觀察、毋畏苦、毋怠惰、(八)旅費設備、務求完全、(九)預備一日記簿、將每日應注意各點、隨時記入、隨時活動、其已工作而得有結果者、塗去之、(十)其他種種、可參閱前章戰事新聞採訪法、

曩馮奉兩軍南口大戰時、日本電報通訊社曾特派戰地訪員多人、赴昌平最前綫實地觀察、往來活動、所得極多、前綫情狀、盡入眼簾、迨快郵遞來、輒將啞謎打破、茲特將北京報紙所刊載者錄之於次、以見前綫工作之一斑、

最前線實地觀戰記

奉軍用重砲猛攻繼續不斷
攻下南口須俟二道關進襲

電通社昌平八日快訊云、張學良密到昌平、七日晚即開前線最高將領會議、決定猛烈砲擊南口前面、並由北方二道關方面、大迂迴向前進攻、旋於**八日未明**用重砲四門及其他各種大砲繼續不斷、開始砲擊、其間幷或聞機關槍及步槍之聲。此尤足證其與戰線極相接近、記者是日步出昌平城西門、向南口車站側面之最前線出發、途中散見已關閉之市中商舖甚多、已充軍士宿舍、或作飼養馬匹之所、其光景備極慘澹、軍用電話綫、密蛛如網、時值前綫運來傷兵約二十名、中有幼年傷兵一人、胸部被彈擊穿、奄奄垂死、面亦蒼白、毫無人色、問其年齡、旁人代答十六、及出城後、見城外農田產物、尙均欣欣向榮、毫無荒蕪之象、比較諸城內之悲慘情形、亦云宛若天壤矣、據居民云、自軍興以來、各軍長官均對農田作物、加以特別保護、故獨得安然無恙、信或然歟、

記者循重砲及山野砲之聲、隨輜重隊及衛生隊一行、繼續向新築道路前進、在前方約半英里之高地上、爲鄒作華所率之

砲兵司令

部所在地、遙與南口之險隘處所、互相對峙其間相去不過二英里有奇、蓋已與南口之西北軍陣地其相去僅在指顧間矣、其砲兵司令部乃置於高地之背面、另設有幕蓬二十餘座、其在前方平地之砲兵陣地、已按置電話線柱、約數十根、以備傳達一切軍令、此外又有騎馬傳令者、有向後方運送砲彈者、其狀似極忙碌、其於本月一二兩日之激戰中、被西北軍砲彈擊折之樹枝、與轟裂之地洞、現尚所在皆是、而步兵陣地、亦有利用地裂處所、以資藏伏者、當行

抵龍虎台

後方之砲兵陣地時、在青紗帳中、列有野砲二十餘門、另有多數砲兵亦身露膊、雜臥於天幕之下、厥狀至爲安閑、若不知有戰事者、蓋左右約一二華里之遙、以及南口前面一帶、均爲此輩兵士所佈滿、

故照常着有軍服者、殆不多見、在行步間、聞砲兵司令部用電話傳達發砲命令、命以四千一百二十公尺爲照準距離、旋又變更爲三千九百二十公尺、排長即照此高聲傳令、於是横臥中之砲兵、即雜然而起、各以棉花塞耳、亦將裝彈發砲、於是

砲聲四起

與右翼相近之重砲交錯而作、狀極淒慘、西北軍之還擊次數、十僅有一、其態度似極慎重者、雖然、此等猛烈的砲擊行動、是否果有正確目標、不能無疑、在此間西北軍陣地、自本月一日以來、已消退却、但現時猶恃南口居庸關之險、以與奉軍相持抵抗、至奉軍之攻擊、刻似只能擊碎南口嶺上之岩石、斷未易制敵死命、大抵今後須能延長不斷、向敵砲擊、且能使二道關方面之迂迴進攻計畫成功、則西北軍或不得不終棄南口而去、否則僅憑南口之正面攻擊、恐不能如張學良所言、儘三四日之中、攻陷該地也、顧奉軍果能將目前之南口前提戰、漸進而爲南口之正面戰、未始非最近之一大成功、

絡繹於途

又由昌平回京途中見有裝運軍需品之大車、絡繹於道、又云曩六日在龍虎

台方面觀步兵戰時見奉軍將校負傷者二十八名、死者一名、軍士傷者四百零六名、死者廿五名、自當時迄今、雖已將該方面平地占據、惟尚未克進據其高地、九日後、由京運送重砲彈八百發前往、以備攻擊之需云、

第三節　歐洲大戰中之戰地訪員

歐洲大戰時、倫敦太晤士報特派伯勒洛賓孫、爲戰地通訊員、其在前線之活動情形、可爲吾人借鏡、茲將其『自述』覓錄於下、以覘當時戰地訪員在前線生活之一斑焉、

一九一四年之夏、大戰爆發、我輩亟束裝赴前敵戰線、時德軍攻破盎凡爾、我輩五人、流竄東西、或赴荷蘭、或赴干的、間有隨軍隊轉徙至西伯利亞及加里波里者、中間備極顛沛流離之苦、至一九一六年、吾輩五人、乃始聚首於西歐戰地、同任通信職務、終日馳逐戰線、目擊彈丸礮火之轟發、歷二三年、未嘗有一日之曠職、故以戰地經歷論之、我輩差足以自豪矣、

在昔日戰爭中、戰線之廣、不過數十里、所謂戰地通信員者、長日偵伺於礮火線之間、獲一消息、即奔返戰線後方之電報站、而傳達信息於各處、其事可以一人之力爲之、若今則不然、戰線之廣亘、十百倍於昔時、萬非一人足跡之所能周歷、故非通力合作、則不能有濟、大

抵競爭與忌嫉、爲新聞記者之通病、通信員所獲消息、通常必嚴守祕密、決不洩諸同業中人、惟在戰地通信員則否、凡所得消息、必互相參證、互相推究、未嘗有絲毫之隱蔽、蓋非此則不易得眞確之消息也、

吾輩猶羊也、而牧人乃日伺其後、牧人謂何、則監察員是也、監察員之職務有二、首在檢查我輩所發之報告、其次則在與我輩爲伴侶、故日夕伺候於我輩之側、我輩步亦步、我輩趨亦趨、猶形之與影、無一息之分離、蓋在昔時、世人皆以任戰地通信員者、多爲亂徒、爲暴民、懼其漏洩、或以不正當之報告、淆惑聽聞、故不得不由官家派監察員以防範之、惟監察員雖日夕與我輩相伍、然絕未限制我輩之行動、轉足爲我輩在戰地之良伴、凡赴戰壕大本營或司令部、必由監察員爲之先容、監察員多富於軍事智識、我輩賴其臂助、實頗不少、有時我輩躬冒礮火、親歷險阻、彼監察員亦必隨侍左右、無須臾之分離、雖有生命之危險、亦所不顧、故所謂監察員者、名義上雖爲我輩之監察人、實則不啻與我輩共生死患難之良友也、

戰地通訊員、舍英人外、尚有美國新聞記者二人、計共七人、有監察員五人、與吾儕俱、出發時有摩托車五輛、小車一輛、用以送信之摩托自由車數輛、計與我輩相偕者、有送信人、汽

車夫、從卒等、約共二十六七人、當戰事靜止時、則會合一處、會合之處、恆擇與各方戰線相近之中心地、且與大本營及電站相距不遠者、此種集合地、時時遷徙、靡有一定、戰鬪中心點移至何地、則通信員集合地、亦隨之而遷移、當大戰鬪開始之前夕、我輩恆聚會於集合地、議定分任觀察之職、就戰線上每人劃一地段、以視察該地戰況、為其專職、或就附近山阜上距礮火線三四百碼處登高觀戰、或就離陣地一二哩許視察、各隨戰線之廣狹以定、迨戰鬪終了、礮火停止時、則與監察員同乘摩托車、向交戰地點前進、此時沿途當見傷兵躑躅道旁及俘虜被繫等種種狀況、更向戰鬪中重要軍官、詢問戰爭實況、幷赴大本營等處探問、乃始返集合地點、與同事會晤、

戰鬪開始、多在拂曉之際、夏季日長時、在兩點半後、冬季則在六點前後、故通信員須於半夜後出發、分道觀戰、而定下午一點鐘、為各通信員會集之期、屆時各通信員合坐一處、分述其所見所聞、互相對照、乃各繕成報告、由檢查員檢閱後、約費時兩點許、始發往電站、送達各報館、預備刊入次日晨報中、故有謂戰地通信員所報告之消息、大率參以私意、鋪張揚厲、不足證信者、實有未然、蓋戰地通信員之報告、係集五人之見聞而成、不能以一人之推

測、欺飾餘人之耳目、與普通新聞記者之妄推事變、以聳動聽聞為長技者、固截然不同也、戰事報告、既須經監察員之檢查、故我輩所見所聞、當然不能盡情發表、而無所諱飾、大抵檢查員檢閱通信文件時、所依據者有三、(一)凡足使敵軍窺測我軍內情、或足以鼓舞敵軍勇氣之消息、概不能發表、(二)凡足以沮喪我軍意氣之消息、概不能發表、(三)通信員僅能發表戰事消息、不得對於我軍行動、有所批評、我輩在戰地、任事既久、於檢查標準、知之已熟、故所發電稿、為檢查員所扣留者、絕少其事、

有一事為通信員所最宜慎重、而亦最難措置者、即各軍隊之名稱是也、譬如紀一戰事、我軍某隊進攻、某團退守、某旅有勁卒若干人、某軍有大礮若干尊、我輩雖知之甚稔、斷不能盡情披露、蓋若此則我軍虛實、不免為敵軍所審知、故報告中不能明言第幾旅駐某地、第幾團攻某處、即欲發表、亦必須俟戰事經過數日以後、然總以不發表為佳、是以我輩所作報告、紀我軍軍隊、每用「左翼軍隊」「海格將軍之軍隊」等籠統名詞、或泛稱「我軍」、蓋苟不審慎、致軍隊實情 為德軍所知、則其為害於我軍者、實甚大也、

或謂如上所述、則戰地通信員之報告、容亦有虛偽不實者乎、應曰否否、天下惟真實為最占

勢力、眞實之事、决非通信員之所能掩飾、我輩所發表之戰事消息、詳其所略、而略其所詳、則誠有之、若謂有一字一句之僞造、則萬萬不能承認』、

第十章　突發事件之採訪

第一節　探索之途徑

採訪普通之新聞易、採訪突發之事件難、如攝影然、前者如『靜物』、得以從容攝取、後者如『動體』、猝不及備、稍縱卽逝、蓋普通新聞(如上海特別市市政府成立典禮)、事前每有公開之時日與地點、且有『刻板式』之採訪要點、如禮場布置、到會人物、市長局長宣誓、市長演說、局長演說、政府訓詞等等、訪員苟處禮堂之中、依照開會秩序、自始至終、一一爲之記錄、則秩序畢、而新聞亦成(其有特別活動或記載者、不在此限)、初不若突發事件之採訪範圍、不囿於一地、卽探索亦不一其途徑也、

茲以『亞爾培路匪捕大格鬥』事件一述採訪之方法、惟其間之分配、每隨環境而異、初非一成不變、至各個人出外採訪之成敗、輒亦視其本能與機會而定、此乃不可不注意者、某報於某晚得電話、略謂『法租界亞爾培路發生匪捕大格鬥之慘劇』、究竟此項報告、是否可靠、以及慘劇發生於

亞爾培路之何處地段、發生於何時、雙方有何死傷、電話中語焉不詳、須有以調查證明之、採訪部主任乃即召集若干訪員、告以故、量才施用、加以分配、然後下動員令、分別出發、分配之結果、爲

1. 訪員甲　至出事地點　調查釁事原因等
2. 訪員乙　至寶建路捕房　調查出事始末等
3. 訪員丙　至廣慈醫院　調查死傷眞狀等
4. 訪員丁　至匪窟　調查匪窟情形等

惟四人雖如此分配、然亦應有權變作用、因時制宜、如甲雖奉命至出事地點、調查肇事原因等、苟遇辦理此案之探捕、則應利用機會、亦以出事始末等加以叩詢、歸而記之、備人參考、並非其間絕對不可通融、而寧將重要事實『交臂失之』、又此種分配須適合於環境、換言之、事件重大或幾個區域距離甚遠而時間又逼促時、可多派若干人活動、反之、則雖一人亦未嘗不能勝任、

第二節　訪員四人之實際工作

A. 訪員甲　車抵法租界亞爾培路時、晤一崗警、

(問)此處發生匪捕大格鬥、請問究在何處地段、

(答)據聞如此、大概在前面吧、

訪員乃驅車前進、詢諸鄰居、僉謂不知、更前行、將抵麥根其花園附近時、見巡捕三五、往來巡查、乃下車、

(問)此處曾發生匪捕大格鬥、然乎、

(答)然、

(問)在何時發生的、

(答)下午六時半、

(問)在何地、

(答)在麥根其花園附近之未釘門牌屋內、言已、以手遙指沿馬路新西汽車公司籌備處對門之新屋曰『此即匪黨之大本營也』

(問)因何起格鬥、請有以見告、

(答)由於寓在凡爾登花園內三十六號門牌之英婦被刼一銀絲手提夾而起、

(問)失一提夾、何致匪捕格鬥、
(答)英婦報捕、捕房派包探徐輔臣前往調查匪窟、遂演慘劇、
(問)雙方有何死傷、
(答)徐探重傷、已入醫院、
(問)尙有他人否、
(答)請至該管寶建路捕房查問、予亦不甚詳細、

至此、訪員丁適至、彼此晤面後、甲至英婦家訪問、而丁則至匪窟觀察、旋卽分途、(如僅有一訪員活動、則訪員甲此時應先至就近匪窟調查後、然後再至事主家訪問)

訪員甲旣至凡爾登花園三十六號門牌、適主人外出、乃遇一西崽、得不少意外綫索、

(問)盜刼貴主婦手提夾、已破獲乎、
(答)聞已破獲、
(問)貴主人爲誰、
(答)美國人嚏狄埭先生、

(問)何業、

(答)在愛多亞路二十五號老大昌洋行辦事、

(問)貴主婦是否英籍、

(答)然、

(問)手提夾如何被刼、

(答)今日下午三時許、敝主婦至辣斐德路探視其妹、既畢歸家、將至霞飛路、突來一衣黑長衫之盜、將其手中所携之銀絲手提夾一只搶去、

(問)內中有無貴重物品、

(答)內藏鈔票三百餘元、

(問)貴主婦受傷否、

(答)未、當時畏盜兇猛、不敢與較、怏怏返家、

(問)何時報捕、

(答)傍晚六時許、敝主婦之胞姊至、謂其家隔壁、住有鄰家、盡屬男子、進出之人、形迹可

疑、叩門亦狂暴異常、不類常人、今晚六時許、見若輩圍桌數鈔票、爭擾多時、逆料必係匪黨分贓不均而決裂、

(問)匪黨狀貌服飾如何、

(答)據其姊言、斯時據案頭者、爲一衣黑色長衫之盜、而其狀態服飾、與敝主婦所見者相同、乃偕敝主人啞狄埭先生同至寶建路捕房報告、

(問)捕房已派人緝捕乎、

(答)予等不出門、不知其詳、

訪員甲乃回館記『肇事之因』一節、記訖、又以另案出外活動、

B. 訪員乙　　於出發前、先以電話詢盧家灣總巡捕房、

(問)亞爾培路今日下午六時半、發生匪捕大格鬥、有諸、

(答)實有其事、

(問)亞爾培路歸那一個捕房管轄、

(答)屬寶建路捕房、

(問)尊處已得詳細報告否、

(答)尙未、

訪員乙乃直接驅車至寶建路捕房、遇包探兩人、寒暄畢、

(問)亞爾培路匪捕大格鬥、尊處係派何人前去緝捕的、

(答)敝處據英婦騰狄埭夫人報告後、即由捕頭派探員徐輔臣偕同原告前往亞爾培路麥根其花園附近未釘門牌之匪窟內前往緝查、

(問)如何起格鬥、

(答)徐探此去之目的、僅欲訪查室中人之職業、詎正叩門而入、室中人知事不妙、即拔出手鎗、向徐開放、一連四鎗、一彈中徐之左太陽穴、右腮出、一彈中左臂、徐應聲倒地、

(問)僅徐一人中彈乎、

(答)否、蓋英婦之汽車夫俄人、聞室內鎗聲後、奮身入內、向匪撲去、匪又開三鎗、遂亦負傷倒地、

(問)斯時有附近崗警前去援助乎、

(答)後附近崗警與鄰居之西人、聞聲而至、一鼓而入、室中五盜、逃四獲一、旋將獲盜解至敝捕房、

(問)四盜向何方逃去、

(答)向北入公共租界逃去、

(問)一盜如何被獲、

(答)一盜正從晒台跳出、探捕適至、遂被拘、

(問)徐探及俄人受傷後如何、

(答)用汽車送往廣慈醫院求治、

(問)廣慈醫院在何處、

(答)在金神父路、

(問)被獲之盜如何處置、

(答)該盜爲餘姚人、現押捕房、訊問一過後、供出同黨多人、

(問)續獲多少名、

(答)十六名、

(問)盜黨之年歲籍貫、

(答)方陸續拘到、擬訊問後、轉解法公廨、現尙未訊問、

(問)在何處續獲的、

(答)賸盜在金神父路大利小客棧、餘在呂班路方興里十九號、

言至此、該包探復莞爾而笑曰、『尙有一事、足爲君告者、卽前日被匪綁去之中華懋業銀行行員吳同文、迄無下落、詎吳君竟被禁於亞爾培路匪窟隔壁第三家之空屋內、伊於鎗聲發生時、卽乘機逃出、因斯時看守之盜黨已紛紛奔竄也』、

訪員乙乃又往吳同文家詢問經過、其家已如驚弓之鳥、推稱不知、但其回答時、面現笑容、因推測其脫險爲事實、旋由吳宅回館、草記『匪窟格鬥』及『獲盜十六』之新聞兩節、

C. 訪員丙　奉命赴廣慈醫院之任務有三、(一)調查包探徐輔臣之傷或死、如傷、則傷在何處、傷勢如何、如死、則何時死、死後如何、(二)調查汽車夫俄人之傷狀、(三)調查兩人入醫院後之情狀、抵院後、遇看護西婦麥利、

（問）今日在亞爾培路受傷之俄國人汽車夫、現在貴院醫治、其病房在何處、
（答）在三等病房中、
（問）可入內探望乎、
（答）醫生囑、任何人不可入內、其家屬亦然、
（問）其人年歲幾何、
（答）約三十左右、
（問）姓名爲何、
（答）磨哥洛基夫、
（問）請問其職業、
（答）在老大昌洋行任公司車司機之職、
（問）傷在何處、
（答）在腹部等處、
（問）是致命傷否、

(答)傷甚重、恐有性命憂、
(問)已施手術未、
(答)已施過、
(問)能開口否、
(答)不能、
(問)體溫如何、
(答)最高九十六度、最低七十一度、
訪員內乃變換語氣、與該看護婦談徐輔臣傷狀、適電話至、看護婦上樓、臨行介紹一西醫與訪員談話、
(問)徐探入院後、係由閣下診治乎、
(答)然、
(問)若然、甚佳、請問施手術後如何、
(答)因傷太重、並未開刀、

(問)傷在何處、
(答)徐君中兩鎗、一中左太陽穴、由右腮出、一中左臂、
(問)左太陽穴一彈、既貫穿而出、係致命傷乎、
(答)然、
(問)其人如何矣、
(答)已於今晚七時半殞命、
(問)死後如何、
(答)卽由敝院通知捕房、令同仁輔元堂派夫役前來、將屍舁入驗屍所、
(問)已否檢驗、
(答)不知、
(問)其家屬曾來過否、
(答)其妻曾前來視徐、
(問)徐探到院後、曾否指出兇手狀貌服飾、

(答)未、因除呻吟外、自始至終、未發一言、

(問)其家屬到時如何、

(答)徐因流血過多、神志不淸、已不認得人、

(問)其妻子已至何處、

(答)聞已赴驗屍所、

訪員丙乃驅車至同仁輔元堂(此處採訪部主任雖未派伊前往、然爲事實上所必要、應臨機應變、隨時活動)、是日爲星期、照例停止辦公、但其屍屬適亦在該處、乃得一意外之好材料、

(問)徐屍在何處、

(答)太平間中、

(問)堂中已通知貴家屬明日檢驗乎、

(答)然、

(問)何時、

(答)上午十時、

(問)尙未棺殮乎

(答)然、因須待檢驗、然後棺殮、

時一年輕婦人、約三十許人、滿身縞素、嚶嚶啜泣、訪員逆料此必係新寡之婦、乃趨與語、

(問)爾爲徐故探之何人、

(答)妻、

(問)年幾何、

(答)二十九、

(問)頃間與鄙人語者係何人、

(答)予之姑、

(問)爾姑年幾何、

(答)五十七、

(問)爾翁健在否、

(答)年五十八、健在、

(問)今日已至何處去、
(答)在家料理後事、
(問)徐故探何處人、年幾何、
(答)天津人、年三十一、
(問)尊府在何處、
(答)舍間在法租界斜徐路小木橋飯店內、
(問)伊已當包探幾年、
(答)尙未滿二年、
(問)未爲包探之前、爲何業、
(答)向當四百十三號巡捕、因平時勤愼、前年始升今職、
(問)在何處捕房辦公、
(答)包探辦事、多在盧家灣總巡捕房、由總部分派各捕房值班、
(問)是日在寶建路捕房輪值第幾班、

(答)適爲第三班、竟遭此厄、
(問)爾已與徐故採結婚幾年、
(答)十年、予出閣時、年僅十有九、
(問)子女幾何、
(答)一男二女、
(問)其年齡幾何、
(答)長男年八歲、兩女幼、一年四歲、一方二歲、
(問)令郎已入學否、
(答)在中法公學肄業、
(問)在幾年級、
(答)初中一年級、
(問)身後如何、
(答)家徒四壁、無力棺殮、言已、放聲大哭、

訪員丙覩此、不忍再問、乃以好言慰藉、旋卽返館、記『探員殞命』及『看護婦言』兩節、但其中之徐故探在捕房服務情形、訪員乙至捕房探訪時、亦應問及、俾可互相參證、蓋訪員丙苟至同仁輔元堂而不遇屍屬、則殆矣、

D. 訪員丁　與訪員甲在亞爾培路分途後、卽至匪窟實地調查、旣抵其地、先將匪窟之外部情形及鄰居等、加以觀察、摘記簿內、預備爲記事文中之一段材料、旋晤巡守門前之三百三十三號越捕、叩以始末、言語不通、遂生阻碍、時適法捕房探目沙里（Theuri）與捕頭啞特氏、在室內上下、手執洋燭、仔細勘察、訪員丁乃入室趨與語、詎彼輩僅操純粹之法語、訪員以英語與之談話、則彼等有知有不知、無巳、隻身親至匪窟內部各處、一一觀察（訪員持電筒）、殊有結果、乃歸而記『匪窟一瞥』之一段、

訪員甲乙丙丁四人、旣分別回館、各以記事先請採訪部主任閱看一過（有不完全之處、可再令出外活動）、然後送交編輯員發刊、翌日、『亞爾培路匪捕大格鬥』之新聞、遂赫然見於報首、

亞爾培路匪捕大格鬥

包探徐輔臣飲彈殞命
盜匪羽黨共獲十六人
吳同文被綁意外脫險

肇事之因

有在愛多亞路二十五號門牌屋內之老大昌洋行供職之美國人啞狄埭（Odater） 其家寓凡爾登花園（Verdun Garden）三十六號門牌屋內、其夫人爲英籍、於昨日下午三時許、至辣斐德路探視其妹、視畢返家、至霞飛路時、突來一衣黑長衣之盜匪一名、將其手中所攜之銀絲手提夾子一只、劈手奪去、內藏鈔票三百餘元、啞狄埭夫人畏其凶猛、遂快快返家、至晚六時許、其姊告以其家間壁、住有鄰家、此中進出之人、頗多疑慮、如叩門一事、他家多剝啄微響、使內聞足矣、惟是家則不然、叩門之聲、大如擂鼓、且進出之人、盡屬男子、行動舉止、多頗暴狂、不類安善份子、且昨晚一室呶呶、作爭吵聲、雖不能辨其爲何而作、惟隔窗遙窺、見若輩圍桌數鈔票、逆料若輩必係分贓不勻故而作焉、啞狄埭夫人謂盜我財者、即在君鄰、世間事未必有若是之巧、旋問曾見其人作何裝束、其姊謂見據案頭者、其人衣黑色之長衣、面貌如何、身修若干、啞狄埭夫人覺其姊之言、與頃間所遇之盜、依稀相似、再四思維、非去報捕房不可、是時其夫正回家晚餐、餐畢之後、回至寶建路捕房（俗呼善鐘路捕房）報告、蓋是間管轄、屬於寶建路捕房也、當報告時、並不確定是間爲匪窟、室人爲匪徒、但請捕房細爲查訪而巳、

匪窟格鬬

當下由捕頭、派探員徐輔臣、偕同原告、乘坐原告之汽車、往該處調查、徐輔臣往匪窟時、正六時二十五分、其初意並不去捉捕、但求訪查室中人之職業而巳、詎叩門而入、室中匪徒、瞥見門外有西人影蹤、而入室者、則爲形體魁梧、裝似公家、必不佳妙、遂不作語、即拔出手鎗、向徐輔臣開放、一連四槍、一彈中徐之左太陽穴、而出右腮、一彈中左臂、徐輔臣受傷倒地、爲原告御車之汽車夫俄人、聞室內槍聲、不爲畏餒、反奮身入室、向盜匪撲去、匪開三槍、被中腹部、遂負傷倒地、時附近站崗之巡捕、與鄰近之西人、聞得鎗聲、尋聲而至、帮同將兇盜擒獲、室中共有五盜、四盜咸向晒台跳出乘間逃去、一面將傷人用汽車送往金神父路廣慈醫院、

探員殞命

當啞狄埭等將兩傷人車送廣慈醫院醫治、徐輔臣雖經多方醫治、然因受傷重大、延至傍晚七點半時許、殞命身死、當由醫院通知捕房、令同仁輔元堂派遣夫役、前往將尸舁入驗屍所、聽候檢驗、惟昨日爲星期日、例須停止辦公、故徐屍仍在同仁輔元堂太平間中、待今日檢驗棺殮、據聞徐輔臣係天津人、住斜徐路小木橋之某飯店、向當四百十三號巡捕、因平時勤於任職、前年始升包探、自任探務、迄今猶未滿二年、包探辦事、多在盧家灣總部、由該部分派各捕房值班、徐在是日、適爲第三班、不幸在此班中、竟蒙此厄、故中外同事、咸爲惋悼、

匪窟一瞥

匪窟在亞爾培路麥根其花園（Kerraces Garden）附近，沿馬路一下五十號門牌屋傍壁弄內新西汽車公司籌備處對門之未釘門牌屋內、該屋落成，未滿一月、門前佈置多未完美、而門牌亦未編訂、該屋計六幢，中間牆門，門以鐵製、是為後門之出入處、蓋後門為西人之住宅，以牆相範也、第一家為西人所居、是即為啞狄球夫人之姊家、第二家即匪窟，記者於出事之日、驅車往訪、時已晚，門前由三百三十三號越捕荷槍站守、適法捕房探目沙里（Theuri）捕頭啞特、在室內樓上下、手執洋燭、仔細勘察、當記者入室時、沙啞兩君已視畢下樓、相與作立談、並指客堂地板中之血污一堆曰、是即徐輔臣流血處、徐身壯血旺、多凝成塊、面積如盆大、色幻、成紫、驟然相睹、倍覺可慘、門角一衣架、上掛黑色之長衣一襲、其傍茶几、几上有灰色之呢帽一頂，傍穿一洞、帽內血污殆遍，據沙君云，帽為徐物、洞為彈所穿者、上陳一桌、桌上陳設碗杯等物、多凌亂與破碎、睹此似曾作劇鬭者、記者當時要求上樓一閱、兩君允許、乃執燭前進、客堂背後、有假鐵床一張，床前衣服亂堆、後為灶披間、其間陳者、有磁鐵質風爐與鍋二副、以及盛米器鉛桶等雜物、亭子間中陳小四方檯一、上覆白布、所放之物、有洋裝領帶三條、撲克牌一副、牌九牌一副、骰蛋一只、以及茶杯香烟瓶頭等、後樓有地舖一張、白皮箱一、軟皮箱二、及散放之閒書、待洗之西裝襯衫褲、前樓地舖、傍窗而設、計被一條、藤席草席各一、並比兩牀、屋角置便桶、窗幕白布簾、製極粗草、亭子間窗簾如之、

看護婦言

記者於昨日下午往金神父路廣慈醫院、往訪受傷之

俄人汽車夫、遇該院之西看護婦、據云俄人現在臥三等病房、雖醫生施手術診治、惟其傷在腹部等處、受傷太重、施救實難、故其病勢至今猶綦重、恐有性命之虞、幸其人年在三十左右、否則早殆、而今一息奄奄、開口不得云云、據聞是人名摩哥洛基夫、係在老大昌洋行任公司車開機之職、人極勇敢云、

獲盜十六

據聞被獲之盜爲餘姚人、現已獲住有關是案之盜匪黨羽十六人、匪窟中之雜物、在昨日下午五時許、已由捕房派、車送捕房暫存、又聞日前被綁之中華懋業銀行行員吳同文、被匪拘禁該匪窟隔壁第三家之空屋內、於槍聲時間、乘機逃出云、惟記者昨日曾往吳宅訪問此事、其家人回說不知、但見面現笑色、或此聞不虛也、

(其餘記述、本書限於篇幅、均從畧)、

第十一章　公開新聞之『奇兵』

新聞種類、得分爲二、一爲『公開新聞』、一爲特殊新聞、前者每在事前公開宣布於大衆、任何人均可在一定之範圍內得之、如宴會、跳舞會、音樂會、園遊會、慶祝會、演講會、遊藝會、運動會、茶話會、閱兵式、就職禮、開幕式、船艦下水式、球賽、賽馬、殯儀、葬式、普通開會、槍決劇盜等等皆屬之、後者之採訪較難、如政局變動、戰事進退、以及其他突生事件、如暗殺、暴動、盜刼、火災、輪船失事、車輛肇禍、礦坑爆發等等、每變生倉卒、稍縱卽逝、事前並無若何預示、自非任何

人均易得之、即或得焉、亦非任何人之結果盡同、故其採訪、不若前者之較有捉摸、病『公開新聞』者、每言其採訪方法、絕少變化、乾燥無味、殊不知其亦有出奇制勝、特殊記述之必要、其法維何、即(一)將機械的、形式的、變而為活動的、變化的、(二)注意人所不注意之處、(三)記人所不記之點、(須有新聞價值)俾自成一格、別放異彩、以鼓動讀者興趣、試舉例證之、

A.就職禮

十五年五月四日、孫傳芳在滬就任淞滬商埠督辦就職禮、以淞滬言、自屬較有價值之新聞、以新聞本身言、則乃一則單純的『公開新聞』、而所謂『就職禮』者、又屬機械的、形式的、無怪普通訪員所記述者、不外為(一)督辦署之布置(二)就職時之秩序、(三)就職時之情形、(四)孫傳芳之演說、(五)孫氏就職布告、(六)到者之題名錄、(七)各方之酬酢忙、(八)飛機之翱翔、此外、一若職務已畢、無事可記者、殊不知環其旁者、莫非新聞、苟能目光四射、不難滿載而歸、乃雖有新聞、竟不知採集、遂致交臂失之、誰尸其咎、不言可喻、故報館遇到此種地位、似可遣派二人前去、一司攝影及記普通新聞、一則『注意人所不注意者、而記人所不記者』、憑其機智手腕、自可另闢途徑、不落窠臼、何懼新聞之乾燥無味、蓋是日各人僅注意於一般形式之新聞、而不知注意

『形式新聞』以外之新聞、遂坐此病、就試其『到者題名』一端而論、已可發見無數重要新聞、如來賓中有前會審公廨正會審官關炯之、淞滬宅地稅捐局局長陸澄溪、一則與收回公廨有關、一則與實征宅地新稅有涉、當時正在進展中、淞滬人士之目光、殆大部份注射於此種問題之上、一欲知其計劃之如何、訪員設於此時利用時機、與之談話、必可得其大概、報告讀者、又如孫氏就職後對於淞滬市政之設施計劃、可詢之孫、此外、人徒知淞滬闢為商埠、而不知商埠究竟包含若干區域、故訪員尤應同時詢於孫、或叩諸商埠總辦丁文江、以爲破此啞謎、某報訪員獨出奇兵、在二十分鐘內、談話者計有五人之多、其結果、除普通新聞外、(一)市區照警廳原有區域、(二)會審公廨正籌議收回、(三)宅地稅從寶山先入手、此三點、遂獨見於翌日之某報、茲將其當日之新聞、錄之於后、(與就職禮新聞、同日刊登、惟下列一則、爲別報所無)、

淞滬督辦署中之談片

丁文江……關炯之……陸澄溪……沈錫圭……虞洽卿

市區照警廳原有區域

會審公廨正籌議收回
宅地稅從寶山先入手

孫傳芳就職情形、已如上述、然本報記者昨在督辦署中、利用機會、訪問要人、藉得意外之重要新聞不少、如特別市區域、言人人殊、茲已決定照淞滬警廳原有區域、宅地稅先從寶山入手、會審公廨正籌議收回、凡此種種、胥滬人士目光中所認為極重要之問題也、是不可以不記、

▲丁文江　記者旋晤淞滬市政總辦丁文江君、當問「淞滬市區聞將加以縮小、而不如前定四十市鄉之龐大、敢問區域究已確定否」丁答「市區略有變更、現暫照淞滬警廳所轄區域、爲辦理市政之範圍、不求其大而無當、而求其小而收實效、將來按步漸進、再行擴充未遲」、記者問「報載兩長特委閣下專辦收回公廨事宜、諒日來正在進行之中、請問從何着手、計劃如何」、丁答「日前晤陳省長、據謂兩長有公函致予、但返滬後至今未曾接到、至收回公廨、眾見僉同、其第一步辦法、恐在恢復洋涇浜章程與遜清宣統初年間之公廨舊狀、凡華人相互間之訟案、逕由華官審理、不必外領陪審、設立上訴法庭一層、乃屬第二步、當再

籌議』云云、

▲關炯之　記者爲收回公廨事、特晤公廨正會審官關炯之、氏之言曰、『收回公廨問題、由省政府辦理、抑由外交部處置、尚在討論中、日內當有詳細辦法、許交涉員聞有條陳、臚列甚詳、中國當局之政令、向在租界不生效力、最近則如實貼印花稅、如禁捕靑蛙等省令、已一律發生效力、此可謂爲收回主權之第一聲、至收回辦法、據聞第一步當在恢復光復前舊狀』云云、

▲陸澄溪　淞滬徵收宅地稅一事、雖有當地士紳李平書等之反對、然聞日來進行甚力、不久卽當實行、本報記者特晤淞滬市區宅地估徵局局長陸澄溪、據稱『上海縣道契、並無四至、且無土名、發生交涉、每起糾葛、當地劣紳、每得上下其手、爲所欲爲、如上海地保之出入汽車、舉止闊綽、請問錢由何來、法華鄉董楊某、曾設立地產公司、收買大批民田、再轉售於工部局、工部局出資二十七萬、楊轉給農民者、不及三萬、餘款悉入私囊、遂至越界築路、日益加甚、年來華人因方單無信用、不足以保障業戶之權利、故大半轉換洋商道契、以滬西一帶言、共有五六千之多、實足駭人聽聞、本局現正着手調查、擬先造估價册、先從

華人所轉換之洋商道契征稅』云云、

▲沈錫圭　記者旋又晤淞滬宅地稅徵收局會辦沈錫圭、詢問何時實行徵稅、何區先行入手、據答『宅地稅已奉財廳令、勢在必行、辦事處一設在城內晝錦牌樓、一在閘北華興坊道署舊址、將來擬先從寶山及閘北着手徵收、良以上海各處宅地清丈尚未竣事也』云云、

▲虞洽卿　記者以宅地稅事、上海商人反對者甚多、因又詢於上海總商會會長虞洽卿、據謂『此事實行與否、尙難預必、惟在徵收之先、市政建設、須稍有成績耳』虞君並告記者、謂四團體本定五號公宴孫傳芳、現因孫日來酬酢甚忙、故已邀集上海各公團、一次舉行、不必單獨邀宴、以免多費時間云云、

但應注意者、予非謂訪員採訪公開新聞、僅訪人所不注意者、而放棄如上列『督辦署之布置』之八點普通記事、實指訪員斯時一方固應記述如一般人所記述之新聞、一方尤應另出奇兵、記人所不記之事項、此種方法、予名之曰『公開新聞之奇兵』、

B. 槍決劇盜

十四年九月二十四日、淞滬戒嚴司令部槍決劇盜張小春山等十二名、在未槍決以前、由司令部

派武裝兵士二十餘人、分乘汽車二輛、押遊英法租界一週、廣示大衆、一時萬人空巷、觀者塞途、詎普通訪員僅注意於事前之布置、提訊情形、出發車輛、遊街路由、遊街情形、司令部布告、而不注意於『唾手可得』之趣味凝結之新聞、頓見減色、如某報『刑場漫記』一段、淋漓盡致、 趣味橫生、刑場情形、歷歷如繪、有描寫入微、獨樹一幟之妙、試錄於下、

刑場漫記

△昨日下午淞滬戒嚴司令部槍決匪犯十二名一事、事前雖載報章、 但於軍營內極爲秘密、司令部中除連排長以下、無有先知者、及至昨日上午始有傳出、且聞有押犯遊行租界之事、多數目兵咸詫爲怪特、 及至十二時後英法租界之中西探目紛紛蒞止、 外來人物亦漸漸增多、而部內高級官員咸戎裝制服、往來甚忙、才信非虛、

△槍決十二盜之姓名及罪狀爲張小春山、馬芝章、徐金生(卽徐金山)、 係搶法租界慕爾鳴路十一號楊公館之犯、 王金標、係搶江西路二百四十二號裁縫店史姓之犯、 許得標、係搶新閘路六百〇七號唐姓之犯、 羅榮江、係搶虹口黃醫生、七浦路醫園、兆豐路米店之累

犯、陸阿毛（卽陸小毛）、施福全、陳友生（卽陳幼生）、張阿福、馮景福、陳孟根、以上六犯、係搶梧州路米店及東漢璧禮路黃醫生家、幷有恒路顧龍泉家之犯、

△此次槍決之十二名盜犯、年齡均在三四十歲左右、故體格均甚强壯、惟面部皆慘白無血色、此或係臨死驚懼之故、當軍法課提出驗察正身時、除馬芝亭陸阿毛二名外、咸默不一言、驗畢綑身時、馬芝亭顧左右兵士云、『何不問卽綁』、兵士斥以不用多講、遂無聲、細縛後將押上汽車時、陸阿毛且行且顧庭前環觀之人而口發似斷似續之聲曰、『唉……寃枉……寃枉呀、……』左右押解之兵士斥曰、『做盜匪搶物、槍斃有何寃枉』、登車後、馬芝亭忽精神興奮、發聲甚高、肆口謾罵、强作笑樂、自示無懼、『咱死有甚麼要緊、咱死有甚麼要緊』之聲、不絕於口、一時俱應聲和之者頗多、故殊爲喧囂、隨後車中又有『我要肉飯吃、做鬼應做飽鬼』之聲、但另一匪云、『咱們不要、爽氣一點、什麼多不要咧、』出發後、車中猶喋喋不休、但因車行甚疾、究作何語、殊不能辨、

△囚車繞行租界畢、於三時二十五分、駛抵龍華大操場、場甚廣、作亙字形、東臨浦江、行刑處卽在依浦江一面打靶墩右旁地上、係執刑副官所指定、以其無草也、當是時、場外四周環

堵而遙觀者不下數千人、（行刑處周圍二十丈以內不准閑人闖入）咸目注此二四車、不稍瞬、並交頭接耳、紛紛談論、有作驚恐狀者、有打寒噤者、有發歎息聲者、有故作鎮靜者、不一其狀、

△其時陰雲密佈、忽下微雨、江面寒風吹至、令人陡發寒意、三時三十分、四車駛入行刑場、至行刑地約百步而停、押解兵士紛紛下車、犯徒亦下、先六名（第一車）押往刑地右方、該犯等步履維艱、以其繫有脚鐐也、至地、每離四五尺跪一犯、面南背北、執槍兵士六人站其後、第二車亦六名、每名由一兵押往同一地點、內有一犯回首謂兵士曰、『我要到那一個人旁邊去死、因爲我們是好朋友』、既至、亦一一跪地如前、配以執刑之兵六人亦如前、是時十二匪犯均列跪一處、成一直線、只待令下、即行槍斃、但匪等尚轉首互告曰、『一同走、好朋友不要離散』、惟內有一犯似與其餘皆不甚熟者、故自言自語曰、『陰間有好朋友否、快來陪我、……』語甫畢、而執法副官之命令下矣、一時劈拍之聲、不下一二十響、而此十二個列在槍前之匪犯遂應聲倒地動彈不得矣、

△據司令部中人云、本日（即二十三日）十二匪犯中、本擬擇二名罪情較重者施以梟首之

刑、嗣以別種原因、遂未實行、

△十二匪犯槍斃、本皆一彈已倒、惟執刑官等爲鄭重起見、雖倒地不動者亦再射數槍、有射至四五槍者、內有一犯似係陸阿毛、因最後一槍、射中枕骨、致頭部完全爆裂、腦漿血花、遠飛四濺、有墮地與泥汚爲一堆者、有着在附近觀衆臉上及身上者、腥臭異常、咸大呼「倒霉」不置、此次十二匪犯中、臨刑時絕無一發啼哭聲或呻吟聲者、亦無一自己懺悔者、僅有一犯要求通知本人家屬、但觀該犯等之神情、約可分三次言之、(一)提驗時、見司令部中觀者之衆、咸露駭怪狀、(二)被綁上車後、知執行死刑、乃露恨痛之狀、(三)臨刑時神氣沮喪、露完全屈伏已至絕望之境之狀、

執刑後、兵士紛離、觀者均趨前逼視、有用手攝影者、有見血肉狼藉而興嗟歎者、至四時餘、雨漸大、觀衆咸散、遼闊場地中、僅此十二屍待地保前往掩埋矣、

此不特爲公開新聞中之『奇兵』、抑且爲一篇寫實記事、

C. 宴會

以公開宴會言之、則其中所不可少之記述、厥爲到會人物、主席姓名、以及宴會情形（包含演說

餘興等）、直乃老生常談、盡人皆知、苟其爲一無關重要之宴會、則到會人物、非盡屬名流聞人、自不必一一記載、即有演說、亦非必需、再嚴格言之、則此種宴會新聞、與公衆無大關係、自無刊登之必要、反之、如爲一非常之盛宴、到會者又大半係非常人物、則適與上例不同、下列新聞一則、可以知之、

黎宅之盛宴

據天津電話、黎前總統元洪、於前日（廿五）正午十二時、在英界本宅、宴請日本同仁會會長內田伯爵、及其隨員等、列席均爲達官要人、如

張學良　吳光新　曾毓雋　沈瑞麟　李思浩　龔心湛　李景林　郭宗熙　張伯苓

徐世章　朱　深　屈映光　梁鴻志　李盛鐸　湯　漪　王揖唐　許世英　盧永祥

姚國楨　姚　震　鍾世銘　梁士詒　曹汝霖　張　弧　丁士源　曲同豐　李士偉

劉鍾秀　吳振麟　唐寶鍔　董顯光　靳雲鵬　張紹曾　段宏業　于右任　徐紹楨

潘　復　陳寶琛　鐵　良　鄭孝胥　袁大化　萬繩栻　劉驤業　方　若

膳次、黎氏起立致詞（詞略）、黎詞畢、內田伯即席致答（答詞略）、至二時半賓主始盡歡而散、實為從來罕有之盛宴云、

此一則公開新聞也、然列席者大半為當時之達官要人、冠蓋如雲、濟濟一堂、不可謂非極一時之盛、故記述此項新聞而將赴宴人物調查錄刊、有四種原因、（一）表示與普通之宴會不同、（二）聚政黨不同之人於一堂、不特非易、且屬難有、（三）平時普通之集會、好出風頭者、自以為名流、而在他人視之、則無足輕重、但居然某人發言、某人提議、一樁極小事件、新聞拉得非常之長、其目的在宣傳其『個人』、使其姓名見於翌日之報紙、更有借事件以宣傳『個人』者、讀者見後、頭昏腦暗、若本篇新聞則與彼不同、（四）別報不注意此項新聞、而吾注意刊載之、自成一格、故亦謂之為『公開新聞中之奇異』、

第十二章　採訪科之組織

第一節　如何組織

採訪科之設立、乃採訪競爭後之新產物、蓋猶軍隊作戰時之總司令部、所以發號施令、決定戰略、實有不容緩者、惟是目今各報中之組織成立者、寥若晨星、尚無所聞、故其規模若何、辦法若

何、難予吾人以借鏡、此則不得不引爲遺憾、茲以管見所及、酌擬如后、不敢自謂必當也、

在未述組織之前、須先明採訪科在報館中之地位、則有如下表所列、

董事會——總經理——
- 編輯部長——
  - 言論系
  - 編輯系
  - 採訪系
  - 其他
- 營業部長
- 總務部長

次進而言其組織、則有二種、一爲混合組織、一爲分股組織、試述其利弊如左、

A. 分股組織

編輯部長——採訪科主任——
- 政治股訪員
- 外交股訪員
- 軍事股訪員
- 社會股訪員
- 經濟股訪員
- 教育股訪員
- 體育股訪員
- 特約訪員
- 公雇訪員
- 其他

——助理員

此種組織、類似日本報館有軟派及硬派之分、在形式上固屬整齊完備、然按之實際、則弊多利少、試分述之、

(一)利之方面　分門別類、組織完整、此其一、出外活動、各有專職、不相紊涉、此其二、

(二)弊之方面　現在各報專雇訪員、少則一二人、多則七八人、如分門別類、則每股至多一二人擔任、但社會(包含水災、盜刼、暗殺案等)、軍事（包含戰事或其他軍事行動）等各種事件、極爲複雜、設或發生事變、決非各該股一二人之力所能勝任愉快、此其一、增加人數、非資絀者所能負擔、因不能負擔而缺少其中之若干股、則組織即不完備、不如不分股之爲愈、此其二、既已分股、則發生事件時、難免甲股勞辛特甚、而乙丙一無所事、蓋一日之間、各股未必均有重大事件發生、如當大火災時、社會股全體出發、尚虞不足、設正在前綫活動、而同時又告盜警、或暗殺事件、情勢急迫、稍縱卽逝、斯時政治、外交、軍事、體育、經濟等股訪員、卽使無事、每以與己無關、袖手旁觀、勞逸不均、莫此爲甚、此其三、卽或由採訪科主任臨時另派別股訪員代之、然平時既各有專職、別股之事卽非其熟諳、猝調其他任務、恐才職不相稱、易有僨事之虞、此其四、分股組織、則有時新聞性質甚難分別、訪員有推諉之弊、如

某要人來滬、負有重大使命、係屬政治股之事、該政治股訪員訪問以後、出門未久、而某要人忽爲突然侵入之暴徒所暗殺、政治股訪員以係他股之事、勢或不加顧問、報館勢不得不另派社會股訪員前往、其不經濟爲何如、此其五、日本報紙以政治經濟新聞爲硬派、而以社會新聞爲軟派、不特編輯部之組織如此、卽訪員間亦有此種區別、年來亦漸有人加以反對、則採訪科更不應採類似日本之制度、此其六、分股辦法呆板而少變通餘地、坐長訪員墮性、易失良好新聞、此其七、側重形式、每有顧此失彼及精神渙散之虞、此其八、

B. 混合組織

（一）

編輯部長——採訪科主任
- 本埠專雇訪員
- 本埠特約訪員——助理員
- 本埠公雇訪員

（二）

編輯部長——採訪科主任
- 國外特約訪員
- 外埠特約訪員
- 本埠專雇訪員——助理員
- 本埠特約訪員
- 本埠公雇訪員

上列兩種組織辦法、以後者之範圍爲較大、孰爲適合、視各報之環境而定、（本書所述、暫以第一種所規定者爲準、）但其中之專雇訪員、所以別於現在各報所公雇之普通訪員、乃採訪科之中心、專雇訪員愈多、採訪科之戰鬭力愈强、新聞材料亦愈豐富、蓋不待言、

分股組織之弊既如彼、則不得不以混合組織救濟之、試言其利、則有三點、（一）平時不必分股、遇有事件發生、可隨時指派若干人、各就所指定之範圍、分別活動、試以重大而暗殺案件爲例、則可以甲赴出事地點、訪崗警或鄰居、詢當時狀況、或並爲攝影等事、以乙訪捕房、詢出事情形、兇手姓名、狀貌、服飾及略歷等、以丙訪死者家屬、詢其家庭狀況、死者略歷及事前有無恐嚇信或其他預兆、以丁訪醫院及其他方面、在採訪科主任「總攻擊令」之下、各人即應出發活動、待各

各歸來、報告所得、交由編輯員加以整理而發刊之、即成一則有價值有統系之新聞、蓋此種複雜事件、非一二人所能勝任、勉强爲之、必無美果、若斟酌情形、臨時動員、則量才施用、分工合作、收效必鉅、（二）分股、易有自分鴻溝不相問聞之弊、混合則收指臂相應之美、（三）總之、分股制之弊、即爲混合制之利、〔參閱前頁〕

第二節　組織大綱

無一定之準繩、辦事即無所根據、不免感覺困難、採訪科之組織亦然、語所謂『不以規矩、不能成方圓』者此也、茲以管見所及、草擬組織大綱二十八條、自知疵謬必多、聊備同志研究、並供報界之參酌採用而已、

採訪科組織大綱

第一章　總則

第一條　本科附屬於編輯部、編輯部長處於監督指導之地位、定名曰某報採訪科、

第二條　本互助合作之精神、爲本報隨時採訪新聞、或搜集新聞材料、以期消息靈捷、增高本報在社會上之地位、

第二章　組織

第三條　本科由本報全體訪員組織之、

第四條　本報訪員不論男女、須有專門學校以上卒業之程度、或有相當之經驗者、

第五條　本報訪員無定額、隨時由編輯部長用考試方法招請之、或特別聘訂之、

第六條　本科設主任一人、副主任一人、助理員若干人、均由編輯部長任用之、

第三章　職務

第七條　採訪科主任得商承編輯部長、辦理下列各種事宜、

（一）處理本報在本埠附近之一切採訪事宜、

（二）每月考核各訪員工作成績、彙報編輯部長、

第八條　採訪科副主任商承主任、辦理本科事宜、

第九條　採訪科主任每日專在館內籌劃或支配採訪上之種種問題、其辦公時間自上午八時起至下午六時止、副主任自下午六時起至翌晨四時止、但遇緊要事件訪員不敷分配時、正副主任均須協同對外活動、

第十條　助理員受主任之命、辦理新聞之比較與剪拔、及其他登記繕寫等事宜、辦公時間臨時定之、

第十一條　本科接受本報編輯員所囑託採訪之事件、但須以書面或口頭通知本科、

第十二條　採訪科主任因事不克到館辦公時、得由主任委人代理之、

第十三條　本科正副主任及訪員、均不得兼任館外任何職務、

第十四條　本報訪員暫分日夜兩班、輪流辦公、以節辛勞、

（甲）日班、自上午八時起、至下午六時止、

（乙）夜班、自下午六時起、至翌晨四時止、

第十五條　本報訪員之日夜班、由主任指定、如遇重要事件發生時、其辦公時間得由主任臨時變更或延長之、

第十六條　日班訪員、每晨上午八時、夜班訪員、每日下午六時、均須至本科辦公室簽到、由主任規定任務、分任工作、

第十七條　訪員隨時在準備對外活動中、平時不論有何事故發生、均須集採訪科辦公室、

第十八條　本報訪員除因公出外活動者外、其因私事或疾病不到者、須預約他人代理、並以書面或口頭通知主任、

第十九條　本科訪員及職員、對於本報任何新聞、須守其職務上之秘密、不得洩漏於本報以外之人、

第四章　會議

第二十條　採訪科每星期開會一次、討論本報採訪事宜、如遇必要時、得由主任臨時召集之、

第二十一條　編輯部長得隨時列席本科會議、指導一切、

第二十二條　本科開會時、以主任爲主席、助理員爲記錄、

第五章　設備

第二十三條　本科設『採訪分配簿』、每日由主任將應行採訪之事件、分別填入、俾支配訪員各就指定範圍、出發活動、其臨時發生之事件、得由主任口頭指揮之、但事後仍須登記於採訪分配簿、以備查考、

第二十四條　此項採訪分配簿、分日夜兩冊、分別備日夜班之用、如訪員發現極重要之事件而爲主任所未及覺察者、亦得建議於主任、俾派員出外活動、收互助合作之效、

第二十五條　本科備『新聞預記簿』、隨時將未到而應注意之事件、摘要記入、爲活動之準備、

第二十六條　本科備有『訪員作業表』、由各訪員於每日或每夜工作畢後、塡交主任、彙報部長、

第二十七條　採訪科主任每月終考核各訪員成績一次、報告部長、由部長擇其成績優異者、給以獎勵金、獎勵金之辦法另定之、

第二十八條　本科組織大綱由編輯部長核准後公布施行之、

第三節　採訪科之設備

上節所述、僅其大綱、自難免掛一漏萬之譏、惟應注意者、則外勤員於服務時、對於採訪科主任應受其職務上之指揮、庶收指臂相應精神一貫之效、至於主任權限之大小、則尙有伸縮餘地、須

視各報之環境而定、其他如工作時間之分日夜兩班、亦所以救濟其勞苦無度之生活、否則、自清晨以迄午夜、無時不在訪員活動時間之內、夫以有限之精力、爲無限度之工作、人非機械、豈所能堪、分班調濟、收效倍之、抑愚所以主張外勤記者用考試制者、一在甄拔眞才、編練成一強有力之軍隊、一在破除情面、免服務不能稱職之弊、蓋爲報館前途計、實不得不如此、 至若設備方面、尤應周至、玆將『新聞預備簿』『新聞採訪簿』『外勤記者作業報告表』之格式、草擬若干種如下、

(一)新聞預記簿

此項預記簿、由採訪科主任將預見之事實、登記其中、先行規劃支配、不致屆期遺忘疏忽、 但不論何人如發見未到之事實時、亦可通知採訪科主任、式如下、

日期	事實摘要	如何準備

(二)採訪分配簿

歐美報紙支配採訪本埠新聞之權、操諸本埠編輯、其座右置有訪員分派簿(Assignment Book)指定各人工作之範圍、中國報紙若設採訪科、則亦應有『採訪分配簿』之設置、蓋此乃採訪日程中所不可缺少之一物、辦法見組織大綱二十三及二十四條、式如下、

年　月　日　星期

訪員姓名	採訪事項	目的地	離館時刻	返館時刻	備註

(三)訪員作業報告表

年　月　日　星期	今日採訪事項	明日注意事項	備註

訪員簽名

表中之『明日注意事項』、所以備採訪科主任查察各人對於時事之『注意力』、並所以備其預先規劃一切、藉補遺漏疏忽之弊、此欄與『新聞預記簿』有連帶關係、如主任認其所記『注意事項』爲重要、可轉記於預記簿內、

第十三章　國際的新聞政策

第一節　新聞政策之眞諦

外交有政策、經濟有政策、殖民有政策、農工業亦有政策、此治政治及經濟學者莫不知之、然新聞何獨不有政策、新聞政策有對內對外之分、對內專屬於國內、但有廣狹兩義、如報紙對於國內的政治情形及社會問題、決定其應取之方針與應有之態度、乃屬於廣義者、又如報紙各有其個性、因個性之不同、而對於其自身上的編輯營業等等方策、遂因之各異、此乃屬於狹義者、對外則專指國際而言、可分二點、(一)報紙對於世界思潮及國際關係、應決定其方針與態度、(二)自辦一國家的通信機關、以國內之眞實狀況、傳佈於世界、一事發生、雖遠隔千萬里、不難立知、此不特足以縮短國際間之距離、且因新聞之傳遞、而眞相明、誤會釋、近有一新聞界名人、言『現代世界戰爭、與其勝於疆場、孰若勝於紙上』、蓋言宣傳較砲彈更重要也、惟以一二兩點相較、第二點(卽自辦通信機關)尤見重要、至本章所述、則專就對外的新聞政策而言、此種政策、實乃揉外交經濟農工等政策於一爐之國際大政策、其勢力所及、可以變換環境、轉移人心、力量之厚、收效之速、當在任何一種政策之上、

東西列強、努力新聞政策、年擲鉅金、未聞稍息、『新聞網』滿布世界、千萬里如晤一室、吾華每一事件發生、在二十四小時後、彼遠隔萬里之英倫三島、卽能詳知顛末、如一九二七年九月初旬四

川萬縣一案、英艦砲轟市房、慘死民衆、屍橫屋倒、目不忍覩、斯時外國通訊社裝成謠言、紛向世界打電報、於是『華兵開槍、英艦自衞』之標題、遍載於世界各報、不及一晝夜、英政府且有派遣艦隊調動印兵來華示威之舉、英報復高唱共管之謬論、國際空氣、頓見緊張、夫曲在英艦、實事昭彰、但一經其反宣傳、罪責一若盡歸於吾、又如美國遇有重要事故、可於半分鐘內、傳播及於全美、在歐戰時、美商船蘭維登號(Leviathan)被德弋捕、轉瞬而消息遍全美、演成美德絕交之事、又如倫敦太晤士報巴黎特派員於一八四七年發見德國對法之陰謀、以一電揭破之、防止歐洲之戰禍、是可知新聞政策一方面爲帝國主義者之急先鋒、一方面又足以輔助其政府政治外交之不及、吾人可深長思矣、

第以上所述、僅新聞政策中之一耳、茲更言日本之新聞政策、以概其餘、吾國人見之、當爲驚駭咋舌、蓋新聞政策之爲物、乃無形的、其力量之偉大、遠勝於有形的『槍礮』爲深刻也、

日本政府在華盛頓會議以前、已進行大規模之對華新聞宣傳政策、擲千百萬金於此、不稍吝、其費用之鉅、約兩倍於 Roy Chapman Andrews 的科學遠征而有餘、當時不特在中國境內操縱不少英日華的報章雜誌、且在海外收買或資助不少西字報紙、如在中國之北部南部中部及南滿高

麗等處、曾資助八家英文報紙、及多種中日報紙、代其宣傳不利於中國之新聞、日本在華新聞政策、除對華外、又施其國際外交之作用、美國在太平洋上為日本之勁敵、尤以美國年來對華貿易之進步、足使日本焦慮、故不時在英文報上宣傳日美親善之論調、而在中日報上則輒引起華人對美的問題、以分其對日之注意、其在英文報上之宣傳、最初由日本外務省雇用英人為之、『重賞之下、必有勇夫』、英人勃林克萊大佐（Captain Brinkley）其最著也、最近則變更方針、英文宣傳、多以美國人代之、如 Japan Times and Mail 之總主筆係 美人、南滿鐵路之宣傳部長亦係一美人、但在國際間其他各國之宣傳、則仍以英人較多、日本在國際間操縱新聞之政策、定於外務省（即外交部）、而以其責任付托於各國各地之總領事、總領事以鉅大之款、資助外國報紙或外國之親日著作家、並暗中雇用外國新聞記者為日本的無形宣傳員、一有重大事件發生、即由總領事召集各人前來『面授機宜』、決定策略、日本的東方通訊社（由外務省設立）及電報通訊社、在中國占一部份勢力、亦極盡宣傳新聞之能事、

吾國今日之應有新聞政策、實為一種『防禦行為』、實施新聞政策者有二、曰報紙、曰新聞社（即通訊社）、論其對外之實效、則報紙似不若通訊社、更不若有組織之國際新聞社、何則、一報之勢

力、僅及於一報之讀者、充其極不過一二百萬之讀者而已、通訊社則不然、載其新聞者、不止一報、不止一地、不止一國、其勢力足以左右國際間無數報紙之無數讀者、故新聞政策、以資本雄厚而傳遞國際新聞之通訊社為先、報紙次之、如英國路透社（Reuter）之於遠東、美國聯合社（Associated Press）之於北美、法國哈佛社（Havas）之於非洲、皆可操新聞之牛耳、換言之、實即無形中操政治之牛耳也、

第二節　吾國所受外國通訊社之壓迫

近一二年來、國際帝國主義者、向中國進攻的聯合戰線、日緊一日、侵略之手段、由砲艦政策而外交政策、而經濟政策、而新聞政策、亦日烈一日、『中國野蠻』『中國人無力統治中國』『國際共管』之聲、洋洋盈耳、但其所以顛倒黑白、欺騙世人、出此卑汚手段者、實有二大目的、（一）向世界宣傳、使世上無人與吾表同情、（二）操縱新聞、為所欲為、達其侵略之目的、

吾人受外人新聞政策之壓迫者、數十年於茲矣、外人以其通訊社為專利品而實施操縱侵略之手段者、亦數十年於茲矣、蓋世界消息之來源、大多自英人所設之路透社、不惟歐洲消息之傳入中國、由其一手包辦、即中國消息之宣達歐洲、亦由其操縱、實一新聞界之大『托拉斯』、不觀夫一

九二五年上海五卅事件乎、事起之後、譁傳世界、幾無不以『赤化』『暴徒』『排外』『拳匪再見』等美名、加之於吾、抹煞眞相、淆亂聽聞、凡屬國人、莫不髮指、然傳遞新聞、爲人操縱、雖有百口、莫能與辯、最近如五三的濟南大慘案、日兵無故侵入吾腹地、慘殺同胞達二千以上、猶復慘殺蔡交涉員、砲轟官署民居、置國際公法於不顧、貽世界人類歷史上一大汚點、吾全國上下、無不義憤塡胸、有不共戴天之決心、然吾人最感痛苦者、則有二點、(一)日人對外宣傳極烈、每日輒以僑民陷於危境及華兵行同土匪向各國報告、致曲雖在彼、而各國爲其矇蔽、反以其行動爲正當、吾革命軍人反不勞而獲『土匪』之美名、(二)自濟南中國無線電台被日軍轟毀後、日人利用其徧佈全世界之通訊機關、操縱新聞之傳播、立將利於日方之宣傳電達全世界、五月三日聯盟會卽接日電、謂此次日本出兵、爲保全外人之生命財產、便衣軍嫉外如仇、所以不得不出非常之手段、以護僑民、如此次日兵不出、則各國僑民之在濟南者、將全被南軍殺戮、於是聯盟會中、英、法、德、意、諸國、其心目中、不但不斥日之出兵、且感謝日兵保護外僑、但中國方面則直至數星期後、始由郵信從事宣傳、當濟案甫起、在上海北京之外國通訊員、急欲爲傳布華方之敍述、而數日間竟無華方敍述可得、在中國國內及中外間之新聞配布、現幾全握於外人之手、除北平有美國聯合通信社之機關外、海外來華消息、盡由英人路透社及日人東方社輸入、近年以來、東方社益形擴張、有控制在華通信界之勢、密勒氏評論報謂『中國目下任一外人通信社如東方者、搗亂中國政治新聞界、全國人民政治思想不克統一、實爲可歎』、信非虛語、蓋吾國無對外之通信機關、致日本利用新聞政策以進攻、吾則絕無防禦能力、忍氣吐聲以受之、終至是非不白、雖欲將事實宣告世界、而足以供吾宣傳之自辯通信機關何在、能爲吾宣傳之外國通信機關更何在、最近日本更進一層、以藉口保持滿洲既得權、竟悍然阻止張學良歸順、以遂其破壞吾國統一之陰謀、吾國除民衆異常激昂以外、對外宣傳、竟一籌莫展、能不慨然耶、

第三節　吾國自救之途徑

吾國因忽視國際宣傳、故平時『中國新聞』之見於歐美報紙者、不爲軍事行動、即爲軍閥略歷、而華人之社會生活情形、與政治上教育上交通上種種進步之建設、以及受日本等國武力及經濟侵略之事實、則絕無片言隻字、致歐美人尙以往昔之目光視吾、誣吾爲『半開化』、『好戰亂』、此種奇辱、亟宜確立國際的新聞政策以雪之、

某法學家曾語予、彼旅歐時、歐人常問之曰『貴國人士、喜吃燕窩、食人肉、內地人民、尙未開化、

然歟』、君雖力加辯白、然終不能祛歐人之疑、此種誤會、固由別方不利之宣傳、但吾人不能以眞相隨時宣諸國外、實爲養成外人造謠猖獗之最大原因、物必自腐、而後蟲生、吾人亦應負一部分之責任、其理至明、

據最近中外報章類纂社調查、計全國報紙六百二十八種、通訊社一百五十五家、以對內言、新聞業不可謂不進步、更不可謂絕對無新聞政策、然新聞政策、貴在對外而對內次之、目今吾國最大之缺憾、(一)僅知對內、爲政爭之工具、無對外之眼光、(二)國際新聞、悉仰外人鼻息、一任其操縱利用、莫如之何、環顧國內、通訊社中之發送對外新聞者(英文稿)、僅上海國聞通訊社等一二家、然僅限於一隅、無力以達國境之外、最近始有張靜江蔡子民鄭毓秀諸先生發起一中華電訊社、目的在以一切眞實消息、露布於國際間、實爲吾國新聞界放一異彩、抑亦爲中國自救之惟一途徑、其他兼送電報者、實不多覯、求其如路透社之自設專有電線、以供給國際新聞者、未之見焉、須知立國於世界、斷非專恃內國新聞、足以謀一國之獨立、吾國近年不平等條約不取消、領事裁判權之始終存在、雖國勢衰弱、爲其主因、而對於國際間無相當之宣傳、致外人不明吾國眞相、易爲讕言所惑、而致吾國政治上外交上經濟上常處於失敗地位、寧不可嘆、

第四節　組織國際新聞社

新聞之重要既如彼、新聞之應有政策復如此、吾人處此環境之下、亟應奮勉改造、一湔奇辱、實施之法、莫若組織大規模之國際新聞社、以電報爲主、通信爲副、急要者拍發電報、其較有統系之報告、則發通信、將吾國社會政治及人民生活實況、與列強壓迫眞像、宣告世界、打破帝國主義者對吾之新聞政策、遇有不利吾國之反宣傳、吾亦有向世界辯白之餘地、俾國際地位、得以增高、世界各國、盡釋誤會、最近粵省有國際宣傳局之設、國民政府有國際宣傳討論會之組織、總政治部更有國際編譯局之創辦、並發行一種週刊、定名News Letters、內容純屬英文、專爲國際宣傳之用、此實中國民族自求解放於外人新聞侵略政策之第一步、惟爲國際宣傳、貴能統一、故國際新聞社之如何組織、實一重大問題、依鄙見所及、有下列數點、

A. 組織　國際新聞社之組織、不外三途、一由國家辦理、一由官民合辦、一由人民自辦而國家予以補助、茲先就後者而言之、

(一)吾國通訊社總數在二百五十家以上、然求其資本宏厚者實居少數、根基不堅、自難持久、諺云『合則强、分則弱』、故其性質相類、目的相同者、不應爲駢拇枝指分道揚鑣之組織、而應合併

爲大規模之國內通訊社、或國際新聞社、資本厚、人才衆、勢力偉、可以斷言、關於組織一層、美國之聯合通訊社可資借鏡、該社係由全美大小各報合組而成、有專用電線二萬七千餘里、入社者報館九百餘家、既足供給新聞於國內各報、復足傳遞國際新聞於國外、該社最初產生之時、全屬局部的、由局部而爲全國、由全國而漸及歐洲、東亞方面今猶未能占勢力、惟此社成立迄今、已有數十年之工作、其所以存在至今、因此社之組織、其輔助國內各大報之發展大有功績、故各報能始終接濟之、

最近日本報紙亦有一遠大計劃、由八大報組織一新聞聯合社、全國各地新聞聯盟亦將成立、雙方材料、預約互相供給、據東京電云、「日本報知、東京日日、東京朝日、中外商業、大阪每日、大阪朝日、國民、時事八大新聞所組織之新聞聯合社、近以所搜集之東京大阪兩地之新聞全部、免費供給全國各地新聞、地方新聞社方面現亦組織全國地方新聞聯盟、將以其所搜集之全國地方新聞、免費供給八大新聞聯合社、成立相互供給之極新計畫、地方新聞社方面已舉出籌備委員十九名、準備一切、定於四月一日起、實行將全國新聞相互傳布、按此計畫倣自歐美、爲世界通信界最進步的組織、日本倣行此種組織、可謂於日本新聞通信界開一新紀元矣」但此種組織、僅

限於國內耳、

美國新聞家霍華德氏曩曾來華、對人言『……在北京時、所見中國報紙甚多、然北京實無需如許報紙、倘減少其數、而於報之內容着力、則必大有可觀、卽通訊社亦復如此、事業雖多、而其實並無正當之競爭、如美國之有兩大通訊社也、中國報紙若能於通訊社事業力爲擴充、聯合辦理、多多接受世界之消息、使其到處皆有其新聞可得、又到處皆有新聞可送、或更能如美國通訊社之自備電線、新聞消息、瞬息可通、則中國全國之中、無論人民居處是大城小邑、皆可於旦夕之間、獲知全世界之新聞、此於開通民智一層、效力極大……』其言眞一語破的矣、霍氏之意、僅欲中國接受世界之消息、以放送於國內各地、予則以爲中國現在所最需要者、實爲如何直接放送中國消息於世界、若直接接受世界之消息、固屬重要、但尙其次焉者耳、

(二)國際新聞社設總社於中國政府所在之地、設分社於國內外各地、國內分社先設在各省省會或商業中心地點、(或竟分兩種組織、一爲國際新聞社、一爲國內新聞社、)國外分社則資本須雄厚、如各國一一遍設、恐限於經濟、難見事實、不如先在帝國主義者之大本營、如英日之倫敦東京等處、先行設立、然後再擴充於其他各處、茲預擬設置國外分社之地點如次、

1. 柏林社——歐洲大陸東南部各國屬之、
2. 倫敦社——西歐各國屬之、
3. 紐約社——美洲各國屬之、
4. 東京社——日本高麗台灣屬之、
5. 南洋社——南洋羣島及印度安南屬之、
6. 莫斯科社——俄國及歐洲大陸東北部各國屬之、

B. 經費　國際新聞社須自設海內外專有電線、故資本愈大、則基礎愈固、勢力愈厚、暫以半年爲試辦時期、先施行於國內及遠東、再推及乎歐美、但經費來源、實一問題、如由政府辦理、自屬最善、惟年來庫空如洗、政費尙虞不繼、恐心餘力絀、莫若由新聞界自動組織、認擔經費、而并由政府予以補助、以垂久遠、

C. 報紙　以上所言、僅着重於通訊社、蓋國際宣傳、新聞社效力較鉅也、但實施新聞政策、報紙亦極重要、故除國際新聞社外、須一面在海外設華字報紙(官辦或私人創辦均可)、傳遞國內眞相於旅外僑胞、收互助合作之效、一面更在海外設外國文報紙、以國內眞像宣傳於國際、一以

免國際間之誤會、一以除列強之侵略政策、

總之、以中國環境言、新聞政策、對外急於對內、亟宜擴大國際宣傳、以求(一)打破外人之新聞侵略政策、直接送達中國眞確消息於世界、(二)消除帝國主義者造謠矇蔽之卑汚手段、祛去國際間之誤會、達國際自由平等之目的、謀中國民族之解放也、

第十四章　政治新聞與社會新聞

報紙報告新聞、以最新而與人生最有關係或最有興趣者爲惟一要件、故凡合此要件者、不論何種新聞、均爲讀者所需要、而訪員所採訪者、亦應以此爲標準、此必然之理也、惟吾國報紙則有一種普遍之現象、卽視政治新聞重於社會新聞、因是新聞之採訪刊載、似亦側重於前者、此實爲一種『病態』、

社會新聞似西報所謂之『警務新聞』、其包含甚廣、如綁案、竊盜、火警、婚姻、暗殺、自殺、略誘、等等均屬之、此種新聞、較政治新聞爲通俗、故『新聞力』亦較大、報紙對於此種大部份讀者所需要之新聞、似不能忽視、例如一爲『軍警格殺綁匪九人』、一爲『市政府將開會議』、前者屬社會、後者屬政治、一則足以轟動全社會、雖婦人孺子、其視綫均將注射於此、亟欲一閱此大批綁匪之

如何格殺、資爲談助、娓娓不倦、一則『新聞力』弱、不足以驚動全社會、況會議雖有確期、尙無重要之提案乎、故報館對此綁票新聞、應特別注意、令訪員盡量採訪、愈詳愈妙、經此一度之奮鬬、報紙必能在社會得進一步之地位、可以斷言、又如本年春、時事新報等因登載馬振華自殺事件、每日本埠銷路除原有者外、突增六千份以上、卽其明證、

美國人人能閱報、但其閱報有三四個必要條件、一須有照相、二須有滑稽畫、三須有社會新聞、而以最後一種爲最重要、幾已成爲普遍之嗜好、茲以紐約大報爲例、卽可知美人心理之一斑、紐約太晤士報、人稱之爲穩健派、閱者大半爲社會上流人物、每日銷路約在六十萬份以上、然其銷路以國外較多、若在國內則不逮哈斯脫氏所辦之『紐約美利堅人報』、後者對於社會新聞、特別注意、其來源大半得之於捕房或法院、以報紙全部新聞計、社會新聞占其大半、而政治新聞次之、每遇社會事件發生、則採訪不厭求詳、其印刷或用紅紙黑字、或用白紙紅字、極惹社會之注意與歡迎、廣告收入之豐、遠過於紐約太晤士報、但紐約太晤士報、社會公認爲大報、其見重之點、在能刊載一日間之新聞、舉凡國內外外交政治社會等問題之重要事件、無不備載、其見重於世、卽以其有歷史上之價值、該報評論及書報批評之著作、皆公正而不偏袒、故一評既出、民衆

即以之爲各報之標準、一書之出版、更非經其評語、不足以言價値、至於照片滑稽畫、則全付缺如、惟星期增刊中則有圖畫增刊一二大張、其發表之照片、往往以關於歷史上能永久存在者爲標準、滑稽畫則始終未見於太晤士報也、着重社會新聞者、美人稱之曰『黃新聞紙』或於近時稱之曰『Tabloid Paper』、例如紐約世界報屬於前者、而紐約日報(N. Y. Daily News)則屬於後者、紐約世界報本爲一宗教報、後售與 Pulitzer 氏、此君見紐約太晤士報已占優勝、故不能不易轍他求、出奇制勝、於是注重社會新聞及滑稽畫、一時共稱之曰『黃新聞紙』、及發達後、漸漸守舊、最近十年來紐約日報之勃起、亦猶當時紐約世界報之稱盛一時也、惟紐約日報之辦法、與紐約世界報完全不同、紐約日報鑒於報紙篇幅張大而笨重、不便檢閱、故首先改小、新聞方面則避除乾燥之新聞、而詳載社會新聞、並附以照相、以資補充、滑稽畫則更加擴充、於是一般中下社會之人、無不視爲恩物、現在平均日銷一百零二萬八千九百九十四份、星期日銷至一百三十七萬零十八份之多、社會新聞有吸引民衆之極大勢力、於此可見、至若哈司脫之報紙、則不但重情感、且含有政治作用、哈氏一人爲二十餘家報館之館主而外、往往參與地方政治、苟嚴格言之、則哈司脫之報紙、實爲特殊的一種耳、社會新聞大半爲與人生興趣最有關係之新聞、故能博得一般人之閱讀、往昔吾國報紙、僅知注意政治新聞、而對於社會新聞、則漠然視之、其結果、則瑣屑之政治新聞(如要人之起居注)登載不厭求詳、而社會新聞則僅以小號鉛字刋於報紙之一角、如曩年上海名妓王蓮英被殺一案、雜在火警新聞之後、詎不可惜、但年來上海報紙亦漸注意於社會新聞、每日特闢地位、專刋此種新聞、以投合社會之好、故一般人對於社會新聞之興味特濃、報紙對社會新聞之採訪、競爭亦日見劇烈、最近社會新聞已十分風行、大可左右報紙的銷路、其勢力漸擴及於外埠報紙矣、

但政治新聞與社會新聞中最主要之分別、不但在性質而已、而範圍之廣狹尤爲重要、蓋政治社會本屬互相因果、欲權衡其新聞之重要與否、宜觀察其範圍之廣狹、範圍之廣者、讀者必多、報紙茍注意於此、而定爲採訪之標準、必能吸引多數之讀者、如格殺綁匪九人、固爲富有興味之社會新聞、而『大上海計劃之發表』、亦未始非一重要之政治新聞、故極端的側重政治固不可、而極端的偏重社會亦非善策、兩者茍能『並重』、而純以新聞價值定去取、報紙始能精神充滿、換言之、凡有新聞價值者、不論屬於政治或社會、均應特別記述之、否則、均應廢棄之、更明言之、則無論何種新聞、在新聞價值未評定以前、其間絕無軒輕之可言也、今日吾國採訪之病態、乃在不

能辨別新聞價值、以定新聞之『重心』何在、故所採新聞、所載各節、大半與讀者漠不相關、此所以訪員與編輯者不能不知新聞價值、而新聞價值之有、無、大、小、更不能不有判別之能力也、

第十五章　國外新聞之應注意

新聞記者之目光、應注射於全世界、其責任應如此、其職務上亦應如此、但吾國報紙之病態、則在『短視』、其目光僅及於一地或一國之內、而對於國際事件、則一若『越人視秦人之肥瘠』、而漠不相關、其所特爲國際新聞之來源之路透電訊、僅占報上之一角、（中國對於國際新聞、無直接收發之機關）、且合併排列、眉目不清、坐致國民對於國際事件、亦都淡焉視之、但國外新聞足以覘各國情況、其政局之推移、直接間接與吾之國際地位有密切關係、國於今世、必須知己知彼、始可定對外政策、最近如前英國首相愛士葵（自由黨領袖）逝世一事、華報大半以三號鉛字刋於新聞之一角、甚有不立標題而併刋於路透電中者、其實愛氏爲世界政治舞台中之一重要角色、其死足以惹全世界人之注目、不立標題、固屬不可、即三號鉛字、尙嫌太小、似應以特號字表而出之、若愛氏之死、美法報紙、不特大登特登、且爲文以批評之、其眼光之不同如此、讀者苟疑吾言、則請觀美國一九二四年出版的獨立雜誌（Independent）所統計各國新聞之次序、即知英法德

各國無不以『國外新聞』爲最重要之新聞、而列於第一、不若吾國之專重視政治新聞也、茲摘列如次、

	美國各報	英國各報	法國各報	德國各報
第一	商業新聞	國外新聞	國外新聞	國外新聞
第二	運動新聞	商業新聞	遊戲新聞	商業新聞
第三	遊戲新聞	運動新聞	商業新聞	遊戲新聞
第四	政治新聞	政治新聞	警務新聞	運動新聞
第五	警務新聞	警務新聞	政治新聞	政治新聞
第六	國外新聞	美術新聞	美術新聞	警務新聞
第七	美術新聞	遊戲新聞	運動新聞	美術新聞

故愚以爲今後吾國報紙、應移轉其目光於『世界新聞』、如遇各國之重大事件、應特闢地位、並特別記載或搜集之、即有時冠於國內新聞之上、亦不爲過、

第十六章　廣告中之新聞綫索

新聞與廣告、有密切之關係、爲訪員者、不能不隨時注意於廣告、蓋廣告中頗多新聞綫索、重要新聞尤不少發見於廣告、而進一步探訪得之也、試舉例證之、

A.第一例

民國十五年十一月二十五日、爲上海商科大學主任程其保與伯特利中學校長藍如涓女士結婚之期、事前遍發請柬、並登報通告、請親友前往觀禮、詎二十五日之晨、各報忽刊有藍如涓女士之廣告一則、文云、

藍如涓啟事

如涓本定今日與程其保君結婚、現因事暫爲展緩、屆期再行通告、諸乞鑒諒、

在一般人見之、以爲此乃一尋常事件、蓋或以籌備未周、不得不有展緩之舉、而廣告中之『暫爲展緩』、尤非與『臨婚變卦』者可比、故在少管閒事之人、必且因『屆期再行通告』而認爲『卑之無甚高論』、殊不知展緩理由、決不能僅認『因事』兩字爲充分、其中另有新聞綫索、不言可喻、某報記者ＡＢＣ君、心焉奇之、堅欲打破此一個悶葫蘆、乃一面親晤藍如涓女士、一面又至四川路航海青年會及商科大學、歷一日之奔走、始得一極有價值之新聞、蓋展婚原因、實因新郎程其保失踪所致也、迨事既披露、咸爲咋舌稱奇、社會始了然於其事之由來、報載一段錄後・

新郎臨婚失踪之怪劇

國立東南大學分設之上海商科大學主任程其保、原定於昨日下午四時、與伯特利中學校長藍如滑舉行婚禮、不料前日上午、程忽然失蹤、迄今尙無何等消息、雖設法探訪、終無下落、茲紀略情如下、

▲失蹤經過　程以結婚期近、連日奔走、極爲忙碌、前日上午十時許、程乘包車自霞飛路商科大學外出、是晚六時、校中原有行政會議、程本爲該會主席、但直至開會時間、並未到校、其車夫則於四時返校、據云出校後、即至大東旅社、有所接洽、因程君次日喜筵即在大東也、嗣又至四川路航海青年會、時已過十一時、而待至四時、未見程出、車夫以身無分文、飢餓不堪、遂即返校、校中得此消息、雖覺疑訝、然尙以爲在藍女士處、待至六時後、校中友人忽接得一函係用快信寄遞、信外及信內具名、並非程其保、但據校中同事審察、則似係程之筆跡、友人得信後、乃報告藍女士、藍亦非常驚異、且是日程藍兩人、原約於下購物、直待至五時、未見程至、亦正深疑訝、而不料竟發生此不幸之事也、

▲**接信調查**　友人接到快信後、見信外所書地址爲天潼路八號、乃往調查、但天潼路不見有八號門牌、信封上郵票所蓋戳記、乃『甲』局、詢知係北四川路郵政總局、信內所言、謂將有遠行、現在待遇甚好、並無危險、請轉告藍女士放心云云、並無多語云、

▲**婚禮展期**　程失蹤後、原定昨日下午四時在北蘇州路天安堂舉行之婚禮、當商由藍如涓出名、登報聲明、因事展緩、至大東之酒筵、亦即退去、

▲**家庭狀況**　程原籍係江西、遊美得教育碩士學位、返國後、曾在東南大學任教授、校長室秘書、教務主任等職、去年來滬、任商科主任、在教育上頗有研究、近且著有『小學行政概論』一書、但平日薪資所入、既不甚豐、又喜購書籍、故毫無積蓄、即其未婚妻藍如涓女碩士、戚族俱無、亦係教會中人、現在伯特利女子中學教務、

▲**行政會議**　程失蹤消息確實後、商科大學方面、即於昨日上午九時、召集行政會議、商議辦法、討論結果、一切照常、行政事務、暫由行政委員會會同各部主任負責辦理、一面即電請南京蔣竹莊校長返滬主持云、

B· 第二例

民國十五年一月二十五日、某報封面廣告上發現極大之廣告一則、原文略謂、

王病俠家屬鑒

昨日上午十時許、有自稱王病俠之少年一人、年二十二歲、突至敝處、旋於下午四時用鎗自殺、遺洋五百元、望該家屬迅來接洽、　萬國公墓啟

此項廣告、係於是晚由園主經汪太太親送某報、備洋求登、廣告員見事甚奇突、乃報告於採訪部主任某君、某君即下『動員令』、遣訪員出發偵訪、一赴聖母院路經汪太太宅、詢出事始末及死者遺函、一赴徐家滙虹橋萬國公墓、觀察出事地點、並詢管事人以自殺之前後、一赴地檢廳調查已否檢驗、及其結果如何、及至深夜、訪員分頭歸來、則係一絕好材料之『社會新聞』也、編輯員集各訪員之報告、而編成下列之新聞、冠以極大之標題、

萬國公墓中
少年自殺之慘劇

△自稱王病俠　△年二十二歲　△有遺書一件

△自殺始末

徐家滙萬國公墓、(即薤露園)於前日(二十二日)上午十時許、有自稱

王病俠之少年一人、身穿青灰華絲葛灰鼠皮袍、緞錦綢藍邊夾馬褂、頭戴絲絨銅盆帽、頸圍羊毛新式圍巾、足穿直貢呢鞋、自謂年二十二歲、爲園主經汪太太之義子、須購穴地一方、園中管事人告以園內已久無餘穴、王君卽謂已託梁麗生君先與園主經太太說定、今日特來繳款、管事人答以園主不會允許、因園主亦知園內已無餘穴、王君復一再懇請、直至下午二時許、取出鈔洋五百元、另附致園主信一封、託管事人送交、管事人因覺此事奇特、且事先亦無聞知、乃持條至上海園主經太太處請示、經太太謂並無此事、待管事人趕回園中、已近下午四時、則王君已用手鎗自擊、洞腦身死、管事人大爲駭異、乃再至園主處報告、園主急返園將信封拆視、則內有遺函一件、並書就墓碑、文曰『病俠的孤魂』、詳察死者、並不認識、亦絕無此義兒、檢點死者身畔、並無名片等件、僅有皮夾一隻、內藏五元鈔票三張、共十五元、又另洋一元、單銀角十四角、又遺有字條一紙、園中乃卽報告上海地方檢察廳派員至墓檢驗、暫將屍身停於棺內、一面登報招認、待至二十五日尚無人來認領、園中乃預備照遺函所云、將遺款五百元辦理後事、葬於園中、

△**遺書原文**　親愛之義母、自違慈範、屈指已十有六年矣、孺念之殷、與日俱深、祇

緣海天遙阻、不獲時依膝下、個中惆悵、紙筆難盡、然我家十數年中之遭遇、可謂至不幸至慘酷矣、兒當略爲義母述之、民六春、我父逝、我母痛哭數天、因哀傷過甚、越兩日亦相繼棄養、臨終曾謂兒曰、『親愛之孤兒乎、兒今無父、不久又將失母矣、余死後無恒產、無親戚、吾兒伶仃孤苦、何以過活、余意俟喪事完畢、速投上海汝義母處、俾得有所寄託、於是汝父汝母亦可稍慰於泉下矣、……』彼時兒終日號慟、痛不欲生、惟冀隨吾父吾母於地下已耳、後經父執麥翁再三勸勉、並荐兒入軍界、充庶務科員、九年來謹守繩墨、未嘗稍有隕越、詎科長弗察、誣良爲非、惡語横加、寃蒙不白、乃於上月間忍氣來滬、意欲求友緩頰、而遍訪不遇、復探義母住址、亦不可得、日前又忽接香港摯友來電、謂『某君病故』、某君兒之至友、兒生平唯一良友、既先我而死、我生何爲、當惡耗飛來、肝腸寸斷、嗚呼、旅人遭際、至於斯極、前途茫茫、後顧堪憐、欲求苟安、舍死莫若、砰然一聲、以了茲孤寂之殘生、不久當可與吾父吾母吾友相見於地下矣、兒雖死猶生也、今送兒一生血汗計洋五百元、望爲兒殮葬、（量數支配）切勿過額、但葬地必須在薤露園）又附碑字一副、務刻用、親愛之義母乎、使者還時、兒已作彈下鬼矣、見信火速來園、爲兒收拾枯骸、感戴盛德、來生結草啣環以報、臨死哀鳴、

伏乞矜全、謹頌康健、義兒病俠臨死叩、發於萬國公墓一九二六•一•二四、

該報記載此則新聞前後凡三日、自新聞佈刋後、其家屬卽前往認領、故第二日之記載、更見詳盡、蓋該少年實在天津路義大錢莊爲帳房、父亦服務於同一錢莊、所謂『王病俠』云云、實係假托、緣該少年眞名沈士彬、紹興人、已娶、平日交遊頗廣、此次自殺、實由賭負、私用帳款八千元、事敗以後、悲憤而出此也、

總之、廣告中之新聞綫索、僅綫索中之一種小綫索、蓋吾之四周、固隨時隨地、有新聞之綫索在、特貴在能利用時機耳、

第十七章　訪員之十誡

『十誡』、基督徒所奉行維謹者也、何爲而訪員亦有十誡、則以新聞不易訪而可訪、訪員可爲而不易爲、言其原因、則有二點、(一)新聞之本質乃『死』的、採訪法是『活』的、採訪新聞、無異商人之『賺錢』、錢亦是『死』的、然在本領高强之商人、則生財有道、錢必滾滾而來、何懼『死』爲、採訪亦然、訪員之拙劣者、必垂頭喪氣、絕少結果、或雖得新聞、而無甚價値、其病在不知如何採集新聞、而遽認爲新聞不可採集、(二)訪員固任何人可得爲之、然非任何人可得爲好訪員、世間報紙

之訪員多矣、然欲求其優秀者蓋寡、其優秀而品性完全者尤鮮、其故實由於不切實了解自身之責任、與新聞事業之真諦、遂有此莫大之缺憾、茲將訪員作業作稿二者之弱點、列其犖犖大者、成茲十誡、固不能自謂必當、但以此為訪員之箴言、似無不可、

(甲)關於作業者

(一)尊業尊己、報業乃至高尚之職業、勿自輕地位、自降人格、亦勿視己為至高無上、

(二)以坦白之態度對人、以冷靜之頭腦處事、

(三)養成好品性、好習慣、勤敏耐勞、忠於職務、凡探得之任何新聞、應守業務上之秘密、

(四)嫉忌心不可有、競爭心不可不有、

(五)勿爽約、力所不能、勿與人約、

(乙)關於作稿者

(一)新聞不問屬於社會或政治、可別為三等、如深夜暗殺案、苟以最捷之方法、得最詳之記載、為人所不知、而獨最先發表於『本報』、此一等新聞也、迨事實披露、而始記『訪問屍屬』焉、『官廳緝兇』焉、『事後狀況』焉、此雖皆為重要新聞中應有之筆、然嚴格言之、僅可

列入二等新聞、至於其他普通新聞、均可列入三等、爲訪員者、應常注意第一等新聞、以不背『新』之原則、但亦不可因此而置二三等新聞於不顧、

(二)文字忌冗蕪、盡力將不重要之字句刪除、蓋記述新聞之文筆、務求明潔也、(其有特別記載之價值者不在此限)

(三)新聞除『靈』『確』以外、無成立之餘地、但『靈而不確』所予讀者之惡印象、較『確而不靈』爲尤甚、

(四)毋令個人之愛憎、流露於字裏行間、毋使不忠實之記載、見之於新聞、攻訐批評、尤非所宜、

(五)新聞如有疑點、寧擱筆再訪、須知訪員一時之怠忽、足以損報紙長時期奮鬭而得之盛譽、

第十八章　訪員應有之常識

訪員之日常工作、猶兵士之在前綫作戰、須有作戰常識、而後勝利可操、但此種常識、乃集合才學與經驗而成、才學優長者、加以經驗、必更能發展其個性、茲將訪員應有之常識、舉其犖犖大

者於後、

1. 足勝於手　訪員工作　耳目口手足、實爲最重要之部份、消息入耳、不可輕信、必須以足去活動、以目去觀察、以口去訪問、耳目口足四者俱用、然後以手記錄事實、此爲訪員之『例行公事』、無待深論、但須注意者、卽爲採訪上『足勝於手』之一點、蓋足不出門、口目兩項失其效用、殆同閉戶造車、勢與事實隔膜、雖欲『不輕信』而不可得、故雖有生花之筆、而無活動不息之足、採訪必告破產、

2. 新聞鼻　吾人四週、充滿新聞、隨時隨地、恭候吾人、但如何採訪、始得新聞、如何找尋、始有新聞、則賴乎吾人之『新聞鼻』(a nose for news)、蓋新聞雖處處可尋、但非人人可得、尤非人人可得有價值之新聞、『新聞鼻』者、憑個人之才能經驗、以嗅覺新聞之所在、而決採訪新聞之方法與途徑者也、

3. 推理能力　訪員固須有觀察力、以銳利之目光、辨別眞僞、但須有推理能力、憑理智以推想事實、語所謂『舉一反三』、『見微知著』、蓋『推理力』爲之也、如日本幸德秋水之獄、同謀七人、皆處死刑、將執行之日、各報外勤記者齊集監獄、而門禁森嚴、絕無所得、

獨某報記者秘至一送囚飯之飯店、詢之曰『幸德秋水之飯、已送否』、店中人答『方送去』、始知七人實未處死、傍晚又去、則送獄之飯、除管野賀子外、均已退回、該記者聞之、推想幸德秋水等六人、已處死刑、亟返館出號外、銷至二十萬張、頃刻而盡、

4. 拋棄個性　訪員應為報紙盡職、為報紙造名譽、不應為其個人造名譽、故應將其個性拋棄、如蔣介石到滬、僅攝蔣個人之影足矣、而翌日報上、則赫然登載『蔣介石與本報記者某之攝影』、其欲附麗自榮、好出風頭、不言可喻、此編者不可不注意也、

5. 秘密來源　美國報館、對於新聞來源、認為職業上之秘密、但美國以外、亦莫不應然、訪員費盡心力、得到重要新聞、雖逢知友、不能洩漏、否則、為人『公有』、全功盡棄、吾之特點、末由表現、報紙名譽、必打折扣、故訪員絕對秘密來源、殆職守上所應然、道德上所應然、

6. 機關所在　本埠中外重要機關或團體之所在地、為新聞『發源地』中之一、訪員平日應將其所在地及主要人物、編製表冊、俾一有事件、即可前往訪問、不至臨時茫無頭緒、交臂失之、

7. 要人住宅　新聞每與『要人』直接間接發生關係、故軍政要人或社會中素有聲望之人(包含農工商學)之住宅、爲訪員所應知、平日亦應注意而列表編錄之、又在外所交接之人之名片、宜保存之、免記載公職或姓名時有錯誤之虞、

8. 電話汽車　機關、團體、要人、名流之電話(不論私宅或辦公處)及汽車號數、均有注意之價值、以電話論、(一)路途窵遠、可於電話中直接面談、(二)於出發訪問之前、可先以電話詢問被訪者是否在家、免往返徒勞之苦、(三)事實矛盾時、可以電話詢問新聞來源地、叩其眞相、藉明顚末、更以汽車號數論、在新聞價值上、固無重大價值之可言、但汽車號數、每足爲新聞綫索之一種、如曩年孫傳芳因軍事問題、由寧來滬、事前極秘密、車站中人、亦鮮知之、某記者平日注意其汽車號碼數爲九九一八、第一日得機關中人報告孫將來滬之消息後、卽赴北站、但久待不至、第二日亦然、第三日赴站、則九九一八號汽車、已預停站旁、遂詢車夫來自何處、答爲赫德路孫公館、該記者乃知孫必來滬、其汽車乃備下車後迎接回家者、至子夜二時許、孫果至、

9. 剪貼報紙　訪員除日常工作外、尙有一種重要工作、卽爲『剪貼報紙』、訪員每日必須

閱報、閱報可得新聞之綫索與途徑、其有助於採訪、不必深論、但閱報以後、應將重要或有系統之新聞或文件、均行剪集而粘貼於紙簿中、俾供採訪時之參考、而收事半功倍之效、如郵員第一次大罷工時、雙方所議決之條件、以及郵員郵差總數、薪俸等級與額數等、均有剪貼保存之價值、設不幸而二次罷工實現、即可重行檢出、將以前罷工情形、略爲敍述、與二次罷工狀況再版而同時刊載之、其他如郵員郵差總數等等、頗有參考價值、仍可刊載、故平日剪報工作、實爲訪員之一種預備工作、且爲其採訪日程中所不可少之工作、

10. 時事照片 『一畫值萬字』(One picture is worth ten-thousand words)、此爲歐美報界注重時事照片之原因、美人閱報、以照片爲第一要件、其重要可知、吾國報紙年來雖漸注意新聞上之競爭、而對於活動寫眞之競爭、亦漸劇烈、故訪員應兼有攝影之技能與常識、

11. 新聞預記 凡未來之事實已預示其日期者、訪員應自備一『新聞預記簿』、將每日工作日程、一一筆之、未來之事實、亦應入之簿中、『勤筆免思』、收效頗宏、如月之四日、得

莫斯科來電、謂胡展堂將於二十九日下午七時乘輪抵滬、斯時訪員不應以其日期甚遠而忽之、而應記入預記簿中、否則、恐有遺漏及遺忘之虞、又如某日某處開會、某日某案開審、某日某處宴會等、亦宜如此、

12. 忍耐性格 訪員出外採訪新聞、每周旋於上中下三等社會之人、苟不能忍耐、採訪必無結果、例如、王白山被暴徒暗殺一案、法院本定星期一上午九時開審、甲報記者即於前一夜搜集材料、及期、即驅車往法院、而法院適因春節休假、延期三天、三天之假期既滿、甲報記者清晨即赴法院、詎是日積案甚多、暗殺案宣諭延至下午二時開審、該記者回家午膳、業已十二時半、憤然曰『吾爲了此案、奔走多日、詎忽又延至下午、吾不復去矣』、及下午開審、各報記者仍到、獨不見甲報記者、翌日、各報均詳載其事、甲報竟付之缺如、該記者功虧一簣、噬臍莫及、此一事也、某日、該記者出外訪一綁票新聞、適一衣衫襤褸之老翁、鄙之、始終不與一語、孰知此翁即爲事主家之老僕、對該案詳知無遺、竟將大好新聞材料、交臂失之、此又一事也、是可知『忍耐』爲訪員所不可不具之性格、

最新實驗新聞學

周孝庵著

第二編　新聞編輯法

第一章　新聞與編輯之關係

年來談報紙改造者多矣、然大半空泛而不切實際、議論多、成功少、故其幼稚如故、銷沉如故、輒對中國新聞事業之前途、抱無限危懼、新聞之千篇一律、暫置不問、而目前所引爲最大之遺憾者、則莫如編輯藝術之低劣、方法之守舊、凡此皆爲進展之障碍、欲言改造、須除障碍、

夫報紙果何由而成乎、成之之道雖多、然最要者、曰由新聞、曰由編輯、新聞與編輯、固截然兩途、但彼此有密切之關係、何則、報紙以報告新聞爲職志、讀者以閱新聞爲目的、報告新聞者爲訪員、編刊新聞者爲編輯員、有優秀訪員、然後有好新聞、但有好新聞而無藝術高妙之編輯法、卽不足以表現新聞中之價値、反之、有極富天才之編者、而無特優之新聞、則無米之炊、巧婦難爲、兩者之相依相賴、不其重歟、

新聞與編輯、可譬諸烹飪、編輯員如厨子、新聞如菜蔬、訪員則如進購菜蔬之人、編輯員憑筆墨以編發新聞、猶厨子執刀叉以宰割菜蔬、新聞編輯之得法與否、亦猶厨子烹調之是否入味、此全視其藝術之優劣而判、今有重要新聞焉、經幾許困難曲折始得之、在訪員一方言、固可謂為採訪上之成功、然苟入編輯員之手、而忽視其中優點、一如拙厨之僅執刀叉以煮菜、而不知油鹽醬醋之如何烹調、菜蔬魚肉之如何分配、則新聞價值必等於零、是猶拙厨之雖欲求適口而不可得矣、是故好新聞之獲得、視乎訪員之天才與手腕、而好新聞是否能於編輯以後、不致將新聞中『好』之一點抹煞、則全在編者本能之高下、彰彰明甚、

新聞之來源甚多、編輯者於編輯新聞前、當先注意『如何使讀者注意吾所編之新聞、』然後為編輯上之實際工作、但吾國報紙之最大弱點、厥在新聞之材料雖多、而不易使讀者明瞭新聞之內容、此乃編輯的藝術問題、如專電一項、各報雖漸有多立標題之趨勢、然僅限於滬京津等處、其他內地各報、仍都混合排列、紛然雜陳、讀者目昏頭痛、不得要領、此種痛苦、舉國之人、殆盡同之、特以浸潤日久、積漸同化、不覺隨境而安耳、抑中國報紙、無異一百貨商店、店內貨積如山、而社會極需要者則盡行束諸高閣、試問其中雖有優良貨物、顧客何由選購、有不望望然去之者

乎、因此結果、華報所載新聞、大半係平面的、讀者僅能見其一面、而其餘三面、則末由明覩、歐美之報紙則係立體的、而非平面的、讀者閱報、一目瞭然、節時間、省腦力、莫逾於此、但欲求立體的編輯法、則編輯者除筆墨剪刀漿糊以外、尙應具一種特別之技能、而此種技能之表現、在於

1. 盡量記載一般人所欲知之事實　此層可分爲二點、(甲)屬於智識的、如當政府委員制元首制及集權分治等制甚囂塵上時、報紙應一面訪問學者名流、叩詢意見、一面應將學理介紹於讀者、且從而評論其得失、俾人民對於各項問題、有相當的認識、(乙)屬於事實的、凡社會上所發生與人類日常生活有關之重要事件、應極忠實的報告於讀者、

2. 盡量表現新聞中之價值　爲編輯者、非隨便發排新聞、即可盡責、須於編輯新聞之前、以銳利之目光、評量其新聞價值之有無大小、然後決定一種編輯方法、若標題之製作、排列之形式、在在須表現或發揮新聞中之價值、苟不能認識新聞價值、即無爲編輯員之資格也、

3. 使一般人以時間上精神上最經濟之方法、領略全報之內容　閒逸之讀者、當然有充分之時間讀報、但在繁忙之讀者、則適得其反、報紙應兩面兼顧、若僅注意前者、而忽視後者、即屬缺憾、故應運用其藝術高妙之編輯法、將各種新聞爲適當之編輯、俾事實了然、一望而

知、讀者得以時間上最經濟之方法、領略全報之內容、

但一報有一報之個性、一報有一報之編輯法、立足點雖不同、但編輯法則貴能發揮個性、不背一報之精神、故所謂盡量記載與盡量表現云者、仍應有一種限制、換言之、在不抵觸其編輯方針與合於新聞價值之範圍中、編輯者始得盡量爲之記載或表現也（詳第二第三第七等章）

第二章　編輯與新聞價值

編輯員對於新聞價值(News Value)之有無大小、乃其編輯生活中應有之常識、其能否辨別新聞價值、尤爲其成功或失敗之所繫、換言之、編輯員苟對新聞價值無深切之認識、即不配爲編輯員、即爲編輯員、亦非失敗不可者也、然則、何者爲估定其新聞價值之標準乎、則各國新聞學者、各有所見、惟估定之前提、在具有一種『新聞鼻』、憑此觀察新聞、則眞僞立辨、是非立明、價值之有無大小、新聞之應棄應刊、不難即決、不然、即不足與言估定、雖欲估定而亦不可得、茲例舉估定之標準如後、

A.新與舊　新聞之價值在『新』、顧名思義、夫人知之、蓋新聞如鮮菓、過時稍久、則腐敗而失其味、不堪咀嚼、讀者必棄之如敝屣、且遲刊之新聞、毋予讀者以消息不靈之惡印像、雖其新

聞本有極大之新聞價值、而一經『落伍』之後、其價值必等於零矣、

雖然、新發生之事實、初不一定有刊登之價值、如某校學生王某、忽得重病、此固『新』事實也、然非可登之新聞、因注意王生之病者、僅其校中之師長同學以及其家屬親友而已、與大部份之讀者、無甚關係、故每不甚注意其事、但如爲一種急性流行病、且有波及多數同學之勢、則社會目光必爲之一變、蓋不在注意王生之病、而實注意其病之足以傳染於多數人、故斯時始有刊載之價值、

『新』之反爲『舊』、過去之事實、無刊載之價值、此人所共知、然舊事件之價值、有時與新事件同、初不以其舊而減其價值、反以其舊而愈見生色、如曩年甚囂塵上之收回上海會審公廨問題、各方主張有二點、(一)恢復洋涇浜章程、(二)依照宣統二三年間審理辦法辦理、華人相互間之民刑訟案、由華官全權審理、無須外國領事陪審、即此而論、洋涇浜章程之原文、非數十年前所訂定而吾人所認爲舊事件乎、當時洋涇浜章程訂立之情形、亦非吾人所認爲舊的新聞乎、但當此收回運動熱烈之時、僅有明顯之主張、而無參考之資料、則事實之眞相不明、過去之情形莫知、斯時報紙亟應搜集洋涇浜章程之原文與訂立之經過情形、以及宣統二三年間公廨審判之概況

或規程、與現在收回運動之新聞同時刊布、新舊對映、益增興趣、社會更可籍此以決定進行收回之方針、又如黎元洪六旬壽辰時、各報將其略歷及照片一度刊登、迨其因病而死、雖事隔多年、而此略歷及照片、仍有『再版』而與病死之新聞同時揭載之價值、是可知新聞固以『新』爲原則、但有時以『舊』爲估定價值之例外也、雖然、舊事重提、務須『合時』、設平時無收回公廨運動、而突然刊載此洋涇浜章程之原文、則不特再版不合時、抑且與社會無關係、此無價值之『舊』新聞、恐徒貽人笑柄、譏編者爲無常識而已、

B. 平與奇　易言乎奇、奇卽指奇突、或非常及變態之事件、有特殊之價值、蓋吾人之日常生活、乃平淡無奇之事件、不足以搆成新聞、一旦背離常態、突生事變、則其惹人注意之力量、迥乎不同、人之好奇心、亦必集中於報紙、對於閱報之興趣、自必較濃於平時、如公共汽車每日準時開駛、不足搆成新聞也、其中突有一輛因司機不愼、與電車猛撞、而全車震裂、而慘斃多命、則成極有興味之新聞矣、上海法科大學每日照常上課、不成其爲新聞也、校長潘大道突被暗殺、而學校停課、而派捕駐校、則社會不以等閒視之矣、竊賊竊富翁鑽戒、係一尋常之事、但如富翁因投機失敗而貧、而竊人鑽戒、則爲惹人注意之新聞矣、優秀之編者、應於此等新聞、特別下筆、以引

起讀者之興味、良以政局無重大變化、社會無非常事件、報紙卽無好新聞、而必至枯索無味、換言之、報紙爲求好新聞、不得不望政局有重大變化、或社會有非常事件、但此非倖災樂禍、故求不幸事件之發生、實足證明非常事件之有特殊價值、如一暗殺案、事主雖中五鎗、但無大碍、社會對之、必不甚注意、故此項新聞、在報紙上之地位、不甚重要、若事主當場斃命、或被殺者爲有名人物、而死者人數在一人以上時、則編者必以大號鉛字登於極高之地位、但苟以爲編者惟恐人之不死、或死之惟恐不多、則實屬一極大之誤解矣、

C. 眞與僞　新聞須爲確實之事實、此爲一般人所公認、故新聞之惟一要件曰正確(Accuracy)、背此原則者、卽無成立之餘地、彼捕風捉影之談、雖『新』奚貴、荒誕不經之說、雖『奇』何取、此所以新聞價値應隨眞僞而分、刋棄之標準、視眞僞而定、報紙之聲譽亦由是而判、如時局平靜、匕鬯不驚、報紙不察、根據傳聞、登載不確之軍事行動、致人心皇皇、紛紛遷避、此種記載、不將墜報紙之聲譽、而減社會之信仰乎、抑尤甚者、當政局劇變之秋、政客每以空中樓閣之事、爲製造空氣之用、以便利其私圖、謀個人之活動、如汪蔣合作之始、卽有互相猜疑之謠傳、顧事隔數日、汪蔣依然如故、猜疑云云、均係讕言、但此等含有毒質之新聞、已不少流毒於社會、此不可不愼者

也、美國紐約世界報(N.Y.World)日銷約三十三萬份、特別注重於新聞之正確、設有新聞正誤部(Bureau of accuracy and fair play)、直隸於編輯部長、置主任一、其職務在按日檢查新聞之有無錯誤、如有發見、一面根據來源、一面更正道歉、故該報之受人重視、尤在新聞之正確、況登載不正確之新聞、而致人受損害時、報館應受法律上之制裁、此刊載新聞之所以貴正確、而編輯員尤不能不有辨別眞僞之識力也、 紐約大報甚有特聘律師、司新聞記事之校正、以防訴訟或誹毀之發生者、

D. 興味深淺　含多量興味之新聞、必能博一般人之閱讀、興味不論屬於人類、兒童、地方、娛樂、運動、皆有特殊之價值、編刊之當否、以及能否發揮新聞中之價值、 全視編輯員之眼光與手腕、如一對青年男女學生、因家庭專制、婚姻不能自由、潛赴旅館、服毒情死之事、乃編刊之絕好材料、良以此種新聞、不論男女老幼、必有普遍之無上興味、街頭巷尾、茶餘酒後、殆將資爲談助、娓娓不倦、蓋此一對男女之死、固足婉惜、 而與此連帶有關之家庭問題與婚姻問題、尤爲全社會所注意也、如美孚油行大股東哈克納斯夫人逝世於紐約、 遺產共一萬零七百萬元美金、其子繳遺產稅至一千八百萬元之鉅後、尙淨得遺產九千萬元、此項新聞之含有深厚興味、可以斷

言、又如南京路發生刼案、被刼十四元五十角、盜均兇脫、實一尋常新聞耳、讀者對之、必無甚興味、嚴格言之、無甚刊載之價值、但如易一白晝行刼案、盜黨與探捕大激鬥、實彈射擊、彈如雨下、斃盜九名之多、則又爲一富有興味之新聞、賣報童於街頭高呼『捕盜大戰』時、人必爭覩爲快矣、又如輕微火災、灼傷數人、雖足搆成新聞、但非『非登不可』之新聞、苟如最近閔行鎮親父用繩捆綁活燒親子之大慘劇、則讀者之興味、必較輕微火災有霄壤之別、是故興味最大之新聞、爲估定新聞價值之一種標準、惟應注意者、興味雖深厚、而與公衆有害者、仍不能爲之刊載、如穢褻之記事、其一也、

㈣·關係疎密

新聞與讀者關係之疎密、最足以測讀者人數之多寡、定新聞價值之高下、如五卅慘案大流血、商罷市、學輟課、工停業、死傷相繼、喧騰萬邦、此項重大事變之新聞、其關係不僅在死者與屍屬之間、而在休戚與共榮辱攸關之全體華人、不僅華人、即上海或上海以外之外人、莫不有關係、惟其關係普遍、舉世矚目、斯讀者突增、報紙銷路、不脛而走也、如商店夥友遷居、不足以搆成新聞、但如上海特別市市長張定璠氏遷居、則有記載之價值、此無他、市長爲一市之中心人物、其人之所在地、每與上海市內之人直接間接有關係、不若店夥遷居之關係僅

及於其親友、與社會不發生關係也、又如天氣極寒、有一乞丐倒斃於北京路途中、事極尋常、此項新聞、除北京路附近居戶偶有注意者外、全市居民殆少閱之者、即或閱焉、亦必匆匆過目、不深究其內容、但如倒斃者爲一郵差、遺失信件一大捆、內有公文、匯票、及其他重要函件、雖同屬一死、其關係當較一乞丐之死爲深、而讀者亦必不限於北京路一帶之居民矣、更如上海法政大學出月刊一種、凡法政大學之事、與法政大學之人、關係較切、故雖校中之開會記事更動課程之瑣屑事件、月刊仍可視爲新聞而登載之、若在報紙、則除『法政大學月刊出版』一事有刊載之可能外、其餘校中瑣屑事件、均無刊載之必要、因法政大學之更動課程表、尙與讀者全體無若何關係、自無價值可言也、是故新聞價值、以新聞與多數讀者有關係者爲上、其僅及於一小部份者次之、其全無關係者、報紙中不應有其地位也、

F. 距離遠近　新聞發生之遠近、即爲讀者興味厚薄之分水嶺、凡事實之起於讀者左近或與己有密切關係者、每覺其有趣、蓋愈近則情感愈切、愈遠則興味愈薄也、如上海海員一萬人大罷工、滬報必爲大號之標題、刊於『本埠版』之首、讀者對之、每有無上之興味、徐州杭州等處之罷工、則僅占上海報『地方版』中之一角而已、如上海名妓蓮英爲無賴閻瑞生謀財害命、屍體發

現於徐家匯麥田、此種新聞、不僅徐家匯一帶之人稱奇咋舌、卽全滬之人、亦必爲之駭怪、以一讀爲快、但在廣州一帶之人視之、則其興趣較減、蓋蓮英爲何如人、粵人平素旣未聞其名、斷無注意其生死之事、且粵滬之距離不同、粵人對滬事、興味不若對其本地事件之濃、上海人之於粵事、亦復如是也、又如上海正月氣候、大　三四月、熱度高至七十度八、一翌日奇寒、天忽降雪二寸、在『本埠版』中、固有相當之地位、然此項消息一入於廣州報紙、卽無刋載之必要、更如一般人閱報、大都注意於本地或本國之事件、而對於國際間之新聞、則覺興味較減、以眼光較近腦筋較舊之讀者爲尤甚、假令讀者爲一上海居民、則展開報紙之始、其目光每先及於『本埠』、電報要聞次之、國際時事又次之、（國際大勢之應明瞭、國際時事之應特別注意、爲另一問題、在第一編第十五章中詳論之、）故編者苟不明距離遠近與讀者之關係、必減殺讀者之興味、可斷言也、

惟尙有例外、距離遠者、讀者未必一律對之無興味、例如、（一）最近英國下院討論日兵占據山東及侵略滿洲問題、事雖在英而與吾華有切身關係、必爲全體華人所注目、（二）第八屆遠東運動會在上海開會時、吾國網球選手林寶華邱飛海二君、大敗菲日、開吾國網球史上未有之紀錄、但是項新聞、並不以遠東會在上海舉行、而注意之者僅限於上海之人、蓋上海以外如北京天津廣

州以及菲日各國之人、雖距滬極遠、但無不感有深切之興味者、（三）『太陽發見兩大黑點、今年世界極寒、溫度降至零點以下三十度、』『此雖為巴黎天文協會所發表、由路透社傳來、而在上海之人視之、亦必感有極大之興味、而為之咋舌焉、（以上例外三點、可參閱本章ＡＢＣＤ四項、）

G. 結論　測定新聞價值之標準、論者多矣、右文雖列舉多種、然歸納言之、則新聞之有價值者、須為（一）出名或主要之人或事、（二）一事之切近出報地點者、（三）事之關係多數人者、（四）事之非常者、（五）事之含有人生興趣者、（六）事之及時者、更概括言之、則新聞價值似在『讀者人數多寡』之一點、讀者多、價值高、讀者少、價值低、編輯員於發稿之前、應明辨『此項新聞、讀者多歟抑少歟』、以為一種刊棄之標準、如其多也、自應特別下筆而刊登之、苟或少也、自無發刊之價值、蓋最佳之新聞、其吸引力大、愛讀人多、讀者愈多、價值愈高、此乃不易之理、此其一、讀者多、則此項新聞必為讀者最注意之事實、此其二、報紙之最大目的雖在供人閱讀、但決不在供少數人閱讀、其不為多數人所閱讀之新聞、自無價值可言、此其三、況新聞新奇者、興味必濃、距離近或關係密者、情感必切、固矣、但『興味濃、情感切』之最後結果、莫不在讀者人數之增多、故以讀者人數之多寡、定新聞價值之高下、雖不中、不遠矣、

第三章　編輯方針之確定

欲造成一種好報紙、須確定一種編輯方針、編輯方針之應確定、猶軍隊作戰時之應確定一種策略、猶輪船遠涉重洋之應有指南針、關係極鉅、但編輯方針確定之前、應根據報紙之天職、新聞之價值(見前)、以及何者爲社會所需要、試分別言之、

A. 社會方面　報紙之讀者、爲社會中之個人或團體、故所刊載之新聞、應求社會化、所以社會化者、實因報紙爲改良社會與政治之利器、故應以多數人之利益、爲刊載之標準、試分述之、

1. 報紙所刊載之新聞、應求社會化、實施社會化之方法、即爲所載新聞能迎合正當之社會心理、而以社會之利益爲利益、以社會之心理爲心理、但社會心理未必俱當、報紙應隨時有糾正之責、不應因迎合而遽忘糾正、如烟酒賭博、雖爲一部份社會心理所喜、但酒賭均屬有害、報紙糾正不暇、決不能因迎合其心理、而予以提倡、歐美新聞紙之材料、每因讀者之好尙而異、故其內容、大半爲與社會生活有關係之作、

2. 曩曾風行北平社會間之正宗愛國報、今雖已停辦、然頗有足述者在、緣該報創辦人爲

一屠夫、目不識丁、但伊有一種編輯方針、每日晚間須由編輯員或訪員將稿件中之事實、一一對之講解一遍（因伊不識字）、苟爲伊所能了解而感覺興味者、始能刊載、故該報所取材料、以淺近而含有深趣之社會新聞爲主、創辦未久、紙貴洛陽、在北平社會、占極大勢力、北平一隅之人事廣告（如遺失、尋人、徵求、聲明等等）、在別報無甚效力者、而在該報則必有奇效（如徵求者來函之多、遺失物之發見等）、該報地位極小、而廣告價格極昂、屠夫每年收入極鉅、由此以觀、足以證明兩點、（一）社會新聞、在最近之將來、必在社會間占至大之勢力、（二）『事實最確、興味最大、讀者最多』之新聞、爲最有價值之新聞、故此二點、實爲報紙應決定之編輯方針、

此後社會新聞之漸爲各報定爲編輯方針之一、可無疑義、（第一編十四章中詳論及之）、此種新聞、固爲興味之結晶、惟其中誨淫之記事、尙須加以注意、如强姦十五歲女子的當時被姦情形、軋姘頭之借旅館姦宿情形、不宜過於詳細寫述、因一般血氣未定之人、見了要衝動、或起一種模仿嘗試的心理、反促其入於犯罪之一途、此外提倡迷信之記事（如近日各報所載之蛇精迷女一事、）亦不宜過甚其詞、況此事卽經事主來函更

正、故記載尤宜審愼、卽訪員有類似之來稿、報館亦有派人進一步訪問之必要、否則、易爲公犀訪員所愚弄、不特新聞違反正確之原則、抑且使社會有一種深刻之惡印像、

3. 報紙如一百科全書、又如一社會公共圖書館、實爲社會所不可一日或缺、故『報紙敎育』之效力、實在學校敎育之上、惟其然、報紙應對於敎育、科學、美術、文學、政治、經濟、法律、體育、醫學、文藝等、特別注意、多刊與民衆需要而有關係之新聞、並請專門家、著述論文、以普通之常識、不斷的灌輸於民衆、

4. 報紙既欲社會化、則文字須力求淺顯、語言務須通俗、新聞中過於艱深之文字、似不宜有、蓋古典主義之文字、在文學上固有相當之地位、但以民衆全體言、殊少欣賞之能力也、

5. 社會常有一定之善惡觀念、如營私舞弊以及賣國之政客奸商、直接間接與民衆之利益有關係、斯時報紙應根據事實、盡情披露、卽不加以批評、社間會亦必形成一種輿論、起而攻擊之矣、又如急公好義或爲公捐軀之人、報紙刊載此項新聞、應特別登於顯要

地位、蓋有功德於社會者、每因報紙刊載其善行、而足以勵社會於善也、

6. 誨淫之新聞、小說、廣告、為害於社會者至大、報紙應竭力取締之、

7. 報紙應審慎新聞之來源、所刊載者、須有利於民衆、如美國在歐戰時各種消息揭載之先、須對本國、協約國、敵國三方面之影響的效果、加以縝密之考量、始行決定、

8. 報紙一面應代表民意、撰著評論、固矣、然一面亦應接受民衆之意見、年來吾國報紙中之『來論、』即其一端、但『來論』僅限於論文、民衆中之有極好意見與計畫者、未必盡能做文章、故不如仿英國式之來函評論制度、每日另闢一欄、暫定其名曰『讀者園地』或『讀者之聲』、俾讀者不論對於政治或社會問題、均可以報紙為發表意見之機關、但該項來函中所發表之意見純由個人負責、報紙則絕對不負責任、故投稿者須有確切地址及眞姓名(但稿中可署假名)、北平某日本報有『讀者俱樂部』、即來函評論制度也、例如有人目擊一西人兇毆黃包車夫、代抱不平、未嘗不可參加些意見、將事實投於『讀者園地』中、又如租界公園向不開放於華人、曩年西報來函欄中、常有贊否兩方之意見發表、故社會化之報紙、應有讀者發表意見於報紙之機會、俾報紙與民衆接近、

9. 社會上發生重大問題、而兩方各趨極端、互相抨擊時、報紙處於左右爲難地位、故編輯方針亟應決定、此種方針之決定、卽爲報紙對外態度之表現、 如上海黨務昔曾有一度小糾紛、發生之日、雙方各有稿件、而事實則完全不符、甲方言乙方搗亂、 乙方指甲方破壞、報紙登甲方之新聞乎、乙方必表不滿、登乙方之新聞乎、則甲方必極憤激、 斯時之報紙、雖公平正直、而態度之表現、則有左右爲難之概、但此時決定編輯方針、 約有三途、(一)不問事實如何、雙方送來之稿、全部付刊、是非曲直、 由社會自動觀察而公判之、(二)因地位困難、雙方之稿、一概不登、(三)將雙方之稿、加以節改、僅注重於『事實』而删除雙方『攻擊』之言詞、 如是則雙方既無所藉口、 報紙之態度亦可表示『不爲左右袒』、但三者之中、究以何者宜、卽視該報之環境而定、

10. 報紙在社會之地位、各有不同、如甲報之讀者、大部份爲敎育界人士、則其對於敎育界之新聞、 應特別記載、敎育界人士所需要之智識、 應盡量供給、乙報之勢力範圍爲商人、則應側重於商業商市之記載、此種編輯方針、視各報在社會上之立足點而異、

11. 新聞之勢力至大、過甚描寫罪惡之新聞、足以使民衆易於犯罪、報紙爲民衆利益計、應

剷除地方惡習、鼓吹有益身心之運動、遏止無意識之暴動、

12. 社會化之報紙、應與社會最大多數人之公意相一致、如正在抵制仇貨之際、報紙對於仇貨之廣告、應從社會之意、停止刊載、否則、必惹起社會誤會、而與其在社會上之地位有碍、

13. 報紙所載新聞、以有利社會不欺社會爲要件之一、故報紙兜攬淫藥『生殖精』之廣告、已屬不宜、如因兜攬此項廣告、而代其刊載新聞、大吹大擂、使社會因嘗試而蒙其害、則報館之收入小、而貽毒於社會者大、已與此要件背道而馳矣、

B. 體裁方面　歐美報紙之編輯方針、以新聞爲單位、重要者登於前、不重要者登於後、並無國外大事刊第幾張、本埠新聞刊第幾張之規定、蓋其已打成一片、實施『混合編輯制』、初無若何界限於其間也、吾國報紙則不然、沿守地方主義、牢不可破、來自本埠之稿、必登本埠、來自外埠之稿、必登外埠、性質之如何、不問也、前後之相矛盾、不顧也、其弊病所至、則(一)本埠所得之外埠新聞、亦登於本埠、(二)外埠所得之本埠新聞、輒刊諸外埠、(三)讀者有頭昏腦暗之苦、(四)編輯方針有不統一之弊、

體裁之須統一、殆爲事實所需要、編輯方針中、更不應不爲確定、確定之法、約有二種、試分述之、

1.體裁統一後、每天發刊新聞、應以事實發生地爲單位、不以來稿地爲單位、如中央委員伍朝樞等三人抵新嘉坡之消息、事實發生在新嘉坡、不應加『滬訊』兩字、而登在本埠中、又如『青浦綁匪殺死三命』、有人來滬說及、上海通訊社記者作稿後、照例送『本埠』、但本埠編者因該事發生之地點係青浦、故應轉交於地方通信編者、而平時尤須有相互接洽之必要、否則、翌日本埠登一則、地方欄亦登一則、一件新聞、爲之『腰斬』爲二截、讀者顧此失彼、必感不便、又如英使藍浦生到滬、記事登於本埠、而與東方社記者之談話則登於第一張電訊、豈不笑話、

更以曩日中山先生逝世一事而言、先在專電中刊『孫昨晨逝世』之北平電、而『特約路透電』及『東方電』兩欄中、同日同時又有標題各異之新聞各一則、國內要聞中所登者爲『孫中山病有起色』之特約通信、返觀本埠新聞、則謂『據民黨消息、孫雖瀕危境、但不致無望』、而所謂地方通信者、亦散見金山各地慰問孫病之電報、夫以同一事件、而

同日刊載之矛盾如此、類別之複雜如此、寧不令人咋舌、而嘆爲奇觀、根據以上理由、則中山先生逝世一事、似應以北平電訊較爲可靠、其他北平特約通信發稿在電報之前、必距事實爲遠、路透東方之電訊、應與北平電彙合而刊載之、不應東零西散、五花八門、至若本埠新聞中之一段記事、絕對與電報中之事實相衝突、應即廢棄之、又如金山等地之慰問電報、如刊載於孫既死之後、即失新聞價值、故亦應廢棄之、如是則成立新聞者、僅北平專電及路透東方電訊所集合之一段新聞而已、矛盾之弊、不除而除、故地方主義、實有打破之必要、

2. 若歐美報紙然、完全以新聞爲單位、無絲毫界限之分別。此種辦法、即以新聞性質之何若、定刊載所在之地位、如上海亂黨起事、焚殺多人、以事件之性質論、其關係所及、不限於上海一隅之人、故事雖發生在滬、而應以大號標題、刊載於第一張、反之、如外埠新聞之不重要事件、亦未嘗不可移刊於其他一版、此種辦法、即爲『混合編輯制』、上海時事新報行之最早、近更有極大之變更、該報曾於『社評』中申言之、茲摘其一節如下、文云、『吾國新聞界革新事項之最顯著者、曰混合編輯制、本報之採行此制有年矣、茲

爲益求讀者之便利、幷期容納最後至之新聞而無礙於印刷、特將編制次第略爲變更、大抵以最緊要、最活動、最新鮮、而爲讀者所急求知聞者列之於第一二張、而以較局部、較專門、較爲有系統而詳盡、凡讀者所可資爲參考玩索之資料、則列之於第三四張、變更以後之編配、大致如下、(第一張)社評、中央及各省之要聞、(第二張)中央及各省之要聞、本埠新聞、社會版、(第三張)國外新聞、各省新聞、地方通信、工商、學燈、(第四張)青光、運動與游藝及其他、如是之編配、庶第一二張截止發稿之時間可以延長、而最緊要之消息、得以迅速傳達於讀者、至若世界或本埠有特種大事發生時、仍當提載於第一張、以符混合編制之旨』云云、吾國報紙向以第一張登載電訊及國外要聞等、第二張爲國內要聞及地方新聞等、第三張登本埠新聞、今則以性質爲單位、而不以『張』爲單位、換言之、即以『最緊要最活動最新鮮而爲讀者所急求知聞者列之於第一二張、而以較局部較專門較爲有系統而詳盡、凡讀者所可資爲參考玩索之資料、則列之於第三四張』、故第三張之本埠新聞、今已移於第二張、而地方新聞及國外要聞等之向登第二張者、今乃移於第四張矣、此種改革、乃吾國報史中、頗可紀念之一點也、

C.評論方面　任何新聞、不能含有批評語氣、蓋新聞爲一事、批評又爲一事、新聞固應根據事實、而事實之是非、應由撰述『社論』者爲之、其理甚明、故一報之總編輯、應授各記者以整理紙面之根本方針、遇有重大問題、則定本報之主張、發表於『社論』、爲本報對外之代表、但報紙之應『批評化』、則有可得言者在、

1.一國之輿論、可在國會及報紙中覘之、茲以報紙言、則報紙中每日所載之一字一句、均爲社會一切事物之反映、其直接或間接所及於人生之影響、不論現在與將來、實至大且深、不可思議、故報紙應以社會多數之『公意』及其利害榮辱爲標準、其眼光手腕、須注射發揮於全國或全社會、而最要者、尤貴在刊載新聞之餘、能言社會所欲言、道社會所欲道、態度純正、主張公平、不以報紙爲個人之武器、不以少數之意見、認爲全體之輿論、

2.『一篇好評論、値十篇新聞』(One good comment is worth ten informations)報紙既爲社會之公共機關、卽爲一民族或一國家之輿論之總匯、換言之、國民多數公意之表示、卽爲『輿論』、報紙特爲輿論之代表耳、如最近吾國國民一致反對不平等條約、實卽被

壓迫民族力求解放之表現、新聞記者應默察多數國民之心理、與潮流之[illegible]趨、而於記載新聞之外、加以有力之評論、絕不能以悖謬之見解、發爲違反公意之議論、致爲一般人所厭棄、而外交事件、尤賴報紙爲其後盾、如濟南慘案、國際間之大不幸事件、亦且爲帝國主義者睥睨公理滅絕人道之事件也、斯時傷心慘目之情況雖不絕記載於報紙、然刊載新聞以外、尙有一種責任、卽應代表輿論、對帝國主義者痛下抨擊、何則、無意思表示之社會、卽爲痲木、報紙而爲不關痛癢之評論、或無澈底之主張、亦卽爲痲木、帝國主義者勢將益無顧忌而爲所欲爲矣、故僅僅登載事實、報紙之天職未盡也、況政府一切設施、未必盡如人民之意、人民對於侵犯國權或自身利益之設施、勢不能低首下心、受其宰制、報紙應以代表輿論之精神、監督之、抨擊之、蓋報紙所言、不啻人民之言、民之隱痛、僅假手於報紙而申言之而已、此種報紙之主張、之議論、必爲大部份人民表同情、銷路廣、勢力厚、事之必然、如曩年當局有四萬萬大借款以全國礦產及鹽稅爲抵押之說、事果實行、國將不國、當局利慾燻心、傷心病狂、直欲以全國國民之『權利』拱手讓人、幸全國各報、一致反對、首先揭出內幕者、爲上海某報、事爲當局所見、

懾於輿論之威，否認其事，事遂中止，他若地方市政之腐敗，釐稅之苛重，報紙能禁若寒蟬，漠不關心乎，

4. 報紙為『民之喉舌，』以其能刊載人民所需要之新聞，且能為民說話，其重要不亞於喉舌也，但社會之組織極複雜，羣衆之良莠至不齊，報紙應以社會大多數之利益為標準如鴉片公賣一事，夫人而知其害浮於益，然以嗜吸鴉片者及私販營利者言，則無不望其實行，報紙於此，應淡然視之乎，又如綁票匪橫行蘇浙間，震動社會，人人自危，探捕束手無策，當戶莫如之何，報紙對於如何取締，如何拘懲，應有所主張，以貢獻於社會，不能默無一語也，

5. 報紙不特代表輿論，亦可創造輿論，創造之要件有三，（一）說出多數人心坎中所欲說之言，（二）說出多數人所應知而未知之言，（三）說出多數人所欲知而未知之言，吾國戊戌以後所發行之中外日報，蘇報，警鐘報，民呼報，民立報，均注重創造輿論之報紙也，如山東問題交涉時，某報主張創辦救國儲金，不三日，而上海商界即有救國儲金會發起，又如往年華報主張之裁兵運動，歐美各報主張之弭兵運動，即其例也，

6.政治社會等問題、一報有一報之個性、一報有一報之主張、此種主張能代表全社會之利益者、必爲全社會所歡迎、新聞之登載、亦不容與其主張相背馳、

D.藝術方面　吾國新聞業尙在幼稚時代、此任何人不能否認、而吾國報紙之尙難語於藝術化、此當亦爲任何人所不能否認、何則、報紙所載之新聞或圖畫、皆含有多量藝術之要素、而華報則不甚注意也、

1.新聞　新聞之要素、在敏捷、在正確、然材料之選擇、記事之標題、紙面之編輯、莫不賴乎藝術、藝術之高下、即爲足以感動讀者與否之標準、(甲)材料、有趣味之事實、須出以婉轉生動之筆、始足以發人深趣、記事而能發人深趣、藝術之要素存焉、(乙)標題、標題爲新聞記事之骨髓、好新聞而無生氣勃勃之標題、則新聞價値必爲低減抹煞、讀者必沉沉欲睡(本書第三編、詳論標題藝術)、(丙)編輯、採訪新聞爲一事、編輯之優劣又爲一事、此優劣之點、即以藝術而定、編者於選擇材料以後、着手發稿之前、應研究孰爲社會上最重要之問題、孰爲讀者目光中之重心、以定排列之先後、及標題之製法、而編法尤須力求新穎、庶能引起讀者興味、歐美記者甚有與工人爲伍、躬行拼版、以求

排列形式之美者、

2. 照片　歐美報界有言『一畫值萬字』、故報紙上幾無日無照片銅版、美人且列此爲閱報必要條件之一、蓋當每一事件發生以後、不特須訪察事實、詳爲記載、且須實地攝影、刊諸報端、與新聞同時披露、以證明新聞中事實之眞相、俾讀者旣閱新聞、恍若身歷其境、目睹其事、如上海英捕大慘殺案中死難之人（一九二五年五月三十）、報載雖全、而不將死難者之照片（生前的、或死後的）一一刊出、則新聞卽失之於『呆』、而無『活動性』、且讀者亦難明死難者究爲何如人、狀貌服飾若何、死時或死後之悲慘景像如何、故照片實足補助新聞中之不足、而增加讀者之興味、更如杭州雷峯塔倒毀一事、報紙應於記載之外、將未倒前西湖十景中之『雷峯夕照』一景、與已倒後之情形、卽行製版、同時與新聞刊出、以映於讀者眼簾之前、如將雷峯塔建築之時期、加以考證、則興味更濃、此僅指發生之事件而言、此外如時序之更變、亦每攝片刊載、如時已深秋、則攝風景宜人者、以詩意引起讀者美感、爲之標題曰『涼秋木葉蕭蕭下』、如冬去春來、則攝『一晨光熹微中之元旦紅日』、以紅日表示一歲中之第一日、時交立春、則攝『春江水暖鴨先知』、以羣鴨戲水喻『春』、無一而不包含藝術、此種情形、吾人常可在日本報紙中見之、年來我國之大多數報紙、漸知插照片於報中之必要、但製版不良、攝影術不精、以致並無精彩可言、各館中亦少照相部之設、類皆取自照相館、千篇一律、絕少價值、外報記者則如遠地近地發生非常事件、其報館之照相員不顧性命、冒險馳往目的地攝影、用最敏捷之法、將所拍之片、用飛機傳書鴿火車或汽車等、送回本館、於最速時間登於報端、使一般不臨險地之閱報者可明瞭事件之眞相、近地發生之事件無論矣、故報紙多搜刊有趣味之照片、極爲應有之方針、

此外、如廣告之如何排列、印刷之優劣何若、皆與一般人之『趣味性』有關、苟不運用藝術要素、必致乾燥厭惡之病、

3. 總之、報紙一面應以最新之事實、報告於讀者、一面應以藝術調和讀者之情感、使人心美化、讀時津津有味、吾故曰報紙應藝術化、但西報之藝術化、殆已成爲過去之名詞、而吾則方殷殷求其實現、相去若斯、不得不待於努力、

第四章 『有聞必錄』之錯誤

『有聞必錄』四字、乃往昔報紙自諡之一種名詞、早已深入一般人之心坎、顧其不合理實甚、蓋華報之編輯法、病在少生氣、而其惰性則尤隨時暴露無遺、某日、有友宴上海新聞界於大東旅社、到三十餘人、座有某君 、某大公司之總理也、詢某報記者曰『以全國烟酒稅抵借外債五千萬一事、純屬不確、何以獨見於貴報』、某報記者遽答曰、『吾乃有聞必錄也』、語已、各報一笑、彼此釋然、予雖不敏、不能無疑、夫新聞貴正確、前既言之、報紙對於不確之新聞、自應負責、豈能一言『有聞必錄』即得卸責、今姑以此四字分析之、則『聞』爲一事、『錄』又爲一字、不可併談、有『錄』須確、所『聞』未必『必錄』、何則、報紙所登載者、當然由『聞』、然報紙在『聞』以後、應實地調查、一覘此來源之是否確實、在未調查以前、而貿然聞之、貿然聞之而貿然錄之、貿然錄之而欲以『有聞必錄』爲卸責之地、此任何人知其不可、今有訪員焉、『聞』某要人被刺消息、投諸報館、編輯者苟不探究其眞僞、而加以『必錄』、不特報紙易爲讕言供人利用、抑且使社會頓起猜疑、且某要人亦可依據法律、控報館於法庭、總之、報紙所載之新聞應絕對對讀者負責、以正確爲惟一要件、若訛謬之新聞、在法律上道德上均不容許、編輯者應以精密之眼光辨之、審愼之態度出之、庶幾有聞者查、無錄不確、報紙必更能得社會之尊視、而所載之新聞、亦始有刊載之價値、故『有聞必錄」四字、未免過於肯定、自此名詞出、而報紙遂於無形中養成一種惰性、雖然、『有聞必錄』雖爲報紙不負責任之辭、而外界亦每以此責報紙、此所以報紙惰性之養成、社會亦不能不負一部份之責任也、

第五章 編輯部之組織

第一節 各國編輯部之比較

報館雖有大小、人員雖有多寡、然其大體上之組織、則分爲編輯與營業兩部、而兩者之中、尤以編輯部爲主體、蓋編輯部者、乃新聞之總司令部、完成報紙之最重要一級也、

茲先比較各國之編輯部、而後言吾國報館編輯部之應如何組織、

A. 美國 美國報紙之編輯部、大概分爲評論與新聞兩部、(一)評論方面、設撰述員若干人、而由總主筆 (Editor-in-chief) 總其成、總主筆多曾受大學教育、且極富經驗、故能負編輯全部之責、但美報之評論部、有爲編輯部中之一部、受節制於總主筆、或與總主筆同隸於社長之下者、此視各報之組織而定、(二)新聞方面、由主任編輯 (Managing Editor) 總其成、下設副主任

二、至新聞之傳入報館、不外二途、一爲電報、美國各大報、大抵自設專機、直接與外埠通電、其編輯之方法、須先由譯繕員(Rewriter)將電報謄正、使變成新聞、而後由裏校員(Desk Editor)潤飾字句、一爲本埠新聞、由本埠編輯(City Editor)負全部責任、其職權爲指揮訪員、搜刊新聞、實爲當地新聞之領袖、苟爲人幹練、則報紙在當地之銷路、必得助不少、所有一切新聞、均由訪員記述報告、由本埠編輯付諸閱稿主任(Head Copy-reader)再由主任分配於多數之閱稿佐理員(Copy-readers)從事修改、迨製作標題之後、仍返諸閱稿主任、主任更一度過目、即送於排字室、訪稿中之文法字句亦有由裏校員修改之者、大字標題(Headline)大半即由裏校員任之、但亦有專由標題員(Caption Writer)爲之者、裏校員之地位、較副主任爲低、而較譯繕員及訪員爲高、又有所謂『夜編輯』者(Night Editor)、其職務至報紙付印時爲止、苟各種新聞均已排就、而忽生重大事件、需要之地位頗大、斯時夜編輯即有權拆去不重要之新聞、而將此段新聞排入補充之、即無重大事件發生、而已排成之新聞、認爲有不能刊載者、則除總主筆、主任編輯及本埠編輯所特別指定者外、亦有拆除之權、茲將哈斯脫氏(Hearst)所有報紙之編輯部組織系統、列表如後、

- (新聞部)主任編輯 Managing Editor
  - 夜編輯 Night Editor
  - 本埠編輯 City Editor
    - 訪員
    - 百里內之通訊員
    - 其他
  - 國內電報編輯 Telegraph Editor
    - 國內聯合通訊社
    - 百里外之通訊員
  - 國外電報編輯 Cable Editor
    - 海外特派員
    - 特置通訊員
  - 新聞紙剪拔記者
  - 商業金融記者
  - 不動產記者
  - 劇評音樂記者
  - 社交家庭記者

- 社長 President
  - 總主筆 Editor-in-chief
    - 特別記者 Special Editor
      - 文學記者
      - 書報評論記者
      - 游戲記者
      - 船舶記者
      - 鐵路記者
      - 勞動記者
      - 其他
    - 寫眞部(攝影製版)
    - 藝術部(繪畫)
    - 參考部
    - 星期增刊部
    - (評論部)評論記者……若干人

美國報紙以諷刺畫(即插畫)爲報紙態度之代表，極爲重視，故諷刺畫記者之地位，與評論記者

等、亦隸屬於評論部之下、

B. 英國　英報之編輯、雖亦分兩部、但不曰新聞部及評論部、而曰外報部及內報部、此則與美報不同之點也、而每部之下、則分部長、副部長、編輯長、編輯員、訪員、並無總主筆、及總編輯之規定、蓋英報之編輯部、統治於主筆一人、對外不稱總主筆而僅稱某報之主筆(The Editor of ......)也、茲將其組織系統列下、

- 外報部 Foreign news Dept
  - 編輯
    - 部長 Foreign Editor
    - 副部長 Assistant Foreign Editor
    - 編輯長 Foreign Chief sub-editor
    - 編輯員 Sub-editors
  - 訪員
    - 駐外通信員 Correspondents
    - 常任通信員 Our own Correspondents
    - 特約通信員 our Correspondents
    - 特派通信員 Special Correspondents

主筆 Editor
- 內報部 Home news Dept
  - 編輯
    - 部長 Home News Editor
    - 副部長及助手 Assistant Home Editor
    - 編輯長 Home Chief sub-editor
    - 編輯員 Sub-Editors
  - 訪員
    - 地方通信員 Correspondents
    - 訪員 Reporters
- 其他

C. 日本

日本報紙之發達、年來幾與歐美相頡頏、其銷路之大、印刷之精美、廣告收入之鉅、新聞之靈捷、亦幾與歐美報紙並駕齊驅、但其編輯部之組織、則不若歐美報紙之僅分新聞及評論兩大幹系、而有軟派與硬派之分、至其所以有此規定、則亦有原因、緣日本報紙往昔僅日出一大張（每張計四面、『面』即吾國報紙所稱之『版』）、其第一面（即吾國之第一版）爲評論文藝、第二面爲政治經濟新聞、第三面爲社會新聞、第四面爲廣告、現雖日出四大張（照例應有十六面）之報紙、而新聞區城之劃分、仍襲舊名、即政治經濟新聞仍稱之爲二面記事、而社會新聞、則稱

之爲三面記事、且政治經濟新聞、每稱『硬派』、社會新聞則稱『軟派』、一若因硬軟之分、而新聞有重輕之別者、

日本報紙之最高機關、爲董事部、次社長、編輯部設編輯長一人、(或由社長兼任、或稱主幹)、其下設政治、經濟、社會、學藝、整理、運動、婦女、外報、通信等部、每部設部長一人、部之多少、視各報之組織而異、各部之中、以政治、經濟、社會爲骨幹、每部設部員四五人、多則二十人不等、

日本報紙中之主筆、爲社中之最有權威者、其職務不僅撰述評論、或管理編輯全部、甚有代社長而統治全社者、至軟硬分派之弊害、已見本書第一編第十二章『採訪科之組織』中、不再贅、茲將日本報紙編輯部組織之系統、摘舉兩例如次、

一、

編輯長
- 政治經濟部
- 調查部
- 社會部
- 外報部

二、

主幹—副主幹
- 學藝部
- 內國通信部
- 外國通信部
- 社會部
- 聯絡部
- 經濟部
- 整理部

此外編輯長之下、僅分軟派硬派者亦尙多、以上所舉、第一種係東京朝日新聞之編輯部、第二種係大阪每日新聞之編輯部、各報之環境不同、故組織亦異、茲再將各部之系統、分析而列表於後、

1. 政治部長
   - 編輯員
   - 外交科長
     - 特別訪員
     - 固定訪員

特別訪員卽吾國報館中所稱之外勤記者或專雇訪員、人數無一定、固定訪員則猶吾國報館中之特約訪員、政治部中特約訪員之範圍爲國務院、各政黨、政府各部（財政農商交通除外）、議會、地方主要官廳、市政廳、各學校、各團體、各重要軍事機關等等、外交科長卽爲訪員之領袖、似吾國之採訪科長、

2. 經濟部長——編輯員
　　　　　——特別訪員
　　　　　——固定訪員

經濟部中固定訪員之範圍、爲財政部、農商部、交通部、銀行、公司、交易所、商會、商業團體、海關、稅所等等、

3. 社會部長——編輯員
　　　　　——外交科長——特別訪員
　　　　　　　　　　——固定訪員

社會部中固定訪員之範圍、爲內務部、交通部、各鐵路管理處、縣署、市政廳、檢察廳、審判廳、警

察廳、軍事機關、氣象台、旅館、酒館、火車站、輪船碼頭、公園、戲館、俱樂部、救火會、學院、病院、慈善機關、妓院等等、

總之、三部之中、社會部之範圍最廣、故所需要之人才亦最多、日本對於學識經驗俱富之新聞記者、必多方羅致之、故其生活、較優於吾多焉、

第二節　吾國編輯部之今昔

從大體上觀察、吾國報館編輯部之組織、既不若日本有軟硬派之分、復無歐美之複雜、舉其大概、約有下列數種、

一、最初時期

- 總主筆
  - 電訊編輯
  - 要聞編輯
  - 本埠編輯——公雇訪員
  - 文藝編輯

二、最近時期

(1)總主筆或總編輯

- 編輯
  - 電訊編輯
  - 要聞編輯
  - 本埠新聞編輯
  - 社會新聞編輯
  - 工商新聞編輯
  - 教育新聞編輯
  - 地方新聞編輯
  - 體育新聞編輯
  - 文藝編輯
  - 週刊或增刊編輯
- 國外特約通信員
- 國內特約通信員

（訪員）
- 特派通信員
- 專雇訪員
- 公雇訪員

(2)編輯部長

（編輯）
- 電訊編輯
- 要聞編輯
- 本埠新聞編輯
- 社會新聞編輯
- 工商新聞編輯
- 教育新聞編輯
- 地方新聞編輯
- 體育新聞編輯
- 文藝編輯
- 週刊或增刊編輯

採訪科（訪員）
- 特約訪員
- 專雇訪員
- 公雇訪員

第一種係最初時期之編輯部、當時社會對於報紙、僅注意於議論而忽視新聞、故除社論以外、最重要之材料、厥爲鄉試或縣試之文章、報館新聞之來源、完全依賴於老鎗式之公雇訪員、每日送若干則里巷瑣聞（如破獲燕子窠、吃講茶、夫妻相打等、）即算完事、且當時之所謂電訊、亦僅限於北平一隅、每日有一百字之專電、已算一等報紙、編輯部之組織、極爲簡單、有電訊兼任要聞編輯者、亦有本埠要聞電訊僅一人編輯者、充其量、連校對等四五人而已、至若發稿時間、現在報紙之編輯部工作、大概每晚自六時起至翌晨五時止、始可完畢（文藝欄等亦有日間發稿者）、然最初則發稿時間、均在日間、一至下午五六時、所有一切稿件等均入排字房、而所謂編輯者、大半賦歸去來兮、編輯部亦門可羅雀矣、且當時之所謂『要聞』大半爲北平宦海新聞、或有或無、地方通訊、亦不多覯、訪員之地位、在編輯員之下、直至民國六七年間、滬上各報鑒於新聞之重要、始有所謂特別訪員者出（即各報專雇之訪員）、以別於普通訪員。評論一項。第一張有社論、由總主筆擔任之、第二第三張之末、則各置時評、各該欄編輯擔任之、直至民國十三四年間、除篇首之社評外、其他各張之時評、概行廢除、

第二種爲最近報紙之編輯部、年來社會組織、日見複雜、報紙亦由議論而進於新聞之時期、其一二兩種中之不同點、即爲採訪科之組織（詳第一編）、其所直轄之訪員、大都以本埠爲限。但亦可視報館環境之如何、而擴大其範圍、將國外或國內重要地點及本埠之訪員、一併直轄於採訪科之下、至若社會新聞之競爭、尚一年有餘、但在最近之將來、各報必有更劇烈之競爭、因競爭而更有進步、可以斷言、文藝編輯即如申報之自由談、新聞報之學海與快活林、時事新報之學燈與青光、民國日報之覺悟、截至現在止、尚無如美國報紙所謂之音樂記者、不動產記者、新聞紙剪拔記者、社交家庭記者、至若編輯部長、則十之五六、以撰述社論爲最大任務、其躬親編輯新聞者、實居少數、以編輯部長之地位言、除社論外、尚有主持編輯部行政事宜之責任、欲責其編輯新聞、事實亦多困難。不若照美國報館之組織、而分爲評論新聞兩大部、俾各部均有負責之人、爰擬理想中之編輯部組織系統如下、

- 新聞編輯
  - 國際新聞編輯
  - 國內新聞編輯
  - 地方新聞編輯
  - 本埠新聞編輯
  - 社會新聞編輯
  - 工商新聞編輯
  - 教育新聞編輯
  - 體育新聞編輯
  - 其他
- 特別編輯
  - 文藝編輯
  - 週刊編輯
  - 增刊編輯
  - 其他

- 董事會
  - 總經理
    - 編輯部長
      - 新聞部主任
        - 採訪科
          - 特約訪員
          - 專雇訪員
          - 公雇訪員
        - 整理科
          - 保管員
          - 文書員
          - 庶務員
        - 新聞紙剪拔科
        - 計劃科
        - 照相科
        - 校對科
      - 評論部主任
        - 評論記者若干人
        - 諷刺畫記者若干人
    - 營業部長

編輯部長負管理編輯部一切事宜之全權、其職權與美報之總主筆相若、評論部主任得由部長兼任之、評論記者則或在外面特約、或由編輯員兼任、但以後社評是否一篇而止、尙有研究餘地、如紐約報紙之評論、每日例有五六篇、本埠大陸報字林報等亦日有三四篇、蓋報紙之評論、不限於政治、凡一日間國內外所發生之重大問題、均有批評之必要、方面若此之多、每日一篇、似嫌其少、他若新聞部主任則其職權與美報之主任編輯 (Managing Editior) 相似、處在編輯部長指揮之下、負新聞部之全責、每日報紙之『大樣』由該主任閱之、

吾國報紙之缺點、在乎體裁不確定、致有一事數見之弊、如一件新聞、有時既見於電訊、復見於當時之本埠或地方新聞中、令讀者目迷神眩、故此後亟宜統一編輯方針中的體裁、而加以極大的改革、卽將新聞編輯分爲國際、國內、地方、本埠、社會、工商、教育、體育等八種、凡關於國外之事件、不論電報或新聞、均由國際新聞編輯員主理之、其屬國內重要的事件、不論電報或新聞、均由國內新聞編輯員主理之、其屬于一地方之普通新聞、則仍由地方新聞編輯員主理之、其他各種編輯員之性質、可無庸解說、凡性質相同之事件、不論電報與新聞、更不問國際的或國內的、均應合併編刋之、不應分門別類、截爲數段、庶編輯上之體裁可以統一、(詳本編第三章B項)

至於整理科之組織、實不容或緩、其職掌爲

A.庶務員　1.指揮僕役　2.收發信件　3.其他

B.文書員　1.繕寫函件　2.編製統計　3.其他

C.保管員　1.保管圖書　2.保管文件　3.保管銅版鋅版(保管照相銅版等、亦可由照相科任之)　4.保管新聞材料(如名人略歷、新聞照片等)　5.其他

吾國報館之編輯部中、尙少整理科之組織、但在事實上、則極屬需要、蓋設立『整理科』後、編輯部之內容、『必井然有條』、可以斷言、

他若計劃科、則尤未之一見、計劃科之組織、與日本報紙之計劃部相同、專爲對外而設、如由報館發起運動會、音樂會、演講會等、擇成績優美者、給以奬金或奬品、其目的在　1.啟發民智、　2.提高讀者興味、　3.創造新聞、　4.使一般人腦海中有本報之印像、　5.增高本報在社會上之地位、至若新聞紙剪拔科、則　1.比較新聞、　2.考查成績、　3.其他、

報紙錯字、在所不免、但錯得太多、足以使讀者厭惡、報館雖有校對、然錯字無日不有、校對科之設、卽在使校對員有整個之組織、設總校對一人、校每日報上之錯字、而查明應負責任之人、

並由編輯部長釐訂獎懲辦法、督策進行、照相銅版在報紙上之地位、幾與新聞等、此後各報之競爭焦點、除新聞外、當爲照相、科中設科員若干人、由訪員兼任之、購置機械、改善設備、逐日活動、

第三節　評論記者之修養

評論記者之職位、旣述於前、但如何爲一好的評論記者、實一問題、上海時事新報總主筆陳布雷氏、爲吾國有數的評論記者、曾爲『生活週刊』記者述『撰述評論的人應當怎樣』、其言極爲精闢透澈、爰錄於左、藉知評論記者之態度與修養、（以下陳君自述）、

『主持撰述評論的人、有四點要特別注意、（一）多讀平時出版物的論文、無論怎樣忙、平時的論文不可不多看、吾自己在商報的時候、每日要看英文各報的評論、還勉强看日文報的評論、此外還要看本外埠同業的言論、（二）每日無論怎樣忙、要有時候靜想、想些抽象的好意思、蓄在胸中、好像『貯蓄』一樣、遇事觸機而發爲言論、必較有精彩、一篇文至少要有幾句或幾行警句、能深刻、便能振起全文、引人注意、（三）每一篇論文的成功、不外深入顯出四個字、深入是思想方面的事、顯出是工具方面的事、所以思想和文字的修煉、應該並重、

修煉思想、應當從多讀書及體驗世事入手、修煉文字、應當從多作各種不同性質的文字入手、(四)吾撰述評論、無論如何、決不肯放棄重要的機會、不肯將今天應該發表的文字、延擱到明天、吾在商報的時候、有一夜關於臨城劫案的外交牒文、從北平傳來、報館得着的時候已在夜裏三點鐘、吾仍不肯放鬆、必定要做一些文字發表、有一次英國勞動內閣成立、在下午五點鐘從西文晚報裏看見該內閣名單、就乘着充分的時間著吾的評論、如等到路透電譯成中文送到報館、要到夜裏十二點半或一點鐘的時候、便得不到那樣充分的時間了、那天夜裏吾做了一篇關於英國勞動內閣的文章之後、兩點半的時候又得到俄國某項重要的消息、因又再做一篇關於這事的社論、這樣使得社論所論的內容與新聞同見、使讀者得到新鮮深切的印象、

做評論、選題最難、吾自己選題有三個標準、第一是要選最新穎的(最近發生的)題目、第二是要所選的題目能使多數人感着興味、第三要自己對於所選題目是最關切而最感興味的、選自己所最關切而最感興味的題目、容易做得好、恍若身入其中、所以容易做得好、有人說吾在商報時代、反對曹錕賄選的文章最有精彩、吾那時候對這個問題、全從道德方面着想、

法律尙在其次、在曹錕是破壞中國傳統的道德、在吾心裏簡直覺得曹錕是和吾個人爲仇、所謂『恍若身入其中』、所以能言人所欲言、我心裏暗想、一個人做事倘都能『恍若身入其中』、則『精神所至、金石爲開』何事不成、

論壇所最不足取的是謾罵和嘲謔、依吾自己的經驗、謾罵的文字最容易做、最不費力氣、所以新聞紙上發現了一篇謾罵文字、就可以知道那位記者昨天晚上是事情太忙或是心情不佳、沒有充分的時間和餘裕、借此來偷一天懶、敷衍篇幅罷了、吾在商報的時候、有一天晚上有一位遠來的訪客、和他談得非常起勁、不知不覺的過了三點鐘、排字房來催稿子、那位訪客纔告辭而去、吾沒有工夫細心的找題目、便提起筆來寫一篇痛罵江蘇某大紳士的文字、題目是評張口口氏的政治主張、喜笑怒罵的寫下二千字、不上三刻工夫便完畢、比平常作文的時間要少一半多、但是第二天還有人稱讚吾罵得痛快的、這是吾第一天對商報偷懶、也是第一件對不起讀者的事情、吾以爲主持論壇的人、最好能看三四國外國文、然後對於所處的時代怎麼樣、有一個大概的瞭解、吾自己可用英文、勉强能看法文日文、還想把法文日文弄好、且想補習德文』、

第四節　新聞記者之待遇

此外尙應研究者、卽爲新聞記者之待遇問題、報館記者之兼任館外職務者頗多、根本足以影響及於報紙、蓋兼職以後、其一部份精神、必將分注於兼職之上、而於報館工作、不免稍虧、但此種情形、實環境逼之使然、以上海論、生活程度如此之高、收入有限、支出浩繁、收支旣不相抵、則爲維持其生活計、不得不仰給於館外之收入、兼職以後、精神分散、報館於其工作上、無形中必蒙不少損失、不言可喩、

語有之、『衣食足而後知榮辱、』故待遇之如何、足以轉移記者之操守、何則、新聞記者之地位至高、惟其高、斯誘於其旁者衆、美國初有報紙時、記者亦多兼爲敎員、以增收入、此無他、衣食驅之使然也、是故與其徒責記者兼職、不如歸咎於報館之不能維持記者生活、生活安定、安用兼職、爲報館計、不若增其薪金、俾貫注全神、發揮天才、敬其業、復樂其業、工作旣優、收效必鉅、至若美國、乃新聞業最發達之國家、故對於記者之薪金極鉅、吾國雖不能與美國相提並論、然其待遇記者之辦法、亦足以供參考、因述如次、

美人之直接或間接以依賴於報紙者、不下一百萬人、而新聞事業實亦賴此而久長、美國已有新

聞紙或雜誌、共約二萬一千二百七十二種、被其雇用者殆十萬人、每年薪金總共在八千萬美金左右、至於報紙收入、則一九〇〇年間總數爲一萬七千五百萬($175,000,000.)其中廣告收入爲九千五百萬元、定報收入約八千萬元、雖報紙銷路激增、而廣告收入曾不稍減、茍以美國一年間所出之報紙、彙集而訂之成書、則將成一藏書八十萬萬卷之圖書館、而與全球著名之哈倫圖書館(David Harum)相埒矣、

美國大報每週支出約在二萬至三萬五千元之間、紐約某大報曾於一年之間、用紙達三十三萬七千英里之長、值價六十一萬七千金元、而每年全館支出、在二百萬元以上、用人約一千三百(男女均有)、

美國青年之初入報館者、第一年約自五百元至七百元、第二年倍之、倘其人靈敏富天才、則第三年當得一良好之職位、美國訪員(Reporter)之俸給每週約三十元美金、但高下不等、雖同在紐約、而收入各異、以總主筆一職言、紐約報紙有每年酬以一萬五千元美金者、但亦有每年在一萬元左右者、其他撰述或副主筆、年獲自二千五百元至五千元、成績優良之訪員、年獲二千或三千元、否則、一千五百元或一千元而已、

芝加哥撰述評論者年約二千或三千八百元、總主筆有每年收入一萬或七千五百元者、本埠主筆或夜主筆(City Editor or Night Editor)報酬與紐約大致相同、訪員則自七百五十元乃至三千元、薪金之高下、視其才能與經驗而定、

以日刊一項言、美國共有二千二百二十六種、其發行於居民不足十萬之市鎮者、殆在二千種以上、較小之鄉鎮、則給薪之職位較少、每週三十元以上者不多覯、曾憶五十年前、美國全國報館中能出薪金至二千五百元者、僅有一家、其鄉鎮訪員或主筆、則月僅十二元或二十元耳、

吾國報館對於記者薪金、視各報之經濟狀況而定、以上海一隅而言、總編輯(卽編輯部長)約自二百元至四百元、編輯(或稱內勤記者)約自四十元至二百元、專雇訪員(或稱外勤記者)自三十元至一百五十元、公雇訪員(卽分送各報之普通訪員)自五元至五十元、往昔各報對於北京特約訪員、有薪金自二百元至四百元者、特稿有一篇自一元至十元者、但記者薪金、應以學識經驗才能三者爲標準、其增加辦法、可按照郵局海關或銀行、按年遞加、服務愈久、薪金愈高、如是則外騖之念滅、僥倖之心滅矣、

但以上僅就薪金一點而言之耳、此外如新聞記者之人壽保險(如因公出外、忽遭不測時)、死亡

者之撫恤、年終分紅、獎勵金、膳宿所之供給與清潔、工作後正當娛樂之設備等等、胥爲新聞記者待遇上之重要問題、似不能漠視、而亟應設法改善者也、

第六章　如何爲一『好編輯』？

造成好報紙之要件有二、曰由好的新聞材料、曰由好的編輯法、兩者間之關係、具述前章、茲欲言者、則爲『如何爲一好編輯』之一問題、夫編輯員欲求勝任愉快、已屬甚難、而欲求爲一好編輯、則更難、蓋好編輯之養成、須兼有豐富之學識與經驗、非旦夕可致、下列所舉、乃其應備之要件也、

A. 工作

關於工作方面、則全憑經驗、概括言之、須有下列幾項、

1. 目光能注射於全社會、全國、或全世界、能聞、能知、

2. 對於社會上一切事物、不僅『知』而已、且能明社會之裏層、刊載新聞、能觀察正確、不爲人朦蔽、不與事實隔膜、

3. 其人曾親歷『新聞戰場、』故對於社會之情形較熟、當地人士之相知者較多、且對於新聞之採訪法亦較詳知、

4. 編輯新聞、能盡量記載一般人所欲知之事實、盡量表現新聞中之價值、並使一般人以時間上精神上最經濟之方法、領略報紙內容、
5. 有製作標題之豐富經驗、與特殊技能、
6. 對新聞編輯法、有革新及創造之能力、
7. 新聞之去取、能以多數人之利益及新聞之價值爲標準、
8. 對任何新聞、有判斷事理及辨別『毒素』與眞僞之能力、
9. 明瞭『除正確之事實外、無新聞』之原則、
10. 寶貴之地位中、不刋無價值之新聞、
11. 不輕信違反事實之報告、
12. 不發攻訐人陰私之新聞、
13. 不刋雷同之新聞、
14. 新聞中、力除批評語氣或獻媚阿諛之字句、
15. 尊重人吾之人格、並有蒐集新聞材料之計劃與能力、

16。敬業、樂業、

此外、編輯員所應備者有三、一爲大事記錄、（如本埠編者則可備本埠大事記錄、國內新聞編者則備國內大事紀錄一册）、一爲訪員錄（姓名、年歲、籍貫、地址、）一爲要人及各機關調查錄（以上三者、均爲編輯上之參考、及採訪上之便利）、茲將『大事記錄』之格式、列之於下、

P. I.

國內大事記錄

事件	發生日期	發生地點	刊出日期	備註
江浙大戰	十三年九月三日	南翔西	九月四日	齊軍先開火
盧永祥何豐林出走	十三年十月十三日	上海	十月十四日	乘日輪上海丸離滬

其中之『刊出日期』一項、專備日後查閱報紙之便利而設、因刊出日期與發生日期往往不一致、如武漢大罷工、係於十月一日發生、通信寄達上海、須閱三四日、故刊出期須爲十月四五日矣、

B.學識　好編輯除豐富之經驗外、須有政治法律經濟等之相當學識(訪員亦然)、否則、與其接觸最多之政治法律等問題必有觀察錯誤或隔靴抓癢之虞、但年來關於新聞記者之學識問題、有兩種不同之見解、卽爲大學生與非大學生之問題、

(甲說)新聞記者須有歷史、文學、科學、哲學、政治、經濟、法律等之健全學識、否則、必難勝任、然欲求此等之健全學識、則非大學畢業生不可、如日本新聞記者多受試驗、應試者須爲大學畢業生、

(乙說)新聞記者實重在經驗、學識雖屬重要、然可盡其天才時間之所能及、以求增多、故不必爲大學畢業生、

以吾國現狀言、報界中固不少大學畢業生、然非大學畢業生亦非少數、甲說太注重學理、乙說太注重經驗、要知新聞記者猶舞台上之伶人、其最著之功效、卽在合學理與實驗爲一、苟僅有經驗而無相當之學識、固難期其勝任愉快、但有學識而無經驗、則尤屬困難、故折衷言之、則新聞記者應以學識爲經、經驗爲緯、兼而有之、始稱上材、至於大學畢業生一點、不如暫易爲專門學校以上之畢業生、以後初入報館者、須受試驗、(辦法見第一編第三章B項)

第七章　編輯新聞之初步工作

第一節　蒐集材料

報紙之主體在新聞、主務在編輯、編輯員實際工作之第一步、厥爲蒐集材料、材料卽指新聞而言、無新聞、卽不足以言編輯、雖有巧婦、炊嘆無米、從何下手、故編輯員應隨時注意社會之靜動、時勢之潮流、以開闢新聞來源、而滿足讀者慾望、換言之、編輯員於日常工作之外、應有蒐集新聞之責任、苟僅恃普通稿件、因循排列、必難顯報紙之特色、且在工作上亦不能謂爲完全盡責、當此新聞競爭劇烈之秋、報紙在社會上原有之地位、必因之喪失、吾不暇爲編輯員惜、而重爲報紙之前途憂、至於蒐集新聞之方針何如、結果何若、每以報館經濟之寬絀而定、而蒐集之法、輒亦隨環境而異、茲述槪要於次、

A. 特約訪稿　新聞之由訪員供給、此盡人皆知、然報館尚有特約之訪稿在、今以本埠新聞爲例、則凡官廳、團體、法院、旅館、巡捕房、救火會、均爲一部份重要新聞之策源地、各報除其外勤記者向各方面馳騁活動外、更應就比較重要的各機關中、特約一二專員、隨時將突生事件或日常重要事件報告於報館、以期新聞之靈速、而補充其他訪員之不足、酬勞之法、或以篇計、或以

月計、視各報之情形而定、以上海各報言、每篇稿費、以新聞性質爲標準、大約自二角至十元不等、惟衡量得失、則按月計、不如按篇計、蓋按篇計、係以一月中篇數之多寡及新聞之成績而計酬、篇數多、成績優、則酬金亦多、訪員欲求酬金多、則不得不先求成績優、故此種辦法、足以獎勉其向上之心、若按月計、則不論篇數及成績如何、概給以固定之酬金、故足以助長其惰性、惟須注意者、則篇數多寡、未必爲酬金高下之標準、因有時篇數雖少、而新聞之價値特高、則給酬應較多、所謂『以少勝多』者是、故按篇計酬之稿件、編者一面登記其篇數、一面更應衡量其價値、折衷而給以適當之酬金也、此種特稿、各報每較爲重視、排列亦較前、是故特約員不厭其多、『新聞網』之撒布愈廣、則消息愈迅捷、聲譽愈著、其愈爲社會所尊視無疑、惟特稿與金錢爲正比例、特稿愈多、所費愈巨、其經費短絀者、未免有心餘力絀、望洋興嘆之感矣、

報告新聞之方法、向僅用『書面』、年來則漸有兼用『口頭』之勢、口頭報告之利器、厥爲電話、如重大之命盜等案、各報大半先接特約訪員之電話報告、然後派員出外活動、第八屆(一九二六年)遠東運動會時、上海日本報紙、皆在會場中裝設電話、與報館直接通話、以傳遞消息、如第三日爲田徑決賽、則新聞記者席中、輒見有無數電機、機聲琅琅、發於其間、『某項決賽、某國選手某

某第一、某某第二、某某第三、時間若干』一一報告、此種辦法、與美國選舉大總統時、各報在會場自設電綫、直接拍發電報於報館者無異、其目的有二、(一)可節省時間、由報館中人立拍電報於外埠報紙、(二)備晚報之用、往往大會方散、而其各項運動之結果、已完全見諸晚報矣、其以長途電話及無綫電報告新聞者、年來亦競爭甚烈、如第四次中央全體執監會議時、各報除特別派員前往外、各項消息、大半藉長途電話(或無綫電)報告之、以電話費較電報費爲廉、且可免延擱遲到之弊也、

以予所見、長途電話、對於內地新聞、尤屬重要、如青浦趙屯橋鎮流氓欺辱鄉民釀成命案、如由平信寄遞須二日方到、偶有延擱、則須三四日始到、若有長途電話、則今日之事、明日即可見諸報紙矣、是故交通之發展與否、與報業有極大之關係、

B. 督策訪員　訪員大別爲二、一爲公雇、一爲專雇、後者爲報館所特雇、前者則以同樣之新聞若干則、同時供給於各報、而爲同樣之記載、數十年來、吾國報紙幾全賴此類訪稿以維持、所載新聞、大部雷同、故公雇制度一日不打破、報紙一日難革新、最近滬上各報、亟亟於編輯與採訪兩者之刷新、競爭角逐、各注全神、或特設採訪科、或增延採訪人才、大有日新月異之概、此類

公雇訪員之無足重輕、漸被淘汰、蓋無疑也、

編輯者之優劣、有時影響採訪之高下、優者選擇得宜、劣者取舍無標準、訪員於不知不覺中、為編輯者所感化、編輯者之優者、往往能栽培好訪員、反之、雖有好訪員為之採訪、終必至於惡化、而鮮有成就、　蓋新聞本屬普遍之事、猶青菜豆腐之不能稱珍品也、惟在饑饉之區、青菜豆腐立成貴物、此乃因環境而變更其性質者、或一經名手發明最新煮法、如奶油菜心、蟹黃豆腐、則因此而歡迎青菜豆腐者必盛、此乃因手段而提高其性質者、總之、無論其如何變更或提高性質、而其指示『採辦此項青菜豆腐者』(指訪員)以方針者、則全在名厨(指編輯)之能力如何、惜今日之編輯者、不但不知如何利用青菜豆腐、卽有山珍海味、亦雜味亂調、食者(指讀者)不知其味、編輯者亦不問食者之知其味否、更何以示訪員以何種方針去採訪耶、

歐美報紙、每視訪員為編輯員之手與足 (Reporters are the hands and the feet of the editor)、編輯員對於採訪稿件、有指揮之權、　此乃其蒐集材料應有之責任、吾國報紙則有三種辦法、一、由訪員自由活動、每日出外工作與否、不問不聞、二、由編輯員指揮之、三、組織採訪科、　但三者之中、第三種係年來吾國報界之新產物、以全體論、第二種居最多數、第一種則太放任、最足以

養成訪員之惰性、

抑尙引爲遺憾者、則莫若今日報界之現象、編輯員每深居簡出、殊不知編輯員蟄居斗室中、與外界隔膜、卽難明社會之背景、其結果每爲訪員所朦蔽、與事實相違反、報紙因此而失去社會之信仰、欲救其弊、則編輯員遇必要時、亦應有與外界接觸之機會、實地觀察、洞明眞象、語所謂百聞不如一見者此也、

第二節　整理原稿

橫於編輯員前之寫字台上、每晚必滿積無數稿件、此種稿件之大部份、卽爲翌日刊載報端之原料、然而訪員之責任、一在能否獲得好新聞、一在所得新聞是否靈確、苟經編輯員之手而刊於報紙之上、則新聞大部份之責任、卽移轉於編輯員之身、蓋訪員苟有不忠實之報告、編者應有鑒別其忠實與否之責、苟不能明辨其眞僞、而爲之發布、則其咎在編者、彰彰明甚、是故訪員對新聞負責、而編者對報紙負責、報紙則對讀者負責、明乎此、編者對於原稿、應聚精會神、用銳利之目光觀察之、整理之、決不能放鬆絲毫、不然、卽足使報紙與社會、交蒙直接間接之影響、

原稿之種類有三、曰特稿、曰來稿、曰普通稿、整理之法、先綜合、次分析、然後着手編輯、

(甲)綜合　編者開始工作之後、應先將各項原稿、綜合一處、一一約略披覽一過、分爲五類、分別置放、(1)重要者、(2)次要者、(3)可登可不登者、(4)絕對不登者、(5)懷疑者、並將同事件之新聞、推置一處、事實不可相紊、秩序務求整齊、如『見一條、發一條』、而無綜合功夫、則有三種弊病、(一)地位有限、不旋踵而篇幅已滿、重要新聞、反無刊登地位、(二)前後重複矛盾、(三)缺少良好之編輯藝術、如一九二四年江浙大戰時、新聞錯綜複雜、編者應將前綫消息、要人來往、軍事運輸、各地災狀、舟車交通等等之新聞、分門別類、綜合一起、然後再逐類審愼編輯、不然、秩序顚倒、治絲益紊、編輯時顧此失彼、茫無頭緒、必感重大之痛苦、

(乙)分析　新聞綜合後之最要工作、厥爲分析、編者於此、應聚精會神、不能放鬆絲毫、此關一過、即屬康莊、否則、難免無僨事貽悔之虞、至愚之所謂分析、殆與化學中之性質相同、惟編者之分析新聞、全憑眼光與經驗、而化學家之化驗分析、則以器械爲之耳、當編者披閱新聞時、應觀察性質、注意來源、以化學之方法、分析新聞、分析之結果、必含有如下列之若干成分、

A.『純粹新聞素』

讀者之目的、大半在閱新聞、報紙新聞之如何、足以覘其銷路之廣狹、勢力之大小、與夫聲譽之隆替、故凡確切事實而含有純粹『新聞素』之新聞、極爲社會所需要、編者當予以不斷之供給、但事實矛盾者、應設法探訪證明之、

B.『毒素新聞』

(一)年來新聞事業日見發展、而思利用報紙以達其私圖者、亦日見其甚、於是有『毒素新聞』之發現、編者一不經意、輒墮其彀中、此項毒質新聞、或屬於政治、或屬於社會、或屬於個人、每攙入多少作用於其間、如某報京電一則、庶幾近之、

▲北京電　鄭謙庚(八日)抵寧、會晤盧韓、如順利、灰(十日)就職、蘇紳迎鄭之餘、且有請鄭扣留韓者、輿論謂齊在寧、蘇紳逐惡有人、未聞查詢收支、今獨對免職後之韓爲難、豈人情、

電中之盧韓齊、乃曾秉綜省政之盧子嘉韓紫若齊撫萬三氏、『輿論謂』起、至『豈人情』一段、用意何在、不言可喻、蓋所謂輿論者、究係指多數人之輿論、抑指少數人之輿論、無所根據、實則訪員一人假借多數之私論而已、編者對於此項電報、應特別留意、其最後一段、應予割棄、使訪員無所肆其技、報紙不稍蒙其害、乃竟一字不易、悉照原文刊布、報紙遂於無形中被訪員愚弄、聲

譽必打一大折扣、則編者不知分析其『毒素』之過也、

(二)又下列一則新聞、亦有注意之必要、

世界新聞社云、近日本埠西報上有某保險公司登一廣告、其內容謂前五年間、美國爲汽車軋死或因汽車失事而殞命者、計共十一萬四千八百七十九人、似乎開鎗殺人者尚無此厲害、上海在達到此數之前、請大衆宜保汽車險云云、寥寥數語、試細味之、上海人之生命爲如何危險乎、噫嘻、

此則新聞中所成爲事實者、僅『前五年間……計共十一萬四千八百七十九人』之一段、其他均係含有宣傳性質、換言之、即欲以報紙供一公司之宣傳、(其有利於民衆的正當宣傳、不在此例)若『上海在達到此數以前、請大衆宜保汽車險』則其用意、更屬顯著、其末段『寥寥數語……噫嘻』、純係評語氣、非新聞中所應有、

(三)編者對於社外來稿、不論屬於機關、團體、或個人、俱應加以特別注意、蓋來稿之來源、每不甚明瞭、偶一失察、即易僨事、如最近報載『綁客搶劫』之新聞、可以知之、

虹口崑山花園路、於昨晚九時許、有一廣東女子、年約二十二歲左右、身穿單紗衫袴、徘徊

道傍啼哭、據云、今住在北四川路仁智里、名寶貞、近操淫業過活、因與有三位西裝狎客、至伊房間內打茶會、狎客見伊房內妝飾豐富、又見伊服飾華麗、遂起不良之心、假借看影戲爲由、欲誘之出、伊初不願去、狎客再三懇請、寶貞情難推却、四人乃同去、詎行未至崑山花園、一身軀最矮之狎客、忽袖出手鎗、禁嚇聲張、餘二狎客、則上前剝下該女之大衣及華絲葛旗袍銀洋等、一併攫取而逸、

來稿既無投稿人姓名、又無投稿人地址、『形迹可疑』、不言可喻、詎編者竟不能發見其中含有作用、而貿然爲之發表、翌日、爲當事人妓女潘寶貞所見、以事屬虛僞、實由人意圖中傷、投函報館、要求更正、因此報館對於社外來稿、(一)須有投稿之機關團體或個人之鈐記及確實地址、(二)至少須有投稿之機關或團體及個人的負責人簽名蓋章、以明責任、(三)如有類似上列妓女被刦之事發見、報館於接得來稿後、應卽派員實地調查、庶眞相立明、投稿者之狡謀、根本失敗、或以電話詢問捕房、有無其事、眞僞亦不難立辨、(四)稿上如無負責者之蓋印及確切地址時、應一律不予刊載、免生枝節、否則、易受人愚、不可不加之意焉、

(四)有種公雇訪員、專代個人宣傳、而受其豢養、一則曰『某巡官因時局嚴緊、每日深夜十時後、

必出外密查』再則曰『某巡長嚴查戶口、以防盜匪混跡』一月間之新聞中、『某巡長』三字、必出現二十餘次、然按之事實、則所謂某巡長者、十時後正在呼盧喝雉、調查戶口、尤係虛搆、雖明明造謠、而某巡長見之、必無『更正』之一日、蓋爲其吹牛、『正合朕意』也、編者應注意及之、

(五)攻擊人隱私之新聞、不論事實之有無、其目的一在洩私憤、一在毀名譽、不特絕無新聞價値、且因登載之故、其毀壞名譽之責任、每轉嫁於報紙、而易受刑法上之制裁、故此種新聞、應以銳利之眼光分析之、否則、即易中毒、

(六)此外如廣告新聞、各報爲營業關係、不惜特闢地位、以示招徠、此雖不得視爲毒素新聞、但廣告性質之新聞、每代商店作宣傳、而有言過其實之處、如以此種新聞、而犧牲其他新聞地位、殊屬可惜、故最好能完全不登、即或必需登載、亦必將其過事誇揚(Puff Wares)之文句刪除之(參閱第十二章之精編主義、)

C. 空中樓閣

(一)新聞有時而窮、狡黠之訪員乃製造『假新聞』、遞諸報館、聊以塞責、如孫科到滬、訪員往訪之、未晤、乃摭拾前數日報上所載孫氏在寧時所發表之意見、裝頭裝脚、居然亦成一篇談話、此

種新聞之分析較難、全恃編者平日注意報上之記事、如遇此種情形、可取而對照之、

(二)一月以前所發生之暗殺案、訪員每加以『翻版、』而於其末加上『現事已一月、尚未破獲、故當局昨已飭令所屬嚴密查拿矣』等句、一加粉飾、文成『新』聞、編者不察、每為所愚、其實此種事實除確切破獲之記事外、無十分新聞價值、故即使當局下令通緝、亦無甚刊登之必要、

(三)『風聞』『傳說』之新聞、在未調查確實以前、絕對不可登載、否則、其責任由編者負之、

第八章 新聞之着手編輯

第一節 應有之手續

綜合分析之初步工作既畢、始得着手編輯、編輯云者、非隨意將新聞發交排字房、即為了事、務知如何『編』、如何『輯』、編者在編輯室中、應即運用其靈敏之手腕、銳利之目光、應刊應記者、則刊之記之、應棄應割者、則棄之割之、但在發稿之際、尚有數種重要手續、苟率爾從事、絕無經驗、必難勝任愉快、試分述之、

A. 潤飾字句　稿件綜合分析以後、即當開始閱稿、閱稿之時、應注意字句、有不通順者、加以潤飾、不妥者、予以刪除、如強姦案中之穢褻字句、以及其他新聞中架砌而成之

廢話、均應在删除之列、蓋新聞中除記載事實所必需之字句外、皆無發刊之餘地、藉節地位、多刊其他新聞、

B. 改正事實　『除正確之事實外、無新聞』、愚嘗言之、編者於閱稿之頃、最應注意者爲新聞中之事實、關於此點、可分別言之、

(一)如新聞稿中有『某要人演說云、在各國在華之治外法權未取消以前、中國司法無獨立之一日』一段、此治外法權四字、乃訪員誤記、實係領事裁判權之誤、兩者性質不同、蓋治外法權係依照國際法各國所全有、吾國在外國亦有治外法權(如元首及公使到外國、外國警官無檢查之權)、若各國在華之領事裁判權、則爲不平等條約之產物、故吾國所亟欲取消者、厥爲各國在華之領判權、而治外法權則無取消之理、編者對於此點應改正之、

(二)未經檢察官提起公訴以前之審問、依律謂之『預審』、如新聞中記爲『昨日開審』、即屬錯誤、蓋易與提起公訴後之推事『公開審理』相混也、此種事實、發見於新聞中者至多、故應改正爲『昨日預審』、但最近吾國法院、已廢除預審制矣、

(三)新聞中矛盾之事實極多、如同一事件、甲稿謂王志英被刺身死、乙稿謂尚未畢命、此

兩種記載、事實完全相反、編者欲證明而改正之、則惟特訪員出外活動、一覘究竟、藉明生死、倘不爲進一步之採訪、而將甲乙兩種連刋一處、則不特爲編者惰性之表現、且足使讀者莫明其妙、

C. 製作標題　新聞無標題、則全張報紙、縱令登載新聞千百則、猶一『字紙簏』耳、故着手編輯之時、尤需具有標題藝術之素養、換言之、編輯時之大部份工作、實寄在標題之上、即報紙之精彩與新聞之神髓、亦莫不然、其最大之作用、乃在將新聞中之主要事實、以簡明之方法、揭出而報告於讀者、使讀者得以最經濟之時間腦力、領略新聞之要旨、若編者之標題藝術低劣、必難期其完成一『好報紙』也、(標題藝術、另詳第三編)、

第二節　簡易編法

此種編法、新聞每較簡單、編輯亦較便易、一段新聞之上、於觀察思量之後、即可冠以適當之標題、而發刋焉、讀吾書者、勿以製作標題爲易事、須知天下多數編者、常費極長之時間、以求一適當之標題而不可能、苟應略者不略、應詳者不詳、即有冗蕪取厭之病、苟不揭出主要事實、或揭出而字句不妥、又復有枯澀呆板之弊、今姑例一簡易編法如後、

郵務員投海自盡

趙午亭周浦人
事出鎮海口外
由於家庭問題

陰歷元月十二日(二月三日)晨六時、　招商局之新江天輪船、由上海啟椗、駛至鎮海口時、突有搭客趙午亭、投海自盡、當經放下小艇、急行撈救、而距時頗久、面色灰靑、已經氣絕、施救不及、當場向其身畔搜抄、只剩名片三紙、　而由鎮海商船特徵局成殮、厝放鎮海同善堂、以待家屬往領、查趙君名錫炎、字午亭、住浦東周浦鎮、今年三十一歲、爲聖芳濟大學畢業生、精英法文字、詩詞絕佳、出校後、入日淸公司爲寫字、後以不合求去、遂投考郵政局、卒取爲郵務員、以其沉默寡言笑、辦事精能、出派湘省支局、　因水土不服、便整裝返上海、此客歲事也、郵局方面、　利其多才、表示暫閒繼用之意、　君亦歡然、此次趙君之死、大半爲家庭問題逼迫所致、趙君先娶金氏、以生產而亡、孩生四月亦夭、從此灰心頗甚、不願續娶、因其祖父趙稷卿、爲清秀才、恐其無後、遂議將曹氏爲室、而君不願、然迫於家訓綦嚴、逡巡未敢拒絕也、迨卻扇之後、避面而過、不甚和睦、惟亦生一子、今四五歲矣、留此一塊肉、大足安慰老祖父之許多欲望、而君在日、不欲歸家、卽返、亦宿於前妻金氏家、蓋對於曹氏之一種隱痛的表示也、然祖父不諒、輒飭人命回、君於是愁眉不展、頗覺堪憐、

趙君最近得郵局委派至鎮海差後、便自上海起身、而不料卽於波濤浩蕩之中、遽以自殺聞也、今趙家得此噩耗後、卽擬明日動身至甬、將其棺柩運滬回籍、而趙君親友、擬卽籌備開一盛大之追悼會云、

淺見者流、以爲『不論三七念一』、裝上標題、便得完事、則似淺之乎視編輯、上列普通新聞一則、苟僅有大標題、而缺其小者、事實卽不易『一目了然』、而與『使讀者以最經濟之時間腦力領略新聞之要旨』相違反矣、

上列所製標題中、『郵務員投海自盡』、謂之大標題、係新聞中之主要事實(新聞性質之全部表

現）、第一小標題『趙午亭周浦人』、揭出自盡者之『人』、第二小標題『事出鎮海口外』、揭出自盡之『地點』、第三小標題『由於家庭問題』、揭出自盡之『原因』、三者缺一不可也、

第三節　複雜編法

編普通之新聞易、編複雜之新聞難、何也、複雜新聞中之事實、必不單純、自非單一之標題所能包含、更非普通之編法所克了事、編者應貫注全副精神、察來源、覩性質、注意其字句、分別其段落、而逐部爲之編輯、良以『錯綜顛倒、事實矛盾』、輒見諸複雜之新聞、而報紙之精彩、輒亦隨此種編法之是否高妙而判、試約略論之、

1. 新聞綱目　複雜新聞中之最不可缺者、厥爲『新聞綱目』、此乃一種藝術、爲編者應有之專門工作、『新聞綱目』者、新聞之提綱挈領、全篇之主腦也、編者於總集新聞、編稿（指單則獨立之新聞）既竟之時、將新聞全部之主要事實、爲概括之記述、而置諸篇首、長短不拘、但事實要點、則不可或遺、其目的有二、（子）在以有統系之敘述、極短之記載、報告新聞之全部、（丑）節省讀者之光陰腦力、俾其便利於瀏覽、何則、讀者之暇忙不盡同、讀報時間之長短、乃因之而異、若夫繁忙之商人、每晨匆匆入寫字間、雜務紛集、雖欲遍讀標題、尚

勢有所不能、則滿紙新聞、又焉能一一畢讀、報紙編者乃擇其冗長或較重要者、爲提綱挈領之記述、蓋所以爲繁忙之讀者計也、茲將其製法、列舉於次、

收束殘軍完全解決

第十師歸齊改變
第四師由孫接收
軍隊已紛紛開拔

> 盧何以本月十三日出走、孫白以十日抵滬、在盧何既去孫白未來之際、滬上亂雜、羣龍無首、臧楊部盤據北站、負固圖抗、麥根路一帶復開掘戰壕、調兵運械、和平破裂、不絕如縷、幸以日來總商會等擔任鉅款、各方奔走、和議之結果、始得化險爲夷、至昨日而全部解決、遣散改編、均已議妥、陸軍第四師由浙孫收納後、已發出兩萬元、今日即可全師一律離滬、開赴松江楓涇嘉善等處駐防、第六混成旅劉永勝部、亦由孫氏改編、至若北站方面之聯軍、如臧致平部之補充旅、第十師之兩團及義勇將校團、衛隊團等、則經蘇齊電令白寶山妥爲收編、觀此、則東南戰事、從此告一段落矣、茲將昨日所得消息、分記於後、

2. 分類編輯　複雜新聞、事實必多且繁、混合排列、眉目難明、浪費讀者之時間腦力無論矣、卽使浪費而欲令其『抓着癢處』、領略要旨、抑亦匪易、於是有『分類』之法、目的在增讀者便利、革新編輯藝術、凡新聞複雜而冗長者、除大小標題外、此項分類法不可少、玆舉例於次、

大學生之家庭

一言不合忽欲離異

姑竟從中挑撥
夫婦分房而臥
庭諭律師和解

松江人周麒、今年五十二歲、在瑞鎔鐵廠充當工頭、家住提籃橋匯山路保定路五十號、生一子、名福昌、今年二十歲、曾在滬江大學肄業、於十四歲時由殷姓爲媒、聘本地人張樹基之女寶大爲妻、於前年十二月間迎娶完姻、小夫婦頗爲相得、詎因一語不合、致生惡感、其後以張氏屢返母家、並有具名張濟川者投函恐嚇、周福昌乃延律師具狀上海地方法院、請求與張氏離異、昨日由鄭推事開庭訊理、

原告之言

問官首訊原告周福昌、供稱接到張濟川兩信後、現調查得張濟川經衞戍司令部准予保釋、至現住何處、則不知、(問)爾妻張寶大何日回母家、(答)本年正月裏、直至七月二十六日、遣人去接、其父允於八月初四日送回、卽於是月十九十八兩日接到張濟川兩信、詎至二十一日被告又歸母家、經詰詢兩封信之事、則說不知、惟與同居陸氏曾經講過云云、

惡感由來

次又訊被告之父張樹基、因兩耳已聾、乃訊其妻王氏、供年五十七歲、住南倉街裏弄五號、張樹基是我丈夫、張寶大係我女兒、於前年十二月初三日嫁與原告爲室、夫婦倆初甚和睦、後因姑母及娘姨阿六欺侮挑撥、致生意見、女兒幼時、由父教其識字、未入學校、(問)香煙吸否、(答)不吸、(問)麻雀叉否、(答)不、

姑欲另娶

被告張寶大供不吸香烟、並不會叉麻雀、八月初四日回夫家、至二十一日因合家之人欺侮我、故又回母家、 夫家曾向我說『你丈夫與你意見不對、趁早去嫁人、住在此地、不會稱心』、(問)爾在夫家不管家事、(答)做到半夜始臥、(問)爾丈夫待爾如何、(答)很好的、因婆在後挑撥、說替他另娶一個云云、

送媳回家

應訊人原告之父周麒、供年五十二歲、松江人、住保定路、惟生一子、於十四歲時、由媒人介紹、文定張氏女爲媳、民國十四年十二月初三日結婚、小夫婦間感情甚好、但媳婦不肯做事、我勸她、她也不聽、故將經過情形

致函其家、命女傭送往、在家時晚上睡覺、必待其夫睡熟後、然後去睡、其他之事我實不能在庭上嚕囌、

譬如不嫁

纔又詢被告之母張王氏曰、爾女回家、何時送回、(答)第一次正月初九日回家、後於十八日接信、囑她不必回去、故至三月初三日因清明節送去的、第二次八月裏回來、送回他家裏、詎鐵門緊閉、我乃含淚而歸、其時我知女壻周福昌在家、現小夫婦分房而臥、將已半載、女兒向我說、譬如不嫁、(問)他家寫信來裏面的話對不對、(答)我曾回覆的、因我女年輕、家裏的事、總請婆太太指導、

訊至此、問官向原告試行和解、而原告不從、乃諭着雙方律師出外和解、於是退庭、

3. 合併編輯　凡性質類似之新聞、可合併編輯之、惟斯時最應注意者、則為若干件類似新聞合併後之大小標題、宜特別下筆、雙方兼顧、換言之、此項標題中之事實、應由每件新聞中提出而合併成之也、試舉例於次、

無獨有偶之綁票

一爲六十餘歲買辦
一爲十九歲的青年
均由包車拖上汽車

費鴻生

招商輪船局金利 源棧房買辦甬人費鴻生、現年六十餘歲、於前日乘坐自備包車、經過法租界八仙橋中法學堂附近、突有綁匪數名、攔住去路、袖出手槍恫嚇、將費拖下包車、拽入停在該處之汽車上疾馳而去、

王承志

住居法新租界 西門路 第一百另四號門牌之王少魯、投法捕房報稱、商人之子名承志、今年十九歲、向有近視眼目疾、於前晚八點餘時乘坐自備包車出外、行至蒲石路口、忽有汽車一輛駛來、車上跳下綁票盜匪三名、各執手槍、喝令商人兒子之包車停止、上前先將包車夫批頰兩下、旋將商人

兒子架上汽車、疾駛逃逸、求請查緝等語、捕頭准詞、諭令退去、聽候嚴緝該匪等到案究辦、

4. 新聞之重述　有數種新聞、刊載時尚有『下文』、往往須隔若干時期、始有結果、編者於此、苟不將事實爲有統系之重述、則讀者平時既多淡焉忘之、臨時不免有思索之苦、以編輯藝術言、卽爲缺憾之一、是不可不注意也、

(一)如民國十六年七月十六日、雲南旅滬富商王宗陶在二馬路之誠金洋行門口被匪綁去、據其家屬言、事前曾接得自稱鐵血團之恐嚇信兩封、索洋二十萬元云云、自王被綁後、音訊杳然、家屬亦置之不理、詎八月二十六日、滬西大西路旁荒田中、忽發現被殺之男屍一具、腦部中一鎗、口鑲金牙、面有八字鬚、穿西裝、當由上海地方法院派員前往檢驗、因無家屬認領、諭由地保棺殮、但自殺抑被殺、尚未明瞭、翌日王之家屬閱報、見滬西發現男屍一則、服裝形式、似與王同、乃前往認領、王之被綁匪撕票至此大白、然前後已距四十日之久、讀者對於王之被綁情形、早已付之太平洋中、故斯時新聞中、須重述『旅滬滇商王宗陶曾於七月十六日、在二馬路誠金洋行門口被匪綁去、勒索二十萬元……』之一段、俾告一結束、訪

稿中如無、編輯員應補入之、

(二)如上海海員萬餘人大罷工、於一月一日起、至二月二十八日止、時適五十日、當解決之時、應將罷工開始之日期、及罷工之人數與原因、在新聞中爲簡短之重述、庶讀者能明其始末、

此僅舉其一二耳、凡事件隔離愈久、而下文之結果始得明顯者、重述愈不可少、不如此、決不足以省讀者之時間與腦力、其 編者應有之工作、不言可喻、

第四節 工作畢時

每則新聞、編者於付刊之前、須視其性質之輕重、指定活字(即鉛字)之大小、 如標題用何號字、本文用何號字、大概事件愈重要、其所用之鉛字亦愈大、一一用紅墨水筆批明於新聞稿上、然後發交排字房、如標題需二號鉛字、則朱書『二號』於標題之旁、需三號字、 則書『三號』、上海報紙之鉛字、大約有特號、頭號、老二號、新二號、三號、四號、新四號、五號、新五號、六號等十種、 內地報紙則鉛字完備者少、參差不齊、大小夾用者甚多、形式上殊不雅觀、

發稿之時、應隨 將發出之新聞、一一記 『新聞發稿簿』、記之之法、記一標題足矣、迨發稿既

畢、然後視新聞性質之重要與否、而定翌日報上排列之先後、此最後部份之工作、關係極鉅、苟排列之前後不得當、新聞價值即將斷送以盡、如公共租界工部局存滬西越界築路一事、關係國權者極大、市民異常激昂、苟刊載之地位極後、新聞價值即莫由表現矣、

發稿已畢、行將付印或業已付印其一小部份、而忽有極重要之消息、必須排入、但又無地位容納時、東西報紙則有二法、一爲『留版新聞』(Stop Press)、一爲『臨時改版』、試分言之、

(一)留版新聞　即在報紙上、每日規定若干地位、餘留空白、而名之曰『Stop Press』、若臨時有重要事件發生、即可將新聞刊於此空白之地位中、苟無事件發生、則寧留空白、不着一字、上海時事新報之『今晨消息』、及其他各報之『最後消息』、即其例也、

(二)臨時改版　即臨時在已排印之新聞中、抽棄其不重要者、而代以新發生之重要新聞、重行製版印刷、此法盛行於歐美、但每由夜編輯(Night Editor)處理之、每日出報之頃、常有排入重要事件而臨時改版之事、

第九章　新聞排版之藝術

新聞編輯完畢後最重要之工作、厥爲『排板』、就吾國報紙言之、則每頁所排之新聞、大概分爲三

種、一爲每頁六皮(即六欄 Column)、一爲每頁八皮、一爲每頁十二皮、各隨報紙之個性而定、最初之報紙、每頁均爲六皮、毫無變化、年來此種制度、雖未全廢、然各報採用八皮及十二皮者漸多、因此而有『長行』及『短行』之分、每段新聞刊載於原有八皮或十二皮之『一皮』地位中者、謂之『短行』、其地位佔八皮或十二皮之『兩皮』以上者、謂之『長行』、至長短行之分、有四種作用、(一)新聞有重大價值者、苟雜厠於普通新聞之中、其價值必難表現、若發稿後爲之規定格式、提出而爲『長行』、必足鼓動多數讀者之興味、(二)一律六皮、八皮或十二皮之排板、手續固較簡易、然其病在平舖直敍、減殺興味、長短行之排板、足以救濟之、(三)長短行之排板方法足以調和新聞之不均、故照普通編輯程序、新聞之重要或含有興味者、大半爲『長行』、而普通新聞則多爲『短行』、雖交互排列、而條理整齊、(四)排板忌平談無奇、而貴多曲折變化、若長短分列、大小有序、有若岡巒起伏、而使趣味凝結、報紙紙面的『美』、始能全部表現、故排板藝術之高妙者、不特足以補編輯之不足、且能引起讀者絕大之興趣、更就美報言之、則通例每頁八皮、每皮之上、必有一標題、第一頁之左右兩旁(即第一第二及第七第八皮)必爲『長行』、最重要之新聞屬之、其中部亦必有一長行、次要之新聞屬之、普通新聞爲『短行、』平均排列、大小勻齊、插圖則每刊於第一頁之第二第三第四或第五第六等皮之上部（如上海之大陸報）、美報對於人生興趣有關者、特別注意、不特標題每用斜體字、且於標題之四周、常加以方格鉛綫、使讀者特別注目、歐美日本之報紙、極重視『排板藝術』、不特編輯長躬親其事、且為之特設一部、由記者數名、專司其事、惟排板每在稿件發畢之後為之、排成後、復上『打樣架』、草印一二份、是為『大樣』（在未排板前而交校對員校對者、謂之小樣、其全部排板而印成之草樣、謂之大樣、）『大樣』即為報紙之基本形式、專備再校之用、待再校完了、認為無甚錯誤或形式上無甚缺憾者、卽可由排字房交於機器房、復鑄成鉛版或紙版、而上印機開始印報焉、

第一節　短行與長行

（一）短行有每頁『八皮』之一皮的短行、及『十二皮』之一皮的短行、茲舉後者之形式於下、（兩皮新聞、均係十二皮之一皮的短行）

墮落丈夫

賣妻爲娼　岳母起訴

江北人王小四子、不務其拉黃包車之正當職業、竟在外廣交匪類、因揮霍浪費、生活維艱、其妻徐蘭春、年尙少艾、王因無錢使用、而有歹友慫恿將妻賣去、王利令智昏、竟請歹友作媒、將乃妻賣入勾欄院爲娼、得有身價四百元、乃取得此四百元後、並不作正當用度、仍揮霍於嫖妓賭博之中、不久又罄、惟此事已爲其岳母徐王氏探悉、遂具狀於地方法院、請求判令小四子贖還蘭春、前日由推事審理之下、除判令小四子 應設法將妻贖回交還原告外、並將小四子送檢察處、旋以民事已經解決、遂從此寬令交保、以作執行之便利、而使薄命女早脫苦海云、

文明戲演員

强姦幼女

徒刑五年半

湖北路神仙世界文明戲 演員本邑人吳一容、因將孫潘氏之六歲女孩 孫毛媛强姦

受傷、被新聞捕房包探王永俊將吳拘解臨時法院、訊供終結、聽候宣判各情已屢誌本報、昨晨已屆判決之期、捕房將被告吳一容解案、由林彪推事升座第二刑庭、以本案證據確鑿、豈容狡展、遂宣判吳處二等有期徒刑五年又六月、褫奪公權全部終身、

(二)長行亦有『八皮』之二皮及『十二皮』之二皮(或三皮)的不同、茲將後者之格式列之於次、

甲、每頁十二皮之二皮的長行(卽每頁六皮中之一皮)

四川教育界空前慘劇

學生綁了校長投井
軍警大捕各校學生
十四名已執行鎗決

本報成都通訊、吾川自民四以來、所有行政教育實業、皆入軍閥掌握、雖至小之典獄校長、亦非軍閥保薦不可、成都省立第一中學校長、已經某軍旅長保委楊廷銓充任、但該校內有一部份學生

竭力反對、雙方爭執甚烈、各不相讓、結果楊氏帶兵佐將校接收、但十五日、反對楊氏之學生一百餘人、入校將楊氏手足綑綁墜入井中淹斃、軍警聞耗往捕、但學生等早已遠颺矣、聞三軍長異常震怒、派出密探多名、捕去一中學生十餘人、十七日、軍警團復派兵一團之多、將省中各校包圍、共捕去學生百餘人、計成大三十八人、師大八人、師大附中教務主任袁詩堯及學生一人、法政學院十八人、工業學院十餘人、被捕諸人中、當即提出十五人槍決、其罪狀稱、奉二十四二十八兩軍部函准中國國民黨成都市黨部、毆斃楊廷銓係石犀社糾集社會科學研究社師大導社附中袁詩堯法專共進社省師赤鋒社等、皆係共產　份子、故執行槍決云、但內有一人臨刑時、爲人保去、其他十四人、沿途幷高唱國民革命歌及呼革命成功、世界革命成功等口號、直至刑場云云、

乙、每頁十二皮之三皮的長行

法庭上兩夫奪婦

少婦寧可斷頭……不願跟隨老翁

皐寧婦人王陳氏之女王氏、閨名昭君又即徐王氏、於此三四年間已三易丈夫、此次有沈有元（即沈益源）徐容昌（即徐鴻昌）先在地方法院檢察處互爭 丈夫資格未決、當將王昭君收押、蓋以不明瞭誰爲正式丈夫、且尙有和誘之處分、嗣經沈徐兩人又各在法院民事 庭提起確認婚姻之訴、昨日爲沈有元之原告、 徐容昌之被告、上午由許庭長開庭審理、沈有元供年念五歲、皐寧人、爲薙髮匠、徐王氏本爲我妻、民國十五年四月初十在皐寧延寧鎭結婚、媒人是馮壽元之父、我有入贅契約、是年我同岳母及妻來滬、岳母於十月間回籍、去年二月有鄉人伏寶文 爲岳母帶信來說、敎我妻回去、 故妻即與伏一起去的云云、徐容昌供四十五歲、皐寧人、 徐王氏實是我的妾、係於民國十六年三月念六過門、八月間爲沈有元拐去、綁我在廣肇路遇見、緣徐王氏本是伏寶文之妾、因從前亦逃過、 在皐寧縣打過官司、判決後、 伏與她母王陳氏出據賣與 我爲妾、媒人是陶月相陶象寬徐家春蕭日朋等四人、寫有筆據、伏寶文與王陳氏均簽過字的、出禮洋二百四十元王陳氏供年五十八歲、皐寧人、此張婚書簽的字是伏寶文捉住我手寫的、但當初祇云賣田地敎我作中的、女婿是沈有元、餘外均不是我的婿、徐王氏（昭君）供年念三歲、我夫實是沈有元、 我亦並未做過伏寶文的妾、我是由伏寶文帶我返鄉、經過徐容昌家、竟將我拋棄在他家、於是即被閉在房中數月、後於八月間徐容昌患病、敎我服侍、我得乘間逃到上海、尋丈夫沈有元、吾甯斷頭、不願隨老翁云云、審判長諭謂辯論終結、月底宣判、

（三）但『長行』太長、讀者日力、殊感不便、讀時一上一下、距離太長、亦覺費力、故『長行』之長度、亦應有限制、下列所舉、卽太長之『長行』也、

樂華又勝塞福克取得高級盃決賽權

冒雨交鋒結果四與三之比

樂華自前日戰勝工程、奪得本屆西人足球會錦標後、昨又與塞福克在足球複賽高級盃、劇戰兩小時、又以四與三之比、打倒塞隊、而取得決賽權焉、是日也、天公作惡、細雨紛飛、累得一般有足球癖者、對於比賽之能否舉行、深致疑慮、而協進會之電話、乃大忙特忙、一部份嗜好最深者、則不問究竟、憑着一鼓勇氣、前往探視、見場門開着、劵已出售、於是漸漸冒險購劵入場、但終久不免懷着鬼胎、直到兩點五十分、見雙方球員已經到齊、始欣然入座以待、一種形容不出之態度、實在比看球還有趣、等到全局終了、樂華獲勝、爲四與三之比、

第二節　長短行之交互排法

長短行之交互排法、最爲困難、蓋排一普通之長短行較易、祇須編輯者於發稿時註明用幾號鉛字及短行或長行足矣、但排版時欲使各個長短行交互排列、地位適當、而又整齊美觀、實屬困

主人來矣、馬女士之父名炎文、字息深、年在五十三歲、精神殊壯、而性殊和、邀記者上三樓、且曰、是事發生、報紙上驟增不少資料也、言時、曲曲趷行、步上樓頭、相向而坐、

死之主因

馬父不待記者之探問、開其話匣滔滔而語曰、吾女死矣、吾女之死、可謂死於新文化舊道德相混之中、蓋吾女所受之文化係新、而新得不澈底、苟澈底而新、不致於死、所守之道德係舊、而舊得不澈底、苟澈底而舊、亦不致於死、而今新舊相混、遂造成此慘劇矣、

家庭狀況

吾今與足下談我家庭經過之狀況、吾妻早亡、亡時振華祇有三歲耳、子二、長子名植明、年三十四歲、在南通設仁和布廠、次子年方三齡、係第三妾尤氏(揚州人)所出、女二、長女已出閣、次女即係振華、吾向居南通計有十餘年、在商會供職、吾女長成、亦在是間、當及笄之時、曾有友輩爲南通徐姓之子作伐、徐姓固富而豪者、吾以謂朱門華屋、兒未必佳、爲之婉辭、而吾女亦深表同情、不意婚事、遂成蹉跎、嗣後若有人來議婚者、吾女輒爲不悅、見婦女而有輕薄行爲者、尤深痛惡之、是可見督信舊道德之深矣、……

由該廠同事徐君出而招待、其中一盜身着中裝、一盜身穿西裝、徐君答覆該盜詢、『顧君來廠尚早、有何貴事、』該盜曰、『有信一封、欲面交顧君、顧君既未來、請借車錢若干、』言訖、三盜袖出手槍、對準徐君、禁止喊叫、一盜把守前門、一盜守住電話、一盜入內將賬檯搜刮、適銀箱鑰匙亦在其中、該盜取出鑰匙、將銀箱開了許久、因不得其法、銀箱關閉如故、於是逼令徐君開箱、徐不得已、遂啟之、被刮鈔票洋二百八十八元、雙銀角七十角、該廠平日銀箱中存洋不多、最多數十元而已、近因適有要用、特向錢莊取來貯於箱內、亦該廠之不幸也、

『以上馬振華自殺……』之大標題、占十二皮中之三皮地位、『馬炎文之談話』一段、乃自殺事件中之一節、占十二皮中之二皮地位、以下尚有『汪世昌之自述』等等、限於篇幅、不贅、此種卽爲擴大的『分類編輯法』之排版方法、凡事件複雜而重大者可用之、『西裝强盜』一段、與自殺事件無關、其目的僅在補充此短行之地位而已、

第二例

盜匪刦掠之策略

一盜冒稱帳房……餘盜冒充客商……來去不露形迹

南市十六舖新泰碼頭新泰里乾大祥皮毛號、係寧波人鄭姓所開、昨日清晨六點鐘時、號中諸人俱未起身、忽聞叩門聲甚急、誤爲客商由寧波乘輪來滬者、遂由學徒啟門、不料擁進門內者有六七人之多、陡將該徒拉住

盜來之始

、迫令引導上樓、招尋號主、撬開房門、鄭與妻邱氏并各夥友突聞盜警、相繼起身、竟被盜匪攔入一隅、更迫令指出藏儲黃狼皮之地點、當將臥室內衣箱十餘隻打開、劉劫一空、

盜之急智

次又搬取空皮箱一只、將狐皮二十張納入箱內、由一盜先行携出、行至里口、爲第十一崗警瞥見、以其爲時尚早、攜此皮箱、不無可疑、上前盤詰、盜稱爲該號賬房先生屬携送至某處、倘不相信、暫將箱存此、俟賬房先生出爲證明可也、盜卽棄贓乘機逃避、

以盜送盜

內中各盜、均備帶手槍、除劈開箱籠搜劫貴重贓物外、又向各夥友逐一搜索、隨身所帶之銀洋鈔票盡皆搜括、携贓後、復僞冒該號之商客、彼此相送出門、以避人疑、自進內搜劫、約有兩小時之久、室中所懸衣架上之直貢呢、花緞夾馬褂綢面狐皮袍兩件、盜俱穿着身上、外罩來時所穿之青色雨衣、頭戴雨帽、相繼而出、外間雖有警察、而信爲是該號之客人、紛紛而出、於盜劫事毫不露形。

女子羨海上繁華

被人誘拐來滬

嫁人不願回家

官判交父領歸

通州人李德山之女李秀英、於上年臘月間被魏福哲劉兆其劉嚴氏等串同拐來上海、住居法租界天文台路、現爲乃父偵知、來滬報告捕房、將以上各人之一併帶入捕房、昨解法公堂、原告李德山稱、女兒已經許配與人、求請准予領回云云、詰之李秀英供女子因聞人言、上海異常鬧熱、故此隨同劉兆其夫婦來申游玩、後來即由劉夫婦作伐、配與魏福哲爲妻、古云好馬不吃回頭草、好女不嫁二夫君、今女子既嫁魏姓、情願隨魏度日、不願回家等語、官判魏押西牢二月、劉夫婦各押一個月、秀英交乃父領去管束、以上之排板法、又與第一例異、其不同之點有三、(一)第一例之分類編法用二號鉛字、而此處則用五號字、(二)第一例分類編法中之排版係一『長行』方格式、而此處則係『短行』、且連貫於下、(三)第一例中之補充新聞爲短行(卽西裝强盜)、而此處則爲長行、(卽女子羨海上繁華)、

第三例

俄農民拒賣穀物潮擴大

▲俄民懷疑蘇維埃政權拒賣穀物

▲政府以嚴刑峻法隨之已捕萬餘人

【上海交通部無線電台接柏林一日電】據官報稱、蘇俄監獄充滿農民、約萬餘人、其犯罪原因、均係不售賣穀物於政府設立的國家糧食托納斯云、

【里加一日路透電】蘇俄地方官募集農債、强令農人收受債劵、以抵償一部份農產的價值、農人不允、遂拒絕出售農產、並向政府陳訴他們的痛苦、其結果、俄政府領袖賴柯夫、訓令各地方官改用宣傳勸導、停止强迫農人收受債劵的辦法、

上例標題爲『長行』、而新聞則爲『短行』、第空格處尙可排以別種地位相當之新聞、一般人以爲標題長行者、新聞亦須長行、此實誤解也、

總之、新聞排版之方式極多、全視編輯者藝術之高下而判、以上所舉三例、僅其中之極小部份而已、

第十章 『一氣呵成』之編法

『一氣呵成、』非吾人慣以批評論文之好名詞乎、夫新聞與論文、性質不同、目的亦異、此人所共知、然則此項名詞、何以竟亦適用於新聞、此種疑問、絕不足怪、愚之所以以『一氣呵成』之名詞、加諸新聞者、蓋專對經一度編輯後之新聞而言之耳、吾國報紙尙在幼稚時代、歐美人已屢屢言之、吾亦不容爲諱、卽以編輯藝術言、雖不能否認其漸見進步、然亦決不能謂其已離『幼稚』而入於『成人』之途境也、

編輯員藝術之高下、隨時得判其所編輯之新聞之優劣、吾國編輯員中之藝術高妙經驗宏富者、固不乏人、惟施用此『一氣呵成』之新聞的編法者、尙屬少覯、此誠一大缺憾也、

『一氣呵成』初非指單則之訪稿或來稿而言、蓋單一稿件、敍述事件、未嘗不條理分明、然有時一

種新聞有訪稿八九種之多（如特稿一二種、訪稿三四種、通訊社稿亦四五種、尤以重大新聞發生時爲甚）、苟欲集合各種稿件、而編爲一則極有統系之新聞、則此『一氣呵成』之編法、實不可少、否則即有淩亂糅雜之弊、故居今日而欲編輯藝術之改造、則此種編法尤爲事實上所急需、何也、吾國報紙、對於此種稿件、不曰『報告一……報告二……報告三……』即曰『又一消息……另一報告……又訊……續訊……』、不論訪稿如何之多、編者祇須一加過目、即可雜諸同事件之新聞中、藉剪刀漿糊之力、粘連一處、付諸工友、視報紙若『字紙簏』『垃圾桶』、翌日見報、則事實錯綜、條理紊焉、子矛子盾、讀者苦焉、藝術低劣、識者譏焉、連篇滿牘、篇幅費焉、是其應加以改進、詎有徘徊瞻顧之餘地、改造之法莫若『一氣呵成』、至所謂『一氣呵成』之法、即將多數同事件之新聞、遍加觀察、其事件相同者、留其一而棄其餘、事實矛盾者、應割棄而留待證實（如併刋而帶疑問之語氣亦 ）、刪者刪、存者存、應增者增之、應棄者棄之、其結果、留存於寫字桌上者、必爲『體無完膚』或『東湊西接』之殘片新聞、而此殘片新聞、即爲新聞之精華、具有刋載之價值、此時編者不應即以殘片新聞交付發刋、務須再經過一度之編輯、分其先後、加以整理、而重行記述之、於是而『一氣呵成』之新聞成（即打成一片之新聞）、茲將報載新聞、分別比較於左、

A『字紙簏』式

盧何出走之詳情

或云赴日或謂赴奉天
昨晨軍署會議之決議
徐樹錚被推總司令說

昨日上午、東南局勢突然大變、盧永祥何豐林下野、已乘日輪上海丸離滬赴奉、警廳長陸榮籛同去、沈寶昌踪迹未明、上午九時許、北站第一軍車站司令部得悉後、即紛紛散去、並將汽車馬匹一一賤價拍賣、汽車共有數十輛、每輛售價二百元、未滿一小時、即已售盡、此項汽車、原價爲一千五百元、現北站守衛、由第四師兵士擔任、所有龍華軍隊、由朱聲廣維持、

續訊、昨晨東南大局、忽起駭人之變化、蓋盧何已相率下野矣、據熟悉內幕者言、盧何

未下野之前、尙有一度會議、先是、第四師師長兼第二軍總司令陳樂山、曾於前日晚間、邀集各路重要軍官、特開一軍事會議、僉以軍容尙整、頗堪一戰、第以後方缺乏接援、終難持久、公決請盧氏下野、一方請蘇方軍官亦請齊燮元下野、雙方息戰、以解人民倒懸、議決後、卽由盧永祥召集臧致平楊化昭陳樂山朱聲廣夏兆麟等各路司令及軍署參謀長秘書長等重要人物、開一緊急會議、先由盧述閩軍已將新橋占據、軍情萬分危急、究竟如何辦法、以圖應付、請爲詳細討論、萬勿緘默、蓋此時正存亡危急之秋、宜同舟共濟也、詞畢、陳樂山起謂『此次聯軍仗義興師、固甚正當、但目今子彈缺乏、糧餉不足、且將士苦戰累月、恐難久持、不如請盧公顧全地方大局、急流勇退』云云、述畢、列席諸人、無不愕然、臧楊等均有激烈之辯論、斯時會場幾分二派、一主和、陳樂山朱聲廣等是、一主戰、臧楊是、然主和者多於主戰者、盧永祥亦以餉械告竭、與其坐守絕境、不如放棄淞滬、以圖發展、遂擬發通電、表示解除兵柄、放棄淞滬、卽於上午二時許、乘日本輪上海丸赴日、上午九時許、北站一帶、極形混亂、第一軍車站司令部人員、卽行散去、將價值一千五百元左右之汽車、僅拍賣二百元、當場售去十餘輛之多、又訊、閩軍自攻克松江後、卽沿滬杭路前進、前日新橋亦被佔據、盧軍方面以形勢岌岌乃召集軍事會議、陳樂山等主和、臧致平楊化昭等主戰、盧以大勢已去、決計下野、故於會議畢後、卽以快電致莘莊督戰之何豐林、何氏遄返龍華後、卽於昨晨二時半左右乘日輪上海丸離滬赴日、警廳長陸榮籛聞亦同去、上海縣知事沈寶昌、則行踪不明、現北車站守衞由第四師兵士擔任、第二軍司令部仍設北站、駐站之軍警聯合處憲兵警察、亦已走散一空、

另一消息云、昨晨二時許、盧永祥何豐林以滬杭路前線緊迫、故已宣言下野、乘日輪上海丸赴奉、現龍華軍隊由朱聲廣維持、而第六混成旅之關防、則交上海防守司令劉永勝、第四師一部份兵士及軍官行李等、紛紛由南翔運回、尚有大批兵士、在南翔候車、連日冷靜之北站、軍馬往來、頓呈熱鬧、鐵柵門外、有萬國義勇隊武裝戒備、凡兵士竄入租界者、均須將武裝卸除、卽來往行人、亦搜索綦嚴、

又據路局方面消息、路局長自得盧何出走之訊後、卽派救險車赴黃渡、修復二十四號橋、以便恢復交通、後以黃渡前線尚有戰爭、准今晨(十四)再赴黃渡、其車輛及小工、

均停駐北站第三號月台、待命出發、惟昨日淞滬雖發生變化、盧何出走、而黃渡方面下午三時許仍有戰事、並有聯軍營長二人、副官一人、兵士數十人、均在前線受傷、運至北站、記者嘗詢以戰局變化內幕、伊等均瞠目不知所對、似尚未明變化之由來、據聞駐在滬寧線之臧楊部隊、擬與徐樹錚接洽、有推徐為總司令之說、

續據別方消息、昨晨上午二時、何豐林由莘莊前線赶回後、即與盧永祥等開一軍事會議、以軍力單薄、四面楚歌、決解甲下野、已乘輪赴奉天去矣、據記者訪問所得、則現在上海防務、由上海防守司令劉永勝擔任、龍華軍務由朱聲廣維持、臧楊則與徐樹錚結合、擬集合所部、衝開齊燮元軍（在滬寧線）防線、與齊軍再戰、（楊化昭前隸邊防軍小徐部下）、昨晚下午七時、在本埠同孚路十七號開會、將推徐樹錚出而維持、一說即在愛文義路徐樹錚寓所會議、結果一致推徐氏為總司令、當晚即派員赴南北兩車站維持秩序、惟護軍使及警廳長之繼任人選、則將來必重有糾紛云、

B.『一氣呵成』式

東南時局忽起重大變化

盧永祥何豐林下野
乘日輪上海丸離滬
上海由劉永勝維持
龍華由朱聲廣擔任

東南戰事、以九月三日起、屈指適四旬、自蘇閩軍由浙入蘇、節節進逼、未幾而楓涇下、松江失、金山葉榭復相繼陷、上海形勢即甚岌岌、迨新橋被佔、閔行開火、而龍華益危、聯軍以將士之不用命、餉械之缺乏、困守滬隅、勢難持久、第四師師長兼第二軍總司令陳樂山、乃於前日晚間邀齊各路軍官特開軍事會議、僉以軍容尚壯、頗堪一戰、第以後方缺乏接援、終難久持、公決請盧氏下台、一方請蘇方軍官請齊氏下台、雙方息戰、以解人民倒懸、議決後、即由盧召集臧致平楊化昭陳樂山朱聲廣夏兆麟等各司令、及軍署參謀長秘書長等重要人物、開一緊急會議、先由盧氏述及閩軍已將新橋佔據、軍情十分危急、究竟如何辦法、請詳爲討論、言畢、陳樂山起謂、『此次聯軍仗義興師、固甚正當、但目今子彈缺乏、糧餉不足、且將士苦戰累月、恐難久持、不如請盧公顧全大局、急流勇退、』云云、述畢、列席諸人、無不愕然、臧楊等均有激烈之辯論、 斯時會場幾分兩派、一主和、陳樂山朱聲廣等是、一主戰、臧致平楊化昭是、然主和者多於主戰、盧永祥亦以餉械告缺、與其坐守絕境、不如放棄淞滬、另圖發展、遂擬發通電、解除兵柄、所有龍華軍隊、由上海防守司令朱聲廣暫維現狀、斯時何豐林尚在莘莊方面督戰、 聞訊後急返龍華、與盧永祥面商機密、結果何氏亦以大勢已去、遂與盧氏取同一態度、即於上午二時許、相率登日輪上海丸、或謂赴日、或謂赴奉、莫衷一是、 警廳長陸榮籛亦同去、沈寶昌不知下落、 上午九時許、北站第一軍車站司令、得悉後即紛紛散去、並將汽車馬匹、一一賤價拍賣、汽車共有數十輛、每輛售價二百元、未滿一小時、均已售盡、此項汽車、原價每輛爲一千五百元、現車站守衛、由第四師兵士擔任、第二軍司令部仍舊附設在北站、駐站之軍警聯合處、憲兵警察亦走散一空、 又第四師有一部份兵士及軍官行李等、紛紛由南翔運回、尙有大批軍士在南翔候車、連日冷靜之北站、頓現熱鬧狀態、鐵柵門外有萬國義勇隊、武裝戒備、凡兵士竄入租界者均須將武裝解除、卽來往行人亦搜索綦嚴、路局得盧何出走訊後、卽派救險車赴黃渡修復二十四號鐵橋、以便恢復交通、後以黃渡前線何有戰事、准今晨(十四)再赴黃渡、其車輛及小工、均停駐北站第三號月台、待命出發、惟昨日淞滬戰局雖發生變化、而黃渡方面下午三時許仍有戰事、並有聯軍營長二人、副官一人、兵士十數人、均在前線受傷、運至北站、記者嘗詢以戰局變化內幕、伊等均瞠目不知所對、似尙未明瞭變化之由來、現龍華防務、暫由朱聲廣擔任、而第六混成旅之關防、則交上海防守總司令劉永勝矣、

時局突變之前後既如上述、此外有堪注意者、則外界盛傳徐樹錚已與臧楊接洽、擬集合所部、衝開蘇軍防線、與齊再戰(楊化昭前隸邊防軍小徐部下)、昨晚(十三)下午七時在本埠同孚路十七號開會、將推徐樹錚出而維持、一說卽在愛文義路徐樹錚寓所會議、結果一致推徐樹錚爲總司令、當晚卽派員赴南北兩車站維持秩序、

至若護軍使繼任問題、表面上雖經北京任蘇齊暫兼、然思染指者、恐大有人在、將來是

否發生風波、非現時所能知也、與此有連帶關係者、厥爲淞滬警察廳長問題、徐國樑被刺後、陸榮籛本由滬方所委、省方僅認爲代理廳長、爲日已久、今陸既與盧何同去、則繼任問題、恐亦不免一番紛擾矣、

玆先言標題藝術、則前法不及後法之『明、活』遠甚、故以嚴格言、前法之標題、實有糾正之必要、次言兩法編輯藝術之比較、則前者混統攙入、各成段落、後者前後聯應、一氣呵成、一則綜雜而無條理、入門五花、目眩神迷、一則簡要而又清利、事實瞭然、閱覽便易、況舊法中每多『　訊』『又一消息』等等之字樣、雷同事實、不加删除、既述於前、復見於後、徒占寶貴地位、實足取厭讀者、編者惰性、躍然紙上、新法則由編者加以改製、熔事實於一爐、雖集各方稿件而成、然似出一人手筆、其孰優孰劣、不言可喻、抑尙有言者、國人閱報、每以新聞『外觀』之長短、定新聞之好否、不以內容之如何、判編輯之巧拙、(卽重量而不重質)、此實一大誤解、蓋多而錯綜矛盾、重複記述、不如删爲精確詳明、一目瞭然、且讀者每以新聞之繁雜而感不便、初未聞以明確而覺痛苦、則編輯方法之應加以改良、當無疑問、每見一般人閱報、輒問新聞長短、而不究內容、編者亦只求其冗長、而不知節省報紙之地位、一若長則詳、詳則確、有連帶之關係也者、殊不知新法須

重起爐竈、舊法則手續簡便、報紙爲迎合社會心理計、遂有『字紙簏』式之編法、是則報紙編法之守舊、讀者亦應負一小部份之責也、

又『一氣呵成』法中之首段『東南戰事、以九月三日起、屈指適四旬、自蘇閩軍由浙入蘇、節節進逼、未幾而楓涇下、松江失、金山葉榭復相繼陷、上海形勢即甚岌岌、迨新橋被占、閔行開火、而龍華益危……』等語、即係前章所謂之『新聞重述』也、上例『一氣呵成』之新聞、苟再加以分類編法（見第八章第三節）、當更明顯、

第十一章　電報之編輯法

第一節　電報與新聞

電報乃一般人所目爲最重要新聞之一、報館每擲鉅大之代價得之、昔英國太晤士報巴黎特派員波洛維斯氏、曾以極靈活之手腕、獲得柏林條約全文、拍電至英、震動全歐、一電共費八百金之鉅、年來吾國對於電報新聞、競爭極烈、報館對於電報支出、每較別種新聞爲大、最近國民政府新訂有優待辦法、新聞電本省外省一律每字大洋二分半、以上海論、規模較大之報館、每日各地電報約自二千至七千字、平均日約六千字、則每日電費即須約二百元、祇電報一項、每月支出

已達六千元之鉅、(其用急電者、費較新聞電爲昂、尚不在內)、此項電報係專指各報專電而言、平時或少或多、初無一定、大抵國家順平、電數較減、時局多故、電數較增、若夫路透社東方社電通社之電訊、則月給稿費、自較專電所支出者較低遠甚、處此新聞競爭劇烈時代、各報不能不期消息之靈捷、即不能不特約各地拍電員(大半由各地通信員兼任)、既有電報、即不能不負每月鉅大之支出、

電報即新聞、故應以新聞之編法編之、此定例也、吾國報紙、受數十年來守舊之遺毒、對於電報、無形中具有一種誤解、一若電報自電報、新聞自新聞、既有『專電』一欄、即不必與新聞相合併、更不必與之相提並論、故新聞有標題、而電報則可以無之、新聞之編法、層出不窮、而電報則混合排列、前後雜廁、時有已言甲事如何如何於前數行、又見甲事如何如何於後數行、顛倒不問、矛盾不顧、未聞加以整理、內地特爲尤甚、夫美玉不加雕琢、難以成器、電報亦何嘗不然、吾國報紙、雖有似美玉之電報而不知、雖知而不加雕琢、因循坐誤、保守自甘、由來蓋匪朝夕矣、四五年來、報界有識字之士、知默守舊法之非計、思改造以適應潮流、於是始移其目光於電報之編輯、羣趨一途、猛進頗力、電報既加編輯、製立標題、眉目分、事實明、讀者數十年來所感莫大之痛

苦、一旦悉祛除之、其便利爲何如、各報果以是深得社會之歡迎、銷路頓爲之暢、此吾國新聞史中『電報革命』之初期也、

電報之應立標題、可無疑義、但編者之編輯手腕如何、得就其所編之電報而覘之、今之讀者、除頭腦陳舊者外、殆莫不深喜多立標題與編法新穎之報紙、積日累月、漸成一種讀報習慣（The reading habit）、浸潤而不自知、同化而不自覺、驟易他報、必覺不合自己胃口、漫然置之、故優秀之電訊編者、必以編新聞之法編電報、而於藝術上下功夫、以吸引多數之讀者、此多數之讀者、實卽報紙之『主力軍』、讀者愈多、則報紙威權立、而勢力厚矣、第各報電訊、近雖漸有製立標題之傾向、然尚有應加以改進者、本章所述、其犖犖較大者耳、

第二節　電報之分類

（一）舊法（見上海申報）

濟南日兵挑釁大屠殺

▲濟南　三日上午十時半許、蓄意挑釁之日兵、在商埠

四馬路緯一路口魏家莊附近、禁止吾北伐軍的徒手各軍通過、有一兵士向其責問、有日兵數名卽開槍射擊、軍民死傷十餘、四周人衆、紛紛逃散、城廂內外各商店閉門、日兵又將撤去之炸彈鐵絲網、重行佈置、絕對禁止華人在其防線附近往來、一見華人、卽開槍射擊、並開機槍大砲示威、民衆士兵、死者甚衆、我方駐紮附近軍隊、憤慨自衞、亦開槍還擊、將下令禁止開槍、黃郛交涉停火、但下午日兵射擊仍厲、槍砲齊發、六時後始停、我方死傷千餘人、雙方現在搜集證據、蔣總司令正調查肇事原因、死傷人數、以便交涉、黃郛晤蔣、商交涉方針、肇事後美領請蔣總司令保護各領館、蔣已派憲兵保護（三日下午十一時）

▲濟南　我軍抵濟入城時、日兵阻路妨碍進行、經軍官交涉始通過、一二兩日、時有挑釁舉動、我軍官嚴約士兵、勿與計較、三日晨、日兵忽捕我軍官一人、立予鎗決、並捕我宣傳員數人、致發生衝突、現宣傳員巳交涉釋放、軍事當局對此決持鎮靜態度、由黃外長嚴重交

涉、

▲電通社二日濟南電　日本派遣軍司令部對於投降南軍之劉志陸部將發警告、(一)不得侵入青島市街、(二)若侵入青島市街、則須解除武裝、(三)對於通過之各日人生命財產、絕對不許侵害、

▲南京　國府某要人四日下午三時接濟南來電、報告日本軍隊橫行、向我挑釁、用大砲機鎗轟擊重要官署、死傷軍民無數、戰地政委會外交處主任蔡公時被日兵割去耳鼻、被害身亡、現黃外長已直接電日本田中內閣、提出嚴重抗議、限即將在魯日軍一律撤退、並要求懲兇、賠償、道歉、(四日十二時發)

此種舊式編法、雖已列有標題、然仍應在淘汰之列、試舉其弊、則舊貨攤式之整塊排列、讀者非始終畢讀、難得要旨、不特令人望而生厭、抑令人見而目眩、此其一、不將自成段落之事實、分立小題、一如編普通新聞者編電報、俾清眉目、而減痛苦、此其二、在形式上不美觀、此其三、因編法之守舊、予讀者以不便、致銷路短縮、而成為時代之落伍者、此其四、吾儕既以改造報紙之責任、置諸肩上、對此舊式之編法、不能不下總攻擊令也、試更就乙報而參證之、則孰優孰劣、不難

判然、

(二)新法、(見上海乙報)

日兵昨晨在濟南悍然開釁

衝突之眞相

日兵禁阻吾軍往來

機鎗轟殺華人千餘

▲本報三日濟南電　三日上午十時半許、來濟日兵、蓄意挑釁、在商埠四馬路緯一路口魏家莊附近、禁止國軍徒手各兵通過、國軍有一兵士向其責問、日兵數名卽開鎗射擊、軍民死千餘、四周人衆紛紛逃散、城廂內外商店閉門、日兵又將二日晚三日晨撤去之炸彈鐵絲網重行佈置、絕對禁止華人在其防線附近往來、一見華人卽開槍射擊、並開機鎗大砲示威、

計劃的暴行

遇了華兵便殺

並且越界追擊

▲本報四日濟南電　此次日兵暴行、完全爲有計劃的、自昨日上午啟釁後、遇華兵便殺、至夜方休、華兵因當局嚴事約束、僅爲自衞、略與抵抗、故我方軍民死一千二百八、而日兵無死亡者、當局雖一再向日方交涉、迄無效果、今晨一時、商埠附近華兵完全退去、但日兵仍就其自定之界內越界追擊、華人死亡枕藉、

殺我交涉員

割耳剜鼻慘無人道
交署職員悉被殺戮

▲本報四日南京電　昨今華人被捕甚衆、現均禁閉郵務管理局內、不給飲食、特派山東交涉員蔡公時及職員十餘人、先割耳鼻、再行槍殺、戰地政務委員會外交處人員被殺十六人、

黃外長電告

日兵之無理起釁
外長辦公室被焚

▲本報四日南京電　國府今日接黃外長自濟來電云、（衛路）日兵無理啓釁、昨日派隊侵入交涉署、將山東交涉員蔡公時與在署職員十餘人一同槍殺、郛臨時辦公室亦被有組織的攻擊、英美領事及僑民均安、昨晚派專員慰問、並切實接洽保護、盼轉告駐滬英美總領事爲要、黃郛支（四日）

以上所舉甲乙兩例、雖同爲重要電訊、同爲今年五月三日所爆發之濟南慘案、同爲一則萬目睽睽中之有價值新聞、然而編法則大異、惟其然、巧拙乃分、優劣斯見、固未許吾人以同一之眼光視之也、良以此種舊式編法、已爲過去之產物、不足以饜現代讀者之慾望、其所予吾人精神上時間上之痛苦的厚賜、不可謂爲不深且重、世之有同感者、諒不乏人、設譬以喻、則此種未受新式編輯藝術燻陶之編者、是猶傭懶之廚子、不問魚肉菓蔬、有若囫圇吞棗、不加宰割、傾諸一鍋、入味與否、漠不關心、昔之編者、得毋類是、故報紙爲讀者便利計、苟能另立小題、如以上乙報所

舉、自屬最善、否則至少限度、應就其中事實之性質、而分爲若干段落、庶有一目了然之美、而無令人墮入五里霧中之苦、

第三節　事實之統一

報紙編輯方針之應決定、曾於本篇第三章中述及之矣、吾國報紙、雅好分門別戶、繁立名目、僅以電報一項言、有『要電』焉、有『專電』焉、有『公電』焉、　又有『各社要電』與『特約路透電』焉、五花八門、目迷神眩、各報特派員所拍發之電報、每稱『要電』或『專電』而冠以『本報』字樣、示別於人也、東方、電通、　國聞等社以及譯自西報之電、則名之曰『各社要電』、此種辦法、由來已久、實行者亦不限於一二少數之報紙、但吾人既揭『電報革命』之幟、　則電報編輯方法、非根本改造不可、

吾國報紙上之怪現象多矣、年來先覺之士、奮謀改良、日見進步、　然而電報編輯方法之守舊、與夫方針之不統一、則甚顯著、夫電報既爲新聞之一種、則(一)祇須問消息之靈否確否、初何分乎人吾、而有先後之別、(二)『專電』『要電』『各社要電』『特約路透電』等等名目、根本不能成立、應一律廢除、苟有同事件之新聞、　應即打破人吾間之界限、而共同編輯於一個標題之下、換言之、

卽以新聞之事實爲單位之編法也、(三)在創設此種名目者、未嘗不以爲如此則便利於讀者、殊不知顧此失彼、應接不暇、讀者未覺便利而反感痛苦、況吾之電報、未必勝於人、人亦未必遜於吾、分欄立戶、寧非多事、(四)但亦不應僅採電報而廢各社社名(如路透東方等)、蓋電報是否確實、有何作用、明眼人可就電報之來源而辨之、如直奉之戰、奉電每稱勝利、直電輒稱奉敗、實則其所謂勝、其所謂敗、究非可靠之勝敗也、(五)事實雷同者、一律删除之、(六)事實矛盾或懷疑者、設法證實之、

事實不統一之害、既述於前、(可更參閱第三章B項)試更以民十五湘鄂之役、吳佩孚放棄兩漢後之行踪一端而例其餘、(民國十五年九月七日電)

本報專電

△七日漢口電　唐生智夏斗寅佔漢陽、第八軍頃到漢、吳佩孚偕靳雲鶚等北走、或謂退武穴、或傳抵孝感、

△七日北京電　信陽官電、吳與勞之常七日抵孝感、勞電到院、

特約路透電

△北京電　傳聞吳因京漢路被阻、乘決川艦過武穴、赴九江、

各社要電

△東方社漢口電　吳確於六日晚由鐵路北上、當夜抵孝感、

△電通社漢口電　吳於六日夜北走、確爲事實、似退向武勝關、

在此處觀來、似各種電報雖分門別戶、而距離甚近、未嘗不便於瀏覽、則緊立名目、又何病焉、殊不知『本報要電』或『各社要電』、決不如以上所舉之簡單、其中必夾雜種種新聞、況所謂『本報要電』者、每刊在第一版、其他則或在第二版、或在第三版、相去決不若是之近、上例乃就吳氏行踪而專由各欄中分別摘出者、謂之爲一部份之縮影、亦無不可、夫以同一事件之新聞、而突然『腰斬』爲若干段、前後上下、不相連屬、一展報紙、則紛觸於眼簾者、厥爲雜亂之電訊、且所謂『各社要電』者、乃不問電訊內容、凡來自各社者、莫不兼收並蓄、雜厠其間、不啻一街頭之舊貨攤、雜列固多、而凌亂無序、讀者欲知吳之行踪、不得不在各欄中遍覓之、『本報要電』謂吳退孝感或武穴、『路透』稱其赴九江、『電通』言其北走武勝關、『東方』亦謂退孝感、假令有一人焉、僅閱『本報電』而未閱『各社電』、則武穴孝感之疑難釋、又或閱『路透』『各社』而無暇兼讀『專電』、

則又增一吳是否在九江之疑竇、不將以報紙移花接木之結果、令讀者顧此失彼、勞神疲力而莫明眞相乎、故嚴格言之、此種編法、取厭讀者則有餘、明告事實則不足、然則果如之何而可、曰、廢棄原有各欄、彙合事實、再經編者一度之整理、而合併編輯之、始可免此弊病、式如左、

吳佩孚宵夜走孝感

劉陳堅守武昌

吳擬調軍反攻

自兩漢被陷、吳佩孚倉皇出走、謠諑朋興、行踪莫定、有謂吳退孝感或武勝關者、亦有謂退抵武穴或九江者、上海則盛傳吳已抵寧、紛然莫衷一是、茲就本報所得各方電報觀察之、則似以退孝感說、較爲可靠、茲將各種電訊、彙錄於次、

△本報七日漢口電　唐生智夏斗寅佔漢陽、第八軍頃到漢、吳佩孚偕靳雲鶚等北走、或謂退武穴、或傳抵孝感、

△本報七日北京電　信陽官電、吳與勞之常七日抵孝感、勞電已到院、

△特約路透北京電　傳聞吳因京漢路被阻、乘決川艦過武穴、赴九江、

△東方社漢口電　吳確於六日晚由鐵路北上、當夜抵孝感、

△電通社漢口電　吳於六日夜北上、確爲事實、似退向武勝關、

第一段卽爲編者集合各稿而記述之『新聞綱目』、華報編輯部每自分鴻溝、編輯方針、不甚統一、因是吳氏行踪之報告、甚有同時分見於本埠及電訊二方者、此種矛盾之現象、似非報紙所應有、蓋吳之行踪、決不在上海、詎可以上海所聞者卽刋諸『本埠』、嚴格言之、上海商帮雖得京電、本埠訪員雖亦以所聞報告於本埠編者、然本埠編者應時與電訊編者有互相接洽之機會、卽將此項報告彙交於電訊編者、使之彙刋一起、何則、編者應以事件發生之所在地爲刋登本外埠之標準、不當徒憑本埠來稿、而將與本埠無關之事件予以刋載、再進一步言、卽使吳果抵滬、亦應審時度勢、併刋於電訊中與軍事有關之相當地位、今吳在孝感、而行踪登於本埠、同時又分見於電訊、豈不可笑、予故曰、『以同事件之新聞、被腰斬爲若干段、前後上下、不相連屬』也、

第四節　多立標題

電報立標題之惟一標準、卽應以事實之輕重（卽新聞價值之高下）、定標題之大小、遇重要者、則

雖寥寥數字、亦應立以標題、吾人苟主張電報革命而打倒數十年來之舊貨攤式編法、則混合排列之電報、當然在剷除之列、如民黨要人廖仲愷氏被刺一事、可以證之、

第一例

廖仲愷死於暗殺

△香港電、廖仲愷今午被刺、立斃、兇手逃、廖妻何香凝電香港母家、請速來、

上例一電、苟雜於下列之電報中、則新聞價值、湮沒殆盡、且易被讀者所忽略矣、

△香港電　上月英貨輸入超過五百萬、

△香港電　許崇智不加入共產派、

△香港電　賭風盛、省軍以番攤為尾閭、

△香港電　廖仲愷今午被刺、立斃、兇手逃、廖妻何香凝、電香港母家、請速來、

電報多立標題之方法、(一)字數不論多少、凡事實重要或有新聞價值者、應使之獨立、成一整個標題、報紙愈進化、則電報之標題愈多、而舊貨攤式之各社電專電等等分門別戶之舊法、應無存

在之餘地、(二) 凡性質相同者、應聯刊一處、不應東零西散、受『腰斬』慘刑、如下列電報三則、在社會視之、咸認為『最大興味之結合』、但各報苟不提出使之獨立為一新聞、而雜厠於其他電報中、則新聞價值、無復顯著矣、

第二例

黎元洪控段祺瑞
為借款七萬元

▲本報十一日北京電　黎元洪因民國七年時、由陳宧經手、借給段祺瑞洋七萬元、久未償還、特延韓玉宸律師向天津地審廳控訴、

第三例

澳門颶風之慘劇

漁船三百艘傾覆

人命損失二千餘

▲香港　澳門昨日颶風、有漁船三百艘出海、至夜不回、已沉沒、人命損失在二千以上、（二十八日下午九鐘）

第四例

馮玉祥爲夫人剪髮

▲張家口　馮玉祥夫人李德全女士久欲剪髮、微（五日）日授剪於馮、馮親手爲之剪除、

第五節　減省地位

最初時代之報紙、對電報極爲重視、故每以老二號鉛字排列之、然每日亦不過百字左右而已、其後、新聞競爭日烈、電報字數亦日增、因字數增加之故、原有地位、不敷分配、乃將『老二號』改爲『新二號』、旋又改爲『三號字』、今則除最重要之新聞外、各報對電報、大半以『四號字』列之

矣、思敢斷言、將來報紙既須多立標題、則此後報紙之地位、益可珍貴、而電報必有改用『五號字』之一日、其他新聞、(如本埠等)亦必有完全改用六號字之一日(倫敦太晤士報之新聞、字極小、與中國報紙之六號字相似、現在中國報紙對新聞、大半以五號字排列、然已有參用新五號字、以節省地位者)、蓋電報獨立之標題、愈多愈好、電訊中之鉛字(非標題)、與其大而徒占篇幅、不如小而多刊新聞、普通者宜一律改用五號字、遇有重要者、則刊以四號字、如今日上海之西報、足矣、但標題鉛字、則不必加以刻板式之規定、可由編者評判新聞價值、而定其大小、至若電訊之刊以五號字者、曩曾見之北京晨報、(排列之格式、各報可自由酌定)、地位既省、事又便利、茲舉例如後、

第一例

岳維峻在汴

【本報三十一晚八時四十分開封專電】岳(維峻)仍在汴、

豫鈔又跌

【本報三十一晚八時四十分開封專電】豫鈔又跌價、岳(維峻)飭財廳省行維持、

袁旅長到京

【本報三十一晚八時四十分開封專電】旅長袁夢蛟來汴、

岳無通電

【本報三十一晚八時四十分開封專電】外傳岳（維峻）有某項通電、不確、

張謇之四不可

【本報三十一日下午三時漢口專電】張謇電吳（佩孚）勗四事、（一）不可擁曹（錕）、（二）不可擁舊國會、（三）不可爲部下爭地盤、（四）不可報復私仇與洩憤、

此外性質相同、電中所記之事實又酷似者、應刊其一而棄其餘、蓋各方送來之電稿、無一一刊登之義務也、下列所舉、不難知之、

第二例

王都慶突然病歿

▲東方十一宜昌電　第七師長王都慶急病死、其軍隊現歸盧金山節制、盧令公安縣方面之北軍退至黃金口、

急派人與南軍接洽、磋商防區、傳蔣介石委盧金山爲長江上游總司令、

▲電通十二宜昌電　鄂軍第七師長王都慶、患急病逝世、軍隊一時陷於混亂之狀、旋決定受十八師長盧金山節制、始歸平靜、盧將公安方面之北軍退往黃金口、派人與南軍協定防區、聞蔣介石已委任盧金山爲上游總司令、

△本報電　第七師長王都慶急病死、其軍隊歸盧金山節制、

△國聞電　第七師長王都慶急病死、

上列電訊、雖有四種不同之來源、然細按電中事實、則完全相同、合併編列、徒占地位、殊不經濟、故遇此種情形時、編者登一較詳之『東方電』足矣、其他均無刊載之必要、蓋不論電報與新聞、不在新聞之長短、而應辨別事實之如何、且報紙地位(卽篇幅)、編者亦宜節省、俾多刊有價值之新聞也、

第六節　電中按語

『電訊』未必一一可認爲確切之事實、尤以戰事時期爲甚、 如軍隊進至甲地、而讀者對甲地之地勢不甚明瞭者、編者應爲一度之考證功夫、查閱地圖、加以按語、 蓋編者一人所費之時間猶少、若付諸缺如、而令讀者一一遍查地圖、則浪費之時間爲不貲矣、下例所舉、卽其一端、

第一例

寇英傑師尚在廣水

似豫兵仍不許假道

△本報十日下午三時漢口專電　寇(英傑)及鄂西續來兩旅、分駐孝感廣水待命、

【備考】日來關於寇英傑一師行動、殊多揣測之談、前日國聞社中美社所得鄭州消息、均謂寇師已於八日下午過鄭、轉赴徐州、而本報漢汴兩處特派員則均未有報告、故不敢遽信爲眞、今觀此電則寇師確尚在廣水、廣水在武勝關南、未入豫境也、

第二例

日陰謀外交家赴奉

▲田中派林權助訪問張學良

▲阻東三省投誠國民政府耶

▲電通社二十五日東京電 南北妥協不同意問題、漸帶重要性、田中內閣關於東三省之治安確保、求奉天方面澈底了解日政府之方針、以便講求萬全之策、特請林權助男赴奉、以送葬爲表面之理由、決訪問張學良、

按林權助爲日本第一大陰謀外交家、日本之滅朝鮮、林之陰謀居多、民國五年、寺內內閣任林爲駐華公使、而援段諸政策因之而起、北洋軍閥之勢力陡增、中國亂至今日、尚未收局、現當日本干涉東省服從國府之際、而林氏忽然赴奉、其有重大事項、自不待言、

第十二章 新聞之精編主義

第一節　何謂精編主義

時代愈進化、社會組織愈複雜、則發生之事件愈多、而報紙上之『新聞地位』乃愈可寶貴、新聞記載當愈求經濟、『精編主義』之產生、卽爲適應此環境、

『兵不在多而在精』、用兵然、編輯新聞亦然、試展吾國已往報紙之歷史、則最初電報每日不足百字、今則日須四五千字以上、電報之排印最初用二號鉛字、今則大半已改用四號字、往昔電報不立標題、年來則亦有多立標題之趨勢、十年以前之本埠新聞、尙以三四號鉛字排印（現內地報紙、仍有此種現象、）今已改用五號字或六號字、當時以破獲『燕子窠』爲一等新聞者、今則本埠新聞中將無復其存在之餘地、蓋報紙之『紙面地位』依然、而新聞則日見增多而不已、增多之結果、不得不限之以『精』、求適合此地位、若鉛字之改小、不重要新聞之割棄、謂非報紙進步之現象、不可待也、

現在吾國報紙之編輯藝術、已有顯著之進步、固爲不可掩之事實、然所載新聞、求其能合於『精編』者、尙不多覯、其對於新聞之『來者不拒』及『多多益善』、實爲主因、擧其大者、則編輯方針之不確定、無聊新聞之多、編輯方法之守舊、皆足以湮沒新聞價值並減殺讀者興趣、此種弱點實爲

華報前進之一大障碍、且訪員有一重大之誤解、以爲訪員之責任、在記載詳盡、故不論何種新聞、凡經其採訪者、不問事件性質如何、悉詳記之、一若『詳記』爲採訪上之榮譽、殊知不然、蓋報紙之地位有限、而有限之地位、須登有價值之新聞、若不問性質如何、一律詳記、實足浪費地位、使後到之重要新聞、無插足之餘地、即令編輯者加以删減、然所費之時間、實屬可觀、故新聞之應否詳記、應以有無詳記之價值爲斷、而訪員尤應觀察新聞『重心』之所在、若詳記瑣屑輕微之事件、殊太無謂、故精編主義之目的、一言以蔽之、則在『不貴量而貴質』、凡質之良者、取精用宏、不厭其多、質之不良者、則毅然割棄、寧缺毋濫、其實施方法、舉其大者、約有二點、

(一)『精編』應以新聞價值(見第二章)爲標準、苟有價值、應詳爲登載、否則、絕對不應刊載、現在吾國報界中頗有昧於此義者、致無價值之新聞、連篇累牘、冗長可厭、其實新聞長短、應視價值而定、無甚價值者、應改爲極短、或予廢棄、使報紙上所刊載之新聞、均有刊載價值、並使處此『報紙革命』時期中、編輯藝術有顯著之進步、

(二)編輯者一面應注意新聞中之『毒素』(見第七章第二節)、一面應搜集適當之材料、

現在上海報紙中、已有實行『精編主義』之徵象、如時事新報平日取材之標準、純以新聞價值之

有無大小定去取、而其本埠新聞中之『簡報』、尤爲特色、其編法如次、

簡報

▲滬杭甬路局前因機頭缺乏、特向英商安利洋行訂購十二輛、其第一批九輛已於去臘抵滬、現第二第三輛、亦將於日內運到、

▲財政部國定稅則委員會、已遷入漢口路外灘江海關新屋一樓五百七十六號房屋辦事、

▲本埠日僑因今(十一日)爲日本之紀元節、擬休息一日、以資紀念、

▲日陸戰隊參謀處長梅崎少佐及古橋參謀、於前日赴寧視察、

▲財政部江蘇省緝私局長唐乃安、昨發布告、禁止冒名撞騙、及屬員營私舞弊等情事、

▲上海特別市商民協會醬園業分會定明日假城內福佑路四十號門牌上南川醬園業公所開成立大會、

▲本埠法租界馬浪路西成里一帶之房東義品銀行經租處、近通告各里房客、自三月一日起、一律實行陽曆付租、

▲本埠青年會念八週紀念徵求大會、定本月十五日(禮拜三)中午十二時假靜安寺路西卡爾登飯店舉行開幕禮、

▲上海國貨工廠聯合會、近以會務發展、辣斐德路原有會址不敷應用、特遷至泗涇路六十二號半、與中華工商研究會合併辦公、

『精編』之方法甚多（見以下各節）、『簡報』僅其中之一耳、簡報中之新聞、大半不甚重要、若任其累篇累牘、浪費地位、不若删而節之、列諸簡報、俾多留新聞地位、刊登其他較有價値之新聞、總之、精編之方法、不以簡報爲限、但簡報之編法、則爲『精編主義』之開端（本編第九第十等章、亦屬精編方法、因冗長、故分章另述之）、最近上海國民日報亦有『簡報』之設

考吾國初有報紙之時、日銷數十份乃至數百份而已、後漸增至數千份乃至數萬份、今日銷路最多之報紙、已有十萬份以上之銷數、雖不能如美之紐約日報每日有超過百萬份以上之讀者、然以中國人口之多、地域之廣、苟內亂停止、教育普及、交通發展、則予敢斷言、中國之新聞事業、將來當在任何一國之上、夫吾國新聞事業既有如斯遠大之希望、則努力改造、勢不容緩、美國舊金山日報第一版之上、列有『本報刊載之新聞、均有刊載價値』之語、以言吾國、則此種精神、實不可少、惟具此種精神、報紙方可改造、故『精編主義』之產生、實爲『編輯改造』之表徵、

第二節　同一之標題

新聞或電報、均應打破『地域主義』、而以『事實發生地』爲單位、不以『來稿地』爲單位、既述第三章中（並參閱第十一章第三節）、故對於同事件之新聞、應立在同一標題之下、而不應加以『腰

斬々、東分西散、下列所舉、乃打破舊制度之實行者、

各地白雪紛飛

▲本埠　昨日本埠天氣驟寒、終日陰雨、入晚七時後、忽降微雪、

▲無錫　十九日無錫快訊、昨日驟寒、華氏寒暑表三十九度、上午一時、天忽彤雲密佈、未幾卽瑞雪紛飛、至天明、約計得三四分、上午仍續降續止、

▲南京　十八日下午陰雲四合、天氣奇冷、入夜更甚、北風飄飄、雨雪霏霏、清晨(十九日)出戶、一望皆白、積雪厚已數寸、而空中雪片猶滿天的飛舞也、是日本為孫傳芳返旆寧垣之期、以雪之故、本城迎孫之官紳冒雪而往云、

▲杭州　杭垣天氣奇冷、十九日清晨見雪、午後始霽、山陰處已厚寸許、

▲漢口　本報十八日漢口電、今日此間初雪、

第三節　公文式新聞

公文式新聞、包含公文及布告而言、此種新聞、既佔地位、復令讀者頭昏腦脹、沉沉欲睡、往往一件公事、經過幾個機關、則滿紙僅見『內開……等因……准此……此令』之一大堆之『承轉』官樣文章、故除極重要之布告或公文有照登之價值者外（如對外宣言、要人通電等等）、餘均應作之簡單化、換言之、即使公文變成純粹之新聞也、茲舉三例於次、

(1)第一例

浙江警政廳長昨上頁省長呈云、『呈爲轉報事、竊本月十六日、據內河水上警察廳長徐則恂面稱、爲具報出巡日期事、本年十月七日、奉鈞廳訓令第三四一號內開、本月二日、奉省長公署指令內開、令警政廳、呈一件、呈爲轉報內河水警廳長出巡考查各區隊並擬送節略由、呈悉、節略存、仍將該廳長出巡日期轉報備查、此令、等因、奉此、查此案前據該廳長呈請到廳、當經指令、並轉報在案、奉令前因、合亟令仰該廳長遵照、迅將出巡日期具報、以憑核轉、此令、等因、奉此、廳長現定於十六日起程、督帶隨員、先赴嘉湖兩屬、躬自巡視、所有出巡期內、一切廳務、指派第一科長陳士龍代拆代行、理合備文呈報、仰祈核轉施行等情、據

此、查是案該廳長呈請到廳、當經據情轉呈在案、據呈前情、除以如呈備案、仍仰將巡視情形、於竣事後詳晰具報、以憑核轉等語、指令印發外、理合備文轉報、仰祈鈞長察核備案、謹呈』云云、

以上公文中最重要之點、厥爲『徐則恂定十六日出巡、』而滿紙『內開……等情……據此』之廢話、爲報紙地位計、亟應改成爲下列之新聞、

浙江內河水上警察廳長徐則恂、現定於本月十六日起程出巡、督帶隨員、先赴嘉湖兩屬、躬自巡視、所有出巡期內、一切廳務、已由徐廳長委派第一科科長陳士龍代拆代行、現已由徐廳長將出巡日期具呈浙江警政廳、轉呈浙省長備案矣、

(2)第二例

浙江省長昨接福建省長咨文云『爲咨行事、准福建省議會咨送、請轉咨商貴省長、飭溫台各屬、許閩船運米出口、以維民食建議案一件、內開福建下游一帶、米糧缺乏、向取給於台灣浙江、自台灣割讓後、所恃以接補不足者、唯溫台各屬耳、乃清季中日戰爭、浙米出口亦懸爲厲禁、當時不過防奸商營利、藉資盜糶、非併鄰省而宣布遏糴也、厥後閩船業漁赴浙、

懋遷有無、每於返閩時運米南來、一遭漁船扣留、遂滿載充公、自是閩商裹足、無從運轉、泉屬各縣民食、遂形缺乏、竊以閩浙毗連、似不宜形同秦越、亟請咨請省長、咨商浙江省長、飭溫台各屬、許商船運米出口、以閩省之需要、資浙省之供給、酌盈濟虛、源源接濟、若慮奸商射利輸販外洋、則應由閩省官廳、給予護照、往浙採運、經溫台各地方官查驗後、准予出口、抵閩時、即將所領護照、呈繳所在關局核銷、不准需索規費、其有運回米數、與所買不符、確係販賣外洋者、即送交法庭治罪、如此、則輸運流通、奸商亦有所顧忌、應請省長、咨商浙江省長、查核施行等因、准此、查閩省以下游一帶地方、米糧缺乏、 向恃貴省溫台各屬產米為接濟、貴省長禁運出口、當時係因中日戰爭之際、恐有奸商圖利、 藉賣盜糧、不得不特設防止之法、現在世易時移、該會所議杜絕販運外洋各辦法亦極周至、 擬請貴省長俯念該處民食維艱、准照所議、轉飭遵照辦理、以免遏糴、而濟米荒、准咨前因、除咨復外、 相應咨請貴

省長查核辦理見復、無任感荷、此咨、

此項公文之弊、與第一例同、故亦宜改為新聞、不特節省地位、清眉目、讀者對之、 當無『沉沉欲睡』之苦、孰得孰失、不言自喻、式如下、

福建省議會、曩以福建下游一帶、米糧缺乏、向取給於台灣浙江、自台灣割讓、僅恃溫台各屬以補不足、但浙米自中日戰後、卽懸爲厲禁、禁運出口、致閩船業漁赴浙、懋遷有無、每於返閩運米南去之時、爲漁船扣留充公、閩省議會特咨閩省長、請轉咨浙省長、飭溫台各屬、許商船運米出口、若慮奸商射利、輸販外洋、則應由閩省官廳、給予護照、往浙採運、經溫台各地長官查驗後、准予出口、抵閩時、卽將所領護照、呈繳所在關局核銷、如運回米數與所買不符、確係販賣出洋者、卽送交法庭治罪、現閩省長已據情轉咨浙省長矣、

(3)第三例

淞滬戒嚴司令昨發布告云、『爲布告事、據上海兵工廠呈稱、爲呈報事、竊本廠新造軍械、向有演放試驗之舉、現定於本月十四日下午一時、在西炮台試放過山砲、當此戒嚴時期、易滋誤會、爲特呈請布告居民、一體週知、萬勿誤會、實級公誼、謹呈、等語前來、爲特布告、仰居民人等、一體知照、萬勿誤會、此布、』

此項布告、無關重要、故亦應節爲新聞、試列於次、

上海兵工廠、現定本月十四日下午一時、在西炮台試放過山砲、恐居民誤會、現已由該廠呈

由戒嚴司令部布告週知矣、

第四節　公函式新聞

無關重要之『公函』、不時發見於華報、『大鑒……此致……』、千篇一律、殊爲扼腕、蓋報紙所應登載者、僅係函中之事實、而非公函之格式(報紙非尺牘)、茲比較如次、

上海商帮公會昨發通告云、『敬啟者、本會爲建築會所問題、特訂本月七日(星期六)下午六時、假大東旅社開聚餐會、討論各項重要事宜、屆時務望撥冗蒞臨、並隨帶聚餐費二元、曷勝感禱、此致某某先生、五日、』

以上所舉、乃其最簡單之一種、其他冗長而無聊者尙多、茲將上列公函、改爲新聞、則彼此所佔地位之大小、不可同日語矣、

上海商帮公會現定七日(星期六)下午六時、假大東旅社開聚餐會、討論建築會所問題、每人須帶聚餐費二元云、

但應注意者、改成新聞之『公函』、僅以普通而不重要者爲限、如下列暗殺案中在被殺者身畔搜獲之遺函一件、不特有照刊之價值、且須努力搜集此項函件、爲之製成銅版也、

金海學兄偉鑒、茲啟者、久隔光儀、殊深遠念、恭維學兄起居珍重、萬事得利、弟不勝欣慰之至、茲懇者、因我身體不幸、體受瘋疾、加以家有數口、寸步難行、困苦於鎮海、每日仰望、淚淋似珠、無款診治、實在無法、弟聞得同人等知兄財鴻名廣、懇請學兄尚念同情之誼、賜給欵項醫治、終始不忘啣結之恩矣、專此順頌大安、再批、學兄身居滬上、往來甚便、請即駕臨一行、以商善後、倘若來鎮、即賜回音、俾弟丁才生在司令部可切實保護、端無別心、為此請兄火速賜款一百元於吾、俾二人共同加入為荷、弟周孝陸丁才生手泐、回音寄司令部交丁才生收可也、

第五節　開會新聞

社會之組織愈複雜、則社團之組織愈多、吾國報紙之『開會記事』、累篇累牘、司空見慣、殊不知重要社團之開會、固有登載之價值、若無甚重要之社團開會、報紙固無許多地位、為之刊載、試舉例於後、

上海滬南商幫聯合會昨日下午四時、在會所開常會、到者沈則遠、周建勛、趙國勤、宋達夫、王心亞、吳鐵生、陳白書、黃才生、黃念祀、湯新牛等十二人、公推周素傑主席、趙立人記錄、

先由主席報告開會宗旨、略謂『本會自上月九日成立以來、幸賴同人之努力、各界之贊助、會員已逾百人、實深欣幸、今日之會、專議此後會務進行之方針』云云、詞畢、由文書主任宋達夫報告上次常會議決案、及最近收發之函件、次會計主任黃念屺報告一月來之收支帳略、計收入二百十七元八角四分二厘、支出一百十七元八角四分二厘、實存一百元、次討論會務、(一)會所問題、沈則遠主張借天文台路玉振里一千〇四號爲會所、王心亞反對之、謂會所應在地點適中之區、故主張設於蓬萊路學生會內、湯新牛附議、付表決、通過、(二)會期問題、吳鐵生主張常會每月一次、各科會議每半月舉行一次、沈則遠主張各科會議每週一次、衆無異議、通過、(三)辦事細則、宋達夫主張由文書科起草、陳曰書附議、通過、(四)日本出兵山東案、黃念屺主張本會應發通電、由文書科起草、黃才生附議、通過、直至四時許始散、

社會中恃『開會』爲生活者甚衆、惟恐其新聞不見於報紙、尤懼其『姓名』不見於新聞、一小小問題、則必今天開會、明天開會、使其『眞姓大名』、在報紙上『不落空』、而其目的乃達、報紙造成此種無腸公子式的『名人』者甚多、如滬南商幫聯合會之一段常會記事、亦某人發言、某人附議、

當廣告而爲之宣傳、所占地位、亦不宜過多、僅可酌登其『事實』、若過甚其詞之字句、則期期以爲不可、「參閱二一八頁之(十八)」

第七節　通電宣言

政府之對內對外宣言、以及政局中心人物之通電宣言、均有極大之新聞價值、如直奉戰爭時雙方之通電、江浙戰後齊燮元下野之通電、在當時之報紙、莫不視爲『好新聞』、若以六號字排在『公電』中、則其價值盡失矣、此外社團機關之通電宣言、亦有刊載之價值、如民國十五年九月間『萬縣事件』發生後、全國人民、義憤塡胸、通電宣言、紙片飛來、首幾日、各報均擇重要團體之通電宣言、爲之全文刊載、其後一連七八日、日日如此、報紙明知此係國民對外民氣之表現、不能棄之『字紙簏』中、但報紙並非專登此一問題之『專刊』、勢無如許地位以容納、無已、惟有斟酌情形、摘記發出通電宣言之團體名稱、其措辭大致相同之通電宣言、則可略焉、舉例如後、

◉各團體對外表示

自武昌合圍、陽夏陷落、北伐軍正當得手之際、忽有廣州省河事件、又有四川萬縣事件、最近又有共管聲浪、本埠各團體聞耗大爲憤激、昨又發表宣言表示憤慨者、計有學

生聯合會、國民黨江蘇省黨部、國民黨上海特別市第三區執行委員會、四川青年社、四川青年執行委員會、瓊崖新青年社、金銀工會等、措辭均極沈痛、而四川旅滬同鄉會、昨特開會、討論對付辦法、

第八節　輕微事件

輕微事件、無甚新聞價值、故在『精編主義』之下、不應累篇累牘登於報紙、但所謂輕微事件者、係指下列數種之事件、

1. 輕微之火警（未成災者、或小火即熄無甚損失者）
2. 輕微之盜案（未成规者、或雖被劫而損失極微者）
3. 輕微之傷害（如鬥毆致人輕傷者）
4. 輕微之訟案（如所爭之標的物甚小、或案情極平常者）
5. 輕微之車禍（如車輛撞傷行人、受傷甚微、或雖撞而無損者）
6. 輕微之船案（如舟隻相撞、並無死傷、或損失不大者）
7. 輕微之煙賭（如破獲極小之燕子窠、或拘獲叉麻雀者三四人等）

8. 輕微之竊案（損失極小者、或拘獲形迹可疑之竊賊等）

9. 輕微之違警案件（如妓女拉客、混用鉛角等）

10. 社會之瑣屑事件（如乞丐之倒斃等）

以上新聞、幾每日見諸報紙、浪費新聞地位於不覺、良以爲憾、故以上輕微事件、如有特別情形者外、似應屏諸『新聞欄』之外、

第九節　集會秩序

『集會秩序』徒足浪費新聞地位、無甚價值可言、故除重要之集會外（如全國商聯會開幕、關稅會議開會等）、應登其新聞、而删其『秩序』、舉例如次、

上海商幇公會昨在中心旅館開常會、其秩序（一）搖鈴開會、（二）入席、（三）推舉主席、（四）推舉記錄、（五）宣布開會、當由主席沈功善起稱、今日爲本會第一次常會、到者踴躍、無任欣幸、深望諸君發表高見云云、（六）討論會務議決加入總商會、並發行月刊、（七）聚餐、（八）攝影、（九）奏樂、（十）散會、

試思一極平常之開會、滿紙秩序、何等可厭、爲之刋載、不特地位不經濟、讀者對之亦無甚興味、

故編輯者應取『不貴量而貴質』之方針、將其中無關緊要之秩序、一律删除、而成下列極簡短之新聞、

上海商帮公會昨在中心旅館開第一次常會、沈功善主席、議决加入總商會及發行月刊云、

第十節　破除迷信

謠傳將有鬼敲門

▲陰曆五月十一二三等日

閘北方面、近來忽有一種不可思議之謠言、謂夏曆五月十一、十二、十三、等日、入晚後、各處將有鬼敲門、屆時須緊閉家門、不可外出、如聞外面有人叫喚、亦不可開門答應、否則必將病斃云云、數日來家傳戶曉、一般膽小者、頓現恐慌之狀態、有不少婦女輩、已預備在該數日中、於晚前買就應用物件、實行關門拒鬼、不再外出、

並聞此項謠傳、南市等處、亦有發現云、

◉霹靂一聲石獅粉碎

▲一時又有謠言……天明每聞獅吼

前日午後一時、天氣酷熱、俄而黑雲四佈、繼卽雷電交作、忽然霹靂一聲、將浦東陸家宅後面居民俞某住屋頂上長約尺許之石獅子一只擊碎、一時觀者畢集、據該處鄉民云、該石獅已歷多年、近來每至天未明時、恆聞得該石獅吼聲、大有躍躍欲活之勢、故遭雷擊云云、一般迷信者奔走相告、咸驚疑不定、

以上兩則新聞、見之於上海某大報、實一憾事、蓋近世科學昌明、迷信鬼神之說、漸無立足之餘地、報紙應鄭重記載、破除迷信、而不可撫拾捕風捉影之談、大登特登、須知編輯員一時之疏忽、足以貽社會無窮之惡影響、此其一、報紙上所登載者、應爲正確之事、今明知其爲謠言而登載之、殊與此原則有背、此其二、故以上第一條、絕對不必刊登、第二條則祇須刊載、石獅觸電之事實、『據該處鄉民云……』以下之一段、殊屬可笑、故亦應割棄、否則、該處居民更將「奔走相告、驚疑不定」矣、

中国近代新闻学名著系列丛书

芮必峰◎主编

最新实验新闻学（下）

——周孝庵◎著——

中国传媒大学出版社
·北京·

最新實驗新聞學

周孝庵著

第三編　新聞標題法

第一章　標題與新聞之關係

新聞有標題、猶衣之有領、網之有綱。領挈衣整、綱舉目張、亦猶新聞有標題而後條理淸晰也、新聞之優劣、視其價值之高下而判、然新聞價值之高者、如何始可使之躍然紙上、而不被湮沒、則不得不賴標題、標題者新聞之縮影、事實之骨髓、貴將事實之活動性全部表現、讀者見生動活潑之標題、不特足以起其閱讀之念、且可令繁忙之讀者、祇閱標題、卽知概畧、昔人握管爲文、每好層巒起伏、婉轉曲折、曲折愈多、文章愈好、然在標題、則性質迥異、何也、以有限之字數、表現新聞之全部、曲折過多、則事實不顯、含蓄過甚、則眞相全失、其結果必令讀者多費光陰與腦力、而墮入五里霧中、莫明其妙、故標題之製作、貴在『單刀直入』『開門見山』與作文異其趣、製作標題、乃一種藝術（Head-line writing is an art）、故非有豐富之經驗、與銳利之識力、難期標題藝術之『登峯造極』、世間無數報館編輯、當深夜工作之際、一大部份之時間、輒消磨於製作標題之中、絞腦漿、竭思索、鈎心鬥角、慘淡經營、以求其精當、若詩人之『推敲』『覓句』、每經久而尚難下筆、一遇『難產』、則一種攢首蹙額之狀、有非筆墨所能形容、偶或得一良好標題、則眉飛色舞、欣然自得、精神上感覺莫大之愉快、故編者之於標題、猶詩人之於詩、非可貿然輕易下筆、往往同一新聞、以標題藝術之巧拙、而影響及於新聞本身之價值、標題關係之重要、蓋可概見矣、西方記者有言、『製作好標題之難、無異於作好詩』、(It is as difficult to write "good display heads" as to write good verse)、信匪虛語、

製作標題、必在新聞已成之後、故又與普通文章詩賦之題及書本戲劇之名不同、蓋後者先有題而後有文也、標題工作亦可爲編製新聞之測量具、所以然者、因新聞寫述之正當者、標題往往可於首段或引子(Lead)中求之、否則、編者得修改或重寫其新聞、以導之正軌、

標題宜有一定之格式、以表現每報之個性、故其製作之法、各報不必雷同、惟每報一經規定、即當遵之而行、不稍逾越其範圍、以養成讀者之習慣、

編輯工作之最後完成、在乎標題、標題不論大小、字數不論多寡、務須使其字字有意義、字字有

力量、而後成立一好標題、故製作標題、實爲編輯工作中之最重要工作、設譬以喻、則標題之在編輯藝術、直猶商店玻璃窗內之裝潢術、徬徨窗外之顧客、無異找閱新聞之讀者、裝潢得體、在能提綱挈領、擇其主要者推陳出新、則顧客未有不爲所吸引、而信步以入、購貨以去者、反之、標題顯明、表現事實、則讀者亦未有不爲興味所鼓動、而求畢讀爲快者、

報紙以報告新聞爲職志、苟僅報告而不求人『讀』、則報紙等於虛設、報告爲多事、其效力殆等於零、而報紙之本志、亦豈如斯、然以新聞介紹於人、而令之『讀』者、則莫標題若、而尤莫好標題若、好標題之完成、蓋在盡量發揮其藝術、以盡量表現新聞中之價值、藝術不高妙、則雖刊載、仍不爲人所注意、枯澀無味、其不使讀者失望而沉沉欲睡者幾希、

第二章　標題之種類

標題之種類不一、或大或小、或縱或橫、形式既多、效用斯別、有意含諷刺者、有表示驚嘆者、集成語者有之、帶疑問者亦有之、而最要之點、則編者須發揮其本能、庶標題有表現新聞中事實之力量、而成爲『新聞全部之縮影』、今試分節列舉於後、

第一節　成語

有事實複雜、而標題不足以表現透切、或表現而尙覺呆版者、則可引用適當之成語、俾讀者以對於此種成語之直覺、領悟新聞之蘊藏、但成語之標題、其病易近於『泛』、故須切合事實、

(1) 盤馬彎弓之時局

各方面紛事調防

(2) 朝秦暮楚之武人

(3) 圖窮匕見之時局

(4) 苟延殘喘之內閣

(5) 惝恍迷離之川戰

---

(6) 澎湃激盪之東大風潮

△中央與鄭[?]之往來電

△江蘇最高學府之悲運

(7) 星移物換之湖北

蕭耀南不安於位

保洛派次第免職

(8) 波濤洶湧之工潮

漢口罷工者逾萬人

青島紗工形勢險惡

香港廣州交通斷絕

唐繼堯氣象萬千(9)

入桂……攻鄂……興學

倒曹之餘音嫋嫋(10)

組織特別法庭

四面楚歌之直隸(11)

財政部羅雀掘鼠(12)

山雨欲來風滿樓之東北(13)

第二節　諷刺

新聞中事實之認爲有諷刺之必要者、似可以輕描淡寫之筆諷刺之、但應注意者、則諷刺非謾罵之謂、謾罵之標題、固絕對不應有、但諷刺之標題亦不宜多用、蓋諷刺不免含有編輯者之主觀見解、不應出之於新聞、以下所舉、大半爲甲子年江浙大戰後報上所見之標題、聊備一格而已、

(1) **所謂和平運動**

內幕中之奔走

進行中之步驟

(2) **宦海中之啼笑**

新敎長已經發表……葉恭綽將長交通

粱上棟督辦青埠……朱庭祺長膠濟路

胡景翼率軍入豫……岳維竣攢旅成師

(3) **軍閥開始分贓**

駐防屬地……割據地盤

---

(4) **縱橫離合之兵頭**

盧永祥　吳佩孚　齊燮元

(5) **議員重溫舊夢**

(6) **北方之和平夢**

(7) **武人談政**

浙盧主張廢督

湘趙申議聯治

關稅會議希望幾何(8)

英日態度皆足爲會議之梗
結果二五稅尙須交換條件

奉張門前之熱客(9)

小孫派遊說無效
温樹德率艦奔投

殺人之鉅款(10)

美國用於歐戰者
共三百五十一億

其中如『宦海中之啼笑』、則卽各報所登『宦海浮沉』之老調耳、抑知當其沉浮之際、卽爲其啼笑之時、蓋遭遇有幸有不幸、斯有悲有樂也、『啼笑』二字、極寫宦海中人物之得意與失意、形容盡致、栩栩欲活、標題之新穎、猶其餘事、更如『武人談政』、亦莫不然、武人多不諳政治、且不應談政治者也、試問以武人而高談政治、其爲福民主政治者幾何、於『談政』之上、輕輕加以『武人』二字、而已盡諷刺之能事、若改爲『武人竟靦然談政』、則失之謾罵、非所謂諷刺之本意也、又如『熱

客』『兵頭』『分贓』『和平夢』、雖似冷酷、而頗饒興趣、

第三節　摘句

凡屬名人之談話、（常人有時亦有摘句之價値）或公文中之警句、其事實極關重要者、得摘出爲標題、大小不拘、視事實而定、

(1)

中國應力求自決

英工黨領袖麥丹諾之談話

謂關稅會議範圍必求廣泛

(2)

『干犯義士地者

須以白刃對之』

羅素利尼之宣言

(3)

金交涉員抗議

日本出兵山東

致駐滬日本領署函

『公法條約蹂躪殆盡

釀成意外責將誰歸』

(4)

黃外長
昨在聯華總會演說
『果若中國的國民運動成功
不特確保太平洋沿岸太平
乃至世界和平亦得以確保』

(5)

盜匪恫嚇巡警
『幫幫忙……不要名譽』
出盒子炮監視
並剪斷了電線
然後入店行刼

(6)

傭婦之自述
「吾是痴心女
偏逢負心郎」

(7)

妻子出走之前
『要吾吃伊所製之麵
深夜與吾娓娓情話』
丈夫供稱不願離異
髮妻堅決下堂求去
官諭律師在外和解

(8)

裁厘加稅之目的

關稅處程處長之談話

「不在圖收入之增加

在求全國經濟解放」

(9)

閘北日僑應納保衛捐

「既受同樣保衛……應有納捐義務」

第四節　疑問

事實之眞相未明者、在未得確切之反證以前、不可受人利用(指被新聞所欺騙)、更不可以主觀見解、遽下肯定語氣、宜以疑問式之標題出之、大標題可、小標題亦可、昔北巖爵士曾贈威廉博士一小影、上有題語曰『如有疑寶、請卽棄之』(When in doubt, leave it out)、其意蓋在疑則設法證實之、不能證實者棄之可也、故愚以爲疑問式之標題、實屬違反新聞原則、但亦有爲事實所限、反而以採用疑問式之標題爲比較的適當者、

(1)

英貨改裝來華

華商之要求？混充美國貨？

(2)

前淸遺老蠕動耶

復辟謠言驟盛　段阻溥儀赴日

(3)

國吳和議似眞似假

國民軍提出妥協條件

吳佩孚全權代表抵京

(4)

段氏不能不去歟

行將通電表示

組閣承受政權

(5)

施從濱死矣

梟首耶　陣亡耶

(6)

豫土匪暴動耶

刼奪京漢路火車

焚殺良民一千餘

第五節　刺激性

何謂刺激性之標題、即足以引人注意、令人興奮、有足以聳動社會聞聽之力量之標題也、凡重要或富有趣味之新聞、多少宜含此『刺激性』、蓋如有聳動聞聽之新聞、而無足以聳動之標題、則新聞安能引人注意、但此種標題、以新聞重要而含興趣(即爲一般人所注意者)者爲前提、苟離事實而過甚其詞、則亦非所宜、總之、以不背新聞中之事實爲原則、

(1)
交部司長凌昭揭發
吉敦借款大黑幕
借日債一千八百萬元
賣却吉敦鐵路建築權
日本侵略三省之猛進

(2)
粵港間之危機
將造成世界大戰
大陸報之社論
希望美國調停

(3)
駭人之被殺女屍
首級手足屁股
用刀砍爲數段
拋棄垃圾桶畔

(4)
十九歲女子
失戀自殺慘劇
五層樓一躍而下
草場上血肉橫飛

(5)

晴天霹靂之
奉軍內部大變化
郭松齡倒戈
形勢極嚴重

(6)

緬甸鐵路大慘劇
▲有人破壞鐵路
▲火車中途出軌
▲死者五十二人

(7)

日人掌中之滿蒙

(8)

日兵之大暴行！
濟南中國婦女
被姦日以百計

(9)

駐外各使大聲疾呼
——汪榮寶等十三人之通電——

(10)

奉浙兩軍虎虎相視
▲上海形勢仍極嚴重
▲政府所接盧張來電
▲張宗昌在滬之談話

（11）

女師大昨日大武劇

△男女學生拒絕敎部接收

△警察被毆劉百昭亦受辱

△逮捕十四人已送檢察廳

第六節　驚嘆

事實之慘悽而足使社會興起一種悲感情緒之『共鳴』者、宜帶驚嘆語氣、但不應驚嘆而驚嘆之、亦豈報紙應有之態度、故報紙中此種標題較少見焉、

（1）

嗚呼劉河竟燬於大火

砲彈遺火肇禍

焚燒十餘小時

被災幾及半鎭

（2）

十六歲女學生

竟爲婚姻犧牲！

阿父貪財　愛女强配醫生

潛服鴉片　頓時香消玉殞

悲哉中山之死！(3)

第七節　數目

凡鉅大之整數、不論屬於人或物、最足以引人注目、故應由新聞中摘出為標題、以增讀者興味、茲列舉於次、

德人失業達百萬(1)

遺產一萬零七百萬(2)
美孚油行股東
哈克納斯夫人

盛氏之財產總額(3)
一千三百四十九萬餘

日婦年已七十(4)
資產達二萬萬元
鈴木商店之鈴木米子

(5)

結婚廿一載
忽然欲離婚

(6)

三十萬鴉片充公

但尚有例外、如數目極小者、有時反有摘出爲標題之價值、舉例於次、

(8)

新舊不相容之家庭

爲了一杯茶
姑媳起齟齬
夫婦竟離異

(7)

新大明輪傾覆
溺死三百餘人
日輪肇禍圖逃
釀成空前慘劇
失貨三百餘件

(9)

强盜大失望
路刼行人十名
均係工廠苦力
僅搜去洋二元

（9）竊得銅元十枚
臨逃失足跌斃

又如人之年齡、極大或極小、亦爲一般人所注意、此種新聞價值、亦不可抹煞也、

(11)七旬老叟自殺
素有神經病
家產十餘萬

(12)十九歲之法學博士

總之、標題之製作、須根據新聞中之事實、其運用之手腕、各有巧妙不同、其變化亦無窮、本章所舉、聊備讀者諸君之借鏡焉耳、

第三章　標題作法之要點

任何標題、須保持客觀的態度、但其作法則變化無窮、能否曲盡其妙、一視新聞內容之如何、一

視編輯藝術之高下、至若製作標題之要點、則有下列十三項、

1. 標題產生於新聞、以不背新聞中之事實爲原則、故宜重事實、不宜臆斷、

2. 標題爲新聞之縮影、故揭出者須爲新聞中之主要事實、或最有新聞價值之點、而盡量表現之、發揮之、題意務須顯明活潑、

3. 標題須包含新聞中事實之主體、起因、結果等等、而以最適當最經濟之字句記述之、換言之、凡標題而空泛不切事實、甚至事件之性質不能表明者、絕對不應成立、蓋讀了此種標題以後、對於事實仍莫名其妙也、

4. 標題不論大小、務須一題敘一事、凡同樣之一事、已見於大標題者、不宜重複敘述於小標題或分段標題中、至若同樣之字句、亦不宜多見、

5. 標題貴在以少許之『字』、敘多量之『事』、故用字須精當、否則、即無力量及效力、

6. 標題中之時間、須表示『現在』、

7. 標題之大小縱橫、以新聞繁簡及新聞價值而定、其事實複雜而一題不足表明者、則除大標題外、應立小標題、更不足、則用分段標題、

8. 標題活字（卽鉛字）之大小、與新聞中之價值爲正比例、重要者大之、次要者小之、但不當大而大、或不應小而小、均非所宜、

9. 標題中用字之多寡、不宜過多、亦不宜過簡、由編輯者評量新聞價值而定之、

10. 標題之『神』、寄於動詞、但以有動詞爲原則、無動詞爲例外、

11. 毋過用感情、

12. 毋損毀他人、

13. 標題應求其整齊美觀、

第四章　標題之用字

標題精神、在乎『用字』、用字不當、卽無力量、且失效力、新聞價值亦全部喪失、故製作標題之最難而最應注意者、莫標題之用字若、茲分別論之於後、

▲第一例▼

標題不特須揭出主要事實或新聞中最有價值之點、且須將事實之『主體』及『起因』『結果』等、摘出爲標題、

孕婦戀財　葬身火窟

以上『孕婦』爲主體、『戀財』爲起因、『葬身火窟』爲結果、如易爲『焚斃婦人』、卽爲用字不妥、蓋以新聞價值言、焚斃婦人係尋常之事、但若死者爲一孕婦、且又因戀財而死、則相去不可以道里計、以上標題、如將『孕』之一字、輕輕放過、卽爲抹煞新聞價值、其中『戀財』一點、苟亦略焉不提、則其爲不完整之標題無疑、

▲第二例▼

標題之配置、隨各人之眼光與藝術而異、故有以『起因』爲大標題、而以『結果』爲小標題者、亦有大標題爲事實之『結果』、而小標題則爲事實之『起因』者、其輕重升降、應以新聞價值定之、下列一則、與第一例不同、蓋以『起因』爲大標題、而以『結果』爲小標題者也、

結縭念載私奔八次

丈夫起訴……宮准離婚

此種標題、極爲顯豁活潑、但如易爲下列之標題、(一)『結婚念年竟離異』、(二)『婦人私奔准予

離異』、(三)其他類似之標題、則其不妥之點、第一題在不將『私奔』及『丈夫起訴』之二點揭出、第二題則雖揭出『私奔』爲離婚之原因、然最惹人注意之『結婚念年』一點則忽略之、殊爲美中不足、

▲第三例▼

標題之大病、在不將事件之性質敘明、致讀者讀了以後、對於事實、仍不得要領、如

救命！救命！

籬笆內有一人

地上鮮血滿地

男子倒臥其中

此處之大標題、未指如何之事件、令人莫名其妙、根本失其效力、且『救命！救命！』用字殊不妥當、即『地上』與『滿地』、字意亦相衝突、而所謂『籬笆內有一人』者、字句亦欠斟酌、簡直無成立其爲大標題之可能、此種幼稚之標題、徒耗地位、毫無力量、似應就原有題意易爲

血泊中之男子

倒臥竹籬之內

大呼救命不已

但其中尙有缺憾者、卽男子何以倒臥於血泊中？自殺歟被殺歟？兇手如何？傷勢如何？均未揭出爲標題、故一般人雖知有『男子倒臥血泊中』之事實、而其起因結果則尙不能明瞭也、

▲第四例▼

更如江浙第一次大戰後（一九二四年）、上海總商會奉令接收兵工廠、（新聞極長、從略）乃各報僅用

總商會接收兵工廠

之大標題、而新聞中如何接收之一點、則未加揭出、仍有不足使人了然之憾、故應加下列之小標題以顯明之、

駐廠軍隊全撤……代以保

衛團……六廠上封加鎖……

鍊鋼廠等定今晨接收

▲第五例▼

標題中最忌泛語、或冗蕪之字句、若下列一則中之『愛……傷了』數字、實屬廢話、令人見了大標題、不知所指何事、其病與第三例同、故不若删去原有字句、而將事實之性質提出、使人一目了然、如

愛……傷了

住居天潼路聯安里三十號之粵人談美鎧、有女名愛、年十七歲、昨日午後一時許、愛在曬台上曬衣、偶一不愼、跌入台下夾弄內、致破頭骨斷、當經家人送往廣仁醫院醫治、已氣息僅屬、傷勢甚爲危險、

十七歲女子
曬台上跌下
已氣息僅屬

……………………
……………………
……………………
……………………
……………………
……………………
……………………
……………………

▲第六例▼

凡成立一文句、其中須有動詞、標題亦以有動詞爲原則、庶其表現之事實、得顯明活潑、如

（一）少婦自殺旅館中
係喬德輝之妾
房內搜出烟具
遺有行李兩件

（二）張紹曾被刺於妓院

（三）中華隊大勝萬國籃球

（四）新娘變成寡婦
嫁了半月夫郎病故
控被虐待請求脫離
辯論終結諭候宣判

（五）菜館夥冒充軍官
婦人獨臥前去叩門
意圖非禮耳光兩記
穿了軍服尋釁被拘

（六）

夫婦不晤五年

妻子訴請離異

但夫失蹤無證

（七）

滬寧間試航民用飛機

（八）

南市總捐問題解決

市房納百分十

居戶納百分六

專就大標題言、第一題苟無『自殺』、第二題無『被刺』、第三題無『勝』、第四題無『變成』、第五題無『冒充』、第六題無『晤』、第七題無『試航』、第八題無『解決』等幾個動詞、則不特不能表現新聞中之事實、且亦不成其爲標題矣、

但標題無動詞者、間亦有之、故尙有例外、如

（一）

熊司令之兵工計劃

築路：建兵房：闢公園

（二）

徐州誤爆地雷之慘劇

炸斃三十餘人　燬屋六十五間

(三)

馬振華女士之父

馬炎文之談話

『吾女受新文化，而新得不徹底，

所守道德係舊，而舊得不徹底，

乃死於新文化舊道德相混之中。』

(四)

謀害親夫案供詞

原告說：

『妻叉咽喉女捏睾丸』

被告說：

『夫賣產業恐嚇而已』

(五)

大通巨刼後之糾紛

失主公司各有理由

責任問題驟難解決

(六)

招商局之債務

滙豐催還押款五百六十萬圓

(七)

中英交涉之準備

英使由香港起程

以上七個大標題中、均無一動詞、然亦未嘗不可成立爲一標題、故標題以有動詞爲原則、無動詞爲例外、但此項無動詞之大標題、須補充以小標題、苟無小標題、仍爲不完全之標題、例如、僅有

『熊司令之兵工計劃』之大標題、而無『築路：建兵房：闢公園』之小標題、此項標題仍不顯明、讀者仍不知其爲何種『計劃』、故無甚力量、此則不可不注意也、

但無動詞之大標題、尚有二種作法（參閱第五章）、一爲意義相連而語句不相連者、以上所舉七例是也、一爲與小標題意義語句皆相連者、下列所舉即是、如

新嘉坡軍港問題

此種標題、有二個缺點、一爲其中無動詞、一即無小標題、致一般人對此『問題』之內容、仍莫名其妙、等於題而不標、故至少須加以下列之動詞、庶主要事實、躍然紙上、成爲一完整之標題、

引起各國注目

釀成英日猜忌

此處係以『新嘉坡軍港問題』爲句主（Subject）、而以『引起』與『釀成』兩動詞爲句賓（Predicate）、設有前半截而無後半截、即屬不完全、

▲第七例▼

標題爲新聞之骨髓、貴在『開山見山』、而用字須精練明達、前既言之、但邇來少數報紙、尙有一種現象、卽爲標題之『詩化』(或回目化)、此種標題、似詩非詩、新聞中之事實、完全不能表現、卽或表現、亦不能切合事實、其予讀者時間上精神上之不經濟爲何如、「最近蘇州寒山寺內發生潛匿日僧之事、引起地方上之注意、某報大標題、竟引用唐詩二句、爲『姑蘇城外寒山寺』『夜半鐘聲到客船』、讀後、令人莫名其妙、更讀新聞內容、始悉原委、但新聞中絕無『夜半』『鐘聲』到客船』等等之事實、有牛頭不對馬嘴之誚、蓋編者祇欲引用『姑蘇城外寒山寺』之句、致將完全無關之『夜半鐘聲到客船』一句、亦列爲大標題之一、不特不切事實、且令讀者見了上列標題後、墮入五里霧中矣、茲更舉例而論之、

(一)雪花吃醋吞烟

蘭花院裏雪花娘
爲了情郎把醋嘗
了却殘生芙蓉服
幸遇仁醫放還陽

住居法租界寶裕里之丁某、與法租界鄭家木橋對面蘭花院內妓女雪花老三最爲親暱、詎於上星期起又與唐家弄阿秀妍識、昨日(初四日)被老三偵悉、醋性大發、見案上芙蓉膏、竟爾吞服、幸旁晚丁桂生到彼得悉、即送仁濟醫院救治、因逾時未久、尙少危險、已治愈出院、

以大標題言、『雪花』並非滬上之名妓、知者甚少、(凡人名之非著名者、無提出爲標題之必要)、讀者不知其爲何如人、且究爲普通女子歟、抑妓女歟、字義含混、易起誤會、且與小標題中之『雪花娘』相衝突、故不如易『雪花』爲『妓女』之較妥、蓋後者一針見血、事實較易明瞭也、更以小標題言、則似屬一首歪詩、不特俗不可耐、抑且弊病甚多、如『爲了情郎把醋嘗』與大標題之意義相似、『了却殘生芙蓉服』亦嫌重複、原則上無成立之餘地、更如『放還陽』一語、一若死了還魂、豈不與事實相距甚遠、故不如單刀直入、易大標題爲『醋海興波』、而以『狎客另結新歡』『妓女服毒獲救』二行爲小標題之較爲妥切明瞭也、

(二)

娘子軍大打出手

△春眠不覺曉　△何處聞啼鳥
△忽來娘子兵　△醋流知多少

有前充某處偵緝隊隊長韋某、性好漁色、樂此不疲、家中已有一妻二妾、宜可以終老溫柔、安享豔福、乃韋某意尤未足、深諳家花不及野花香之說、楚館秦樓、游蹤常繫、眠花宿柳、幾無虛夕、當此春光駘蕩、春色惱人、樓頭少婦、盼良人久不見、自有欲眠不得之概、昨日上午八時許、正值韋某挾同三馬路某里妓女小老四、在南京路東亞旅館四樓某號房間內交頭並枕、好夢猶酣時、忽被其家中妻妾偵悉、當即親率娘子軍多人、浩浩蕩蕩、至某號房間內、一見之下、頓時柳眉倒豎、杏眼圓睜、辱罵與喊打之聲並起、乒乓劈拍、韋某從睡夢中驚起、知事雖成、春光已洩、一時驚動附近各房旅客、聞訊來觀者、室內室外、不下數十人、十手所指、十目所視之下、韋某遂乘機兎脫、厥狀異常狼狽、而妓女小老四、則以寡不敵衆、婉轉哀啼、情殊可憐云、

以上小標題、仿用唐詩、形容一幕『醋劇』、其實此種新聞、無甚新聞價値、本無刊載之必要、即退一步而認爲可以刊載、則此項小標題、似亦不甚妥切、均無提出爲標題之必要、蓋此項標題之

病、（一）在乎套用詩句、勉强湊合、似覺太虛渺而事實反致不顯、何則、此項新聞實爲妻妾因丈夫與妓女幽會而發、但見了以上標題、讀者對於事實、仍覺茫然、此無他、『春眠不覺曉』『何處聞啼鳥』云云、用於文學性質之作品中、固甚適當、但用在標題中、則反有以文害義之弊耳、（二）標題與文學不同、卽使標題中所引用之詩句、與事實完全切合、然有欣賞或對『詩』有特別之興味者、僅限於一小部份之讀者、此報紙所以貴『通俗』、而標題所以貴『開門見山』、俾最多數讀者之能了解事實也、

玫瑰衫子貌美於花

（三）

△道旁省識春風面

△宛宛相携游戲場

△好夢未圓人已到

△可憐情景太悽惶

所謂『玫瑰衫子貌美於花』者、果指何事、殊令不解、搆成新聞要素之『What』一點、完全不能在大標題中表現出來、卽就小標題而言、雖有四個、不可爲少、然此項小標題之病、正與大標題同、

一言以蔽之、則病在不能表現新聞中全部之活動性、致予讀者以時間上精神上之不經濟、雖讀了此五個標題以後、必尚難明新聞中究爲如何之事實、若易以下列標題、自較顯豁明瞭矣、

途遇美女子

竟是仙人跳

同入小飯店……遨遊大世界

正在開旅館……突來兩男子

婦人等詐欺取財

各處徒刑十一月

▲第八例▼

參差不齊之標題、形式上極不美觀、其藝術低劣可知、故此種情形、用字尤宜注意、

萬縣案情勢嚴重

▲英使　求釋放兩輪並賠償損失

▲對轟城殺人事件一字不提

▲英兵艦十一艘將來滬

▲浙民黨通電請斷絕關係

▲滬各團討辦法

▲主張經濟絕交

上列小標題、用字大小、高下不當、且『空白』太多、殊非所宜、故其中之小標題不如改爲

英使要求釋輪賠損失

對轟城殺人一字不提

英艦十一艘來滬示威

華人經濟絕交之主張

由此以觀、則原題不特參差不齊、且又有小題過多而不扼要之憾、蓋斷絕關係與經濟絕交相似、應減省爲一題足矣、至若『滬各團討辦法』一語、辭意晦澀、且在標題中亦非必要、故亦一併

略之、

▲第九例▼

標題之作立、應以新聞中之事實爲根據、閉門造車、空中樓閣、固非所宜、而批評語氣、尤不可有、蓋批評應出於『社評』、而不應出諸標題、如下列某報之蘇州通信一則、『可殺』二字、完全係編者之主觀見解、若改爲『兵士冒名索詐』、似與事實較爲恰合、

蘇州通信

▲兵士勒索可殺　閶胥盤區救火會會員顧某、前日由南翔回蘇、臨行由其親戚送與醬油四瓶、共重四斤、搭滬錫車來蘇、在胥濟里站下車、詎被處自稱緝私營之兵士、挾至同𡊮辦事處、指携帶醬油爲私販鹽斤、勒索洋五十元、顧適携一幼子同行、該營兵等聲勢洶洶、顧恐驚其子、乃將身上銀錢、悉數與之、始得釋出、醬油則未經發回、收條亦隻字未簽云、

▲第十例▼

標題大小、應以事實之重輕而定、前既言之矣、顧華報尙多忽於此者、試舉例以明之、

米糧公會覆總商會函

爲取締吳淞江沿河開竹行事

滬北經售米糧公會、昨爲取締吳淞江開設竹行事、覆上海總商會函云、『接誦復函、敬悉貴會俯念吳淞江河道通塞、關係航運民食、荷承轉函廳縣、請予取締、並囑敝會調查周金孫各節、准此、毋任感激、遵經派員詳查、茲據覆稱、査得周金孫前在光復路梅園路口順豐絲廠門前空地開設竹行、上年因河道梗阻、經警廳取締閉歇、虧耗鉅款、現該號原址、忽有愼康昌竹號、已在裝修將竣、擇日開張、該處地點、卽來函囑查之處、倘不勒令停止、將何以維持警廳佈告取締之威信、將何以對遵令停業虧耗鉅款之周金孫、是非恃有碍吳淞江河流宣洩、梗阻米船進埠、而各業擔負鉅款開浚、豈非虛耗金錢、准函前因、相應遵查、復請察照、如該行果已領有財廳牙帖布告、應請轉請吊銷、以符成案、實深公感』

此中之主要事實、乃在『取締吳淞江沿河開竹行事』、而不在『米糧公會覆總商會函』、大小顚倒、價值全失、且竹行之取締乎抑否乎、不能以一『事』字籠統了之、而應摘出新聞中『忽有愼康昌竹號已在裝修將竣、……倘不勒令停止、將何以維持警廳布告取締之威信、將何以對遵令停業虧耗鉅款之周金孫、……如領有財廳牙帖布告、應請轉請吊銷』爲標題、如

取締吳淞江竹行之查覆

周金孫雖已遵令停業
愼康昌忽在原地開張
米糧公會請勒令停止

如此、則此事之眞相全明、奈何編者不明輕重、而昧於此點、豈不深可惜哉、

▲第十一例▼

新聞紙上、有一種習慣用語、時見於標題中、如南洋大學簡稱南大、第三中學簡稱三中、財政部簡稱財部、教育廳簡稱教廳、關稅會議簡稱關會、中國銀行簡稱中行、北火車站簡稱北站、段祺瑞簡稱段氏、但簡稱之是否適用、宜以讀者之能否領略爲標準、例如財政部簡稱財部、人盡知

之、用之似無不可、若上海新聞大學略稱爲『上海新大』、則易起誤會、因『上海新大』四字、或可作爲上海新大銀行、或可作爲上海新華大學、故不宜用、茲將簡稱之用法、列舉於次、

關會將重開耶
英日主動之
美法附和之

此『關會』卽指關稅會議而言、但此項『習慣用語』之由來、實因原文之名稱太長、而標題之字數有限、若完全照錄、卽覺可厭、如『關會將重開耶』、讀時殊覺便利、設易以『關稅會議將重開耶』、則『一行』之地位中、恐無容納此八字之餘地、且較『關稅會議』字數更多者、如『商務印書館有限公司』、再加以『盈餘一百萬』之事實、試問不爲之縮短、『一行』之地位中、能容納如許字數耶、但須注意者、則此項習慣用語、以名稱爲限、且以字數較多而在新聞地位中不能不縮短者爲限(並非一律均可縮短)、如『中國銀行開會』、可全用此『中國銀行』四字、若『中國銀行發行鈔票五十萬』、則卽應改爲『中行發行鈔票五十萬』、因不節短、標題有太長之虞、

▲第十二例▼

標題不論大小、用字須求字字有力量、字字有效力、已述於前、於此有應引證者、如綁匪撕票、乃一種慘目傷心之事、標題中遇此種事件、應用『慘劇』或『大慘劇』、以促人注意而興奮其情感、如

綁匪撕票大慘劇

老父與幼子

均身首異處

發現於滬西

若輕輕以『綁匪撕票』四字爲標題、即不足以動人、人亦以普通事件視之矣、

▲第十三例▼

退職華捕自殺殺妻

年已六十六歲

自己鎗中要害

髮妻亦即氣絕

上列大標題、固已盡顯明活潑之能事、然小標題之用字、則殊有不妥之處、(一)寫述標題、有一

原則、即爲『標題不論大小、務須一題敍一事』、其意蓋指同樣之一事、不宜於二個標題中重複敍述、茲將上項小標題分析之、則除『年已六十六歲』爲另敍一事外、其他『自己鎗中要害』、卽係指『自殺』之一點、已與大標題重複、『髮妻亦卽氣絕』又與大標題中『殺妻』之點重複、大可不用、改善之法、莫若提出新聞中之其他事實而寫述之、如易以『平日患神經病』、『遺有五子六女』、卽較妥善、(二)又『自己鎗中要害』與『髮妻亦卽氣絕』之排列次序、亦有斟酌之處、蓋大標題中之華捕自殺殺妻一點、究竟先殺妻而後自殺歟、純係事實問題、據上項小標題以觀、自己旣鎗中要害、焉能再殺其妻、此種新聞、在未經審判以前發表、最貽惹起誤會、而貽害他人、故編者對於用字固宜斟酌、而標題排列之前後、亦應根據事實、審慎出之也、

▲第十四例▼

同樣之事實、固不宜重複、而同樣之字句、更不宜重見、此乃不可不注意者、如

戀愛忽生慘劇

一對男女學生
爲因求婚不遂
男的鎗殺女的

戀愛慘劇

昨日下午一時許、南京大北旅館中、忽發生一段慘劇、後經調查、則該社第四號房間中、本住有男女學生二人、男姓王名立人、女名林芝英、年均二十二、同爲閩人、係在本埠大中大學肄業、上午尙無異動、及至十二時許、忽生齟齬、茶房在門外聽得雙方碎碗及拍桌之聲、亦不疑有他、後忽聞鎗聲一响、知有異、乃即推門入視、則女已倒臥血泊中而死、

求婚不遂

茶房即報告帳房、轉報捕房、後即派員將兇手王立人拘去、加以訊問、據供與死者自幼同鄉同學、詎到滬後、女忽變態、別有所屬、向之求婚、竟爲拒絕、昨晨招來詰問、一時氣憤、將其鎗殺云云、

上列之分段標題、均犯重複之病、蓋『戀愛慘劇』四字、實與大標題之字句相重複、『求婚不遂』四字、已見於小標題、不宜再見、此無他、重複之字句、讀者易誤爲同一之事實、不能鼓動其興味、每棄而不讀、故應另行提出其他事實、另行寫述、第一分段標題可改爲『鎗聲一響』或『血中女屍』、第二分段標題可改爲『殺女由來』或『兇手自述』、兩者相較、用字之優拙、不可同日語矣、

第五章　大小標題之製作

第一節　大標題

製作標題之步驟、先細察新聞中最主要或最有價值之一點何在、此卽一般人所謂之『新聞眼』、然後以之爲大標題、大標題不足以包含全部事實、上不得不用小標題或分段標題、故大標題爲標題中之主腦、無大標題、卽無成立小標題之可能、新聞可無小標題、而不可無大標題、換言之、新聞無大標題、卽爲編輯藝術上最大之缺憾（如吾國各報之電報、一部份有標題、一部份尙付缺如）、

歐美新聞學家嘗以『五W』（What? Who? Where? When? Why?）搆成新聞之要素（見第一編第四章）、標題旣爲新聞之縮影、應顯露其要點之所在、而表現新聞中之價值、故當標題未定之際、應先在此五個W中、細察孰　標出之價值、而標出之中、更以何者爲特別重要、然後以之爲大標題、卽以綁匪撕票一事爲例、可就其事之性質、竟書『綁匪撕票慘劇』（卽 What）爲大標題、而以『Who』『Where』等爲小標題、若被撕　爲一著名人物、則其姓名應提出於大標題中、以引人注意、如『張卓夫被匪撕票』是、又如被撕者不止一人、則其人數亦應包含於大標題中、如『綁匪

連撕四票』是、然後表現其變化之情形、而將被撕之人及撕票之地點及情狀等等、以最精練明瞭之字句、製作於小標題中、但大標題並非必以新聞要素中之『What』而成、如以上所述『張卓夫被匪撕票』一題、實包含『Who』及『What』二點、又如『張紹曾在妓院被刺』則含『Who』『Where』及『What』三者而成、更如『張紹曾今晨被刺於醫院』、則除『Who』『Where』『What』三者外、又包含一『When』矣、此種標題、不啻一全部之新聞、事實躍然紙上、一目了然、(大標題中姓名之提出、以著名之人物爲宜、否則、可先提出事實、如以爲必要、再提出其姓名於小標題中)、至若以上撕票案中之『Why』一點、標題中可省略之、蓋撕票大半爲『勒贖不遂』不言可喻也、(但暗殺案等、則應標其原因、俾事實更覺顯豁)、茲更例舉大標題之作法如次、

(一)大標題與小標題意義語句皆相連者、

殘忍的丈夫(1)

將妻殺死房中
頭顱業已半斷
出外拜年不返

不幸之賭徒(2)

贏得一千元
深夜遇暴徒
現洋盡被刼

滿蒙問題 (3)

日俄侵略益力
領署遍設各地
商業由其操縱

(二)意義相連、而語句不相連者、

秦善卿被綁脫險 (1)

幽禁匪窟兩日
匪徒待以上賓
三十六萬贖出

富商投機失敗 (2)

毎日聽書消悶
邂逅小脚婦人
租界金屋藏嬌
髮妻訴請徹究

親女替父報仇 (3)

父親爲盜所殺
本滬秘密偵查
昨投捕房報告
匪窟擒獲五名

第二節　小標題

小標題爲大標題之『補充』、極爲重要、吾國報紙、向不注意於此、一件新聞、立一大標題、卽爲畢事、輒使讀者見了標題以後、尙不明悉新聞中之事實、實一遺憾、茲論其作法如次、

▲第一例▼

在滬西極司斐爾路四號門牌廣東人鄭伯昭家爲雇傭之保鏢俄人、名尼秋佛陀夫(G. Neehuidaff)、於昨晨四時三十分時、用手槍自戕於所寓西式平屋第一間屋內、茲將所得情形、探錄於後、尼秋佛陀夫、於一年前認識一同國之少女、女名亞力拉(Kiebtar)、現住於法租界環龍路一三八號門牌屋內、芳年十八、容顏映麗、心心

相印、愛好逾恆、尼秋佛陀夫迭次向亞力拉乞婚、顧以其人漂泊異國、孑然一身、而今爲人司更守衛、月僅得五十元之收入、烏足以俯蓄妻子、故當乞婚之時、女輒依違之、然亦不示以拒絕、迨至日前、尼秋佛陀夫偵知情敵多人、各向亞力拉獻媚博愛、美人芳心、非我所屬、情場敗績、厭世念萌、當其自殺之數小時前、猶致信於亞力拉、其辭略謂『是書到君手、吾倆已無再面之日、善事後人、莫以我爲念』云云、是則尼秋佛陀夫爲情場失敗而死也、尼秋佛陀夫在鄭家司警衛、因其雇有三俄人、故得輪流值班、按時任責、尼於去死之前夕、八時許、曾外出、其出之時、係佈梯於牆邊、踰垣而出、因避免主人之責其擅離職守也、當其出時、曾赴環龍路亞力拉家、顧與女不值、旋至滬東榆林路五十號門牌屋內、其友俄人密諾夫（M nofr）處、密爲花旗烟公司之司閽人、尼見其友、嘗作嘆息聲、且謂爲人如此、生趣毫無、不如速死、死較生爲樂也、繼謂吾將欲離上海、而赴哈爾濱、吾已託友在是間覓機會、吾知吾友將有書慰我、是書到時、請代收之、旋又來兩俄友、尼亦向之作厭世語、當時其友輩多不知其於數小時遽爾實行也、閒談至十一點四十分鐘時、尼起身作別、密諾夫曾挽留之、謂夜深如此、今宵可在是間宿、明日歸去、尼不爲從、竟絕裾而行、回抵鄭宅、時正子夜一時、仍向原路踰垣而入、當時固無有人見其踰垣之出入也、尼秋佛陀夫於斜陽欲墮時、曾向一廣東傭婦趙陳氏、以手作勢、問梯子何在、趙陳氏示其所在、顧不知作何用也、迨其自殺後之翌日、見梯子傍其所居室外之牆傍、已非向時所置之處矣、而據鄭宅看門之巡捕紹興人陳阿全云、其在前晚六點鐘上差、翌晨六點鐘下差、在此差上、未見其人進出於門間也云云、迨後密諾夫之證明前晚死者至其家、於是發見其進出、係由於墻頭上云、自死者氣絕後、由靜安寺捕房派探、將尸舁入斐倫路驗尸所、前日為總理紀念日、臨時法院停止辦公、乃於昨日午刻稟請臨時法院、委葛推事蒞所檢驗一過、升座公案、據西探長脫老特偕俄探拾土、先後投訴、據云得報後、前往調查、得死者、臥於床上、手槍落在地板上、係死者臥在床上自用手槍、由右手執槍、從背後開放、襯衣上有一小孔、彈從前胸穿出、彈殼遺於裏床沿、並在死者房內、檢出與一俄女亞力拉密司脫往來信件多封、均係俄文、已譯成中文英文、言至此將信件及手槍彈殼等呈驗、

以上新聞一則、係『俄人自殺』之事實、此為新聞中之主要事實、應揭出為大標題、然其因何自殺、則可補充於小標題中、如下列所舉、乃一有力之小標題、新聞價值、躍然紙上、

俄人開鎗自殺

戀一年輕俄女
求婚數次不成
情場失敗厭世

◀第二例▶

製作小標題時、應有『分組』之必要、茲暫定為上中下三組（有時雖有在三組以上者、但與其多而不切要、不若少而精要）、如上列『戀一年輕俄女』即為上組、『求婚數次不成』乃屬中組、『情場失敗厭世』則為下組、但應注意者、則每組所敘述之事實、不可重複、蓋依製作標題之原則、須『一題敘一事』也、此外、大標題有時亦行分組者、限於篇幅、不贅、

小標題固應分組、但其中亦有大小輕重之別、重要者大之、次要者小之、重複者避之、無提出為標題價值者棄之、此種小標題、始有力量、下列二則、乃小標題中之大小作法也、

（一）

長途奔波粵女尋父

父為華人母係日婦

母氏亡故無家可歸

貸得旅費乘輪來滬

尋父不遇身世凄涼

（二）

男女綁匪之審問

大半為嵊縣人

做木匠的多數

看守肉票　月薪五元

事主到庭　說明經過

大標題亦未嘗不可分組、「鉛字」則視其性質而定之、但分組太多、不特浪費地位、且形式亦不甚美觀、故標題不論大小、其用字須精當、分組亦然、過多與過少、均非所宜、又如、

青年婦人被殺旅館之慘劇

北海路西藏路口(大世界之北、遠東飯店之東)敬勝旅遠、於前日(元旦)上午十時許、來有男客一人、自言姓張名子峯、年二十四歲、本地人、當借定七號房間、隨手將房費六元六角、及茶房酒錢等一併付訖、旋卽外出、至下午又來、入房後來一青年少婦、自言姓王、匆匆入七號房間、入晚、二人在牀前各進蛋炒飯、言笑無他異、旅館以爲客人進出、乃屬常事、遂不以爲意、二人就寢後、亦無勃谿爭吵聲、深夜四時許(卽昨晨)茶房照例將電燈關熄、至昨晨(二日)上午八時許、男客張子峯起牀、洗盥旣畢、卽行出外、時正九時〇八分、臨行謂茶房曰『予外出購物、少頃當來、如屆十二時、請備午飯、送諸該女客』言畢卽去、時鐘旣鳴十二下、茶房乃推門入室、此時帳幕未啟、呼女不應、揭帳視之、則正蒙被而臥、不見其首、茶房初疑其正在濃睡、繼因其屢喚不答、始揭起被角、意欲推之使醒、詎不視則已、一視卽魂飛天外、蓋所見者、乃一絲不掛氣息已絕之死婦也、茶房亟報告帳房、帳房隨卽投報捕房、派人前去察看、則屍之頸項間、宛然有褲帶痕、女褲尙墊在臀

部之下、血跡斑斑、不可逼視、捕房中人將旅館賬房路問一下、即將房間內之茶壺等帶去、以便檢驗有無毒質、惟昨係星期、故女屍仍擱在七號房間內、該男客張子峯則一去不返、杳如黃鶴、據茶房言、七號房間之對面爲太平門及娘姨房間、其旁爲六號房間、住有男客三人、當該女死時、全無聲息、故衆不疑其有他、漠然視之、及至昨午茶房入室喚女、始行發覺、現女致死原因、尙未明瞭、但以頸有褲帶痕跡一端而論、則事屬謀殺、當可無疑、該男客雖自言爲張子峯、衆料其早存惡念、決非其眞姓名云、

上列大標題、雖已揭出新聞中之主要事實、但一般人對於如何謀殺、因何被殺諸點、尙不能明瞭、故僅有大標題、尙不能表現新聞全部之活動性、茲試加以下列之小標題、則標題之力量與效力、不可同日語矣、

青年男女同來投宿

清晨男忽匆匆出去

茶役啟門婦已身死

頸項間發見褲帶痕

但小標題過多、不特徒占地位、且形式不美、故製作大小標題、須其有力量、有效力、更不得不求摘出適當之事實爲標題、至其他小標題之作法、可參閱其他所舉之各種標題、

第三節　分段標題

凡事實複雜、而大小標題尚不足以包含之者、則宜加用分段標題、以清眉目、此種卽爲『分類編輯法』、已詳第二編中、玆列舉其格式如左、

▲第一例▼

此種標題、較爲簡單、且分段標題中之字數、亦不限定四字、六字八字(兩行排)均可、『空前』兩字、尤覺有力、

昨晨北站空前之大火災

焚去車輛十三節
損失價值十餘萬
火員黃寶根慘死

昨日上午四時一刻、停在北站軌道間之客車車輛、突然起火、勢甚猛烈、當由路局設法灌救、並由閘北各段救火會馳往撲滅、計焚去二三四等車輛十三節、損失價值十餘萬元、閘北三段救火會司機人黃寶根、因冷汽管炸裂、受傷斃命、玆將詳細事情

形、分誌如下、

起火原因 北火車站向未有焚燬車輛情事、此次車輛突遭焚如、殊為意料所不及、起火原因傳說不一、據路局人員云、前晚盧總司令專車將來滬時、曾有甲乙二人臥於停在 第四號月臺二等空車中、當被路警瞥見、令其下車而去、火種或為該二人所遺、

焚燒情形 昨晨上午四時一刻、停在中間軌道上之第十一次滬杭客車空車中 突然起火、值夜路警呂秉田魏熙民瞥見、即狂吹警笛、由值班站長郁樹丞召集站員、立往撲救、惟時在深夜、站中人數甚少、雖以站中所備之皮帶、裝上自來水龍頭注射、奈車輛夾在中間、灌救頗屬不易、郁站長遂打電話至閘北三段救火會 報告火警、該會與北火車站近在咫尺、立即驅車到場灌救、無如路局向例、每於晚間、必將鐵柵大門側門等加鎖、救火車抵站後、竟不得其門而入、 隊長金式如等 奮勇異常、當由洋鐵皮屋頂爬越而過、接通皮帶、先行灌救、一面將側門打開、始將救火車拖入、竭力灌救、未幾、閘北第一第二等段救火車、均一律到場幫同施救、惟因東南風大作、火勢益猛、兩旁靠近之客車、亦被延燒、結果、共被焚去車輛十三節、直至上午六時許始熄滅、

火員傷斃 當火勢猛烈時、救火員均奮勇撲救、至上午五時許、閘北三段救火會司機人黃寶根、立在第三號月台、將皮帶裝接時、（黃兼灌救餘火之職）不料客車上之冷氣鐵管受火後突然爆裂、聲若霹靂、其北首 之鐵汽管、橫掠黃寶根胸前而過、黃胸部突遭巨擊、口中大呼一聲、痛倒於地、但黃身體素強、經此打擊後、猶復一

躍而起、神志亦尚清楚、惟受傷過重、未幾仍倒地、迨車至麥家圈仁濟醫院、傷勢已十分危險、醫生檢驗後謂心臟均已震碎、不及醫治、最後打一針、未能奏效、至五時三刻斃命院中、

損失估計　據該路某重要職員云、此等不幸之事、自開辦以來、並未有過、所燒之車輛、下部大半尚可再用、共計十三輛、損失約在十四五萬元之譜云、

▲第二例▼

此種標題、較上列所舉、尤為複雜、蓋係二件同性質之新聞、而合併編輯者也、

綁票匪徒一場空歡喜

綁案兩起肉票生還

一在中途乘隙脫險
一由匪黨負之而出

陳清嵐夫婦
在西藏路綁上汽車
汽車傾陷中途脫險
其婦被刦金戒兩枚

出事之始　中美榨油公司職員潮州人陳清嵐、昨晨一時許、與婦人陳王氏從西藏路文元里韓江絲竹會內步出、正欲登自備之四千七百號汽車歸家、突來綁票匪二名、各執手槍、嚇禁陳與氏及其汽車夫聲張、一

匪登車廂、監守陳清嵐與陳王氏、一匪則威脅汽車夫開機駛行、車出西藏路、折入福州路、將至廣東路間、匪令停車、預伏是間之匪徒三名、次第而登、車由愛多亞路繞北蘇州路沿河濱行、

汽車傾陷　該汽車駛至楊樹浦華盛路左近、適該處修理道路、途中之電車軌道、多已挖掘、凸凹不平、該汽車開駛甚速、司機之匪、因無紅燈、亦未留意、以致車身陷入坑中、匪乃下車折回至提籃橋雇汽車、

肉票兔脫　陳清兩人、乃由二匪執鎗監視、移時、一匪問陳、謂汝能修理汽車機件否、陳回以能、匪乃偕其下車、陳開啟機頭之鐵皮車身板、使匪持之、己則凝視機件、作按揣久久、乃登車扭撥機關、使之行動、顧機已壞、仍不能行、陳開啟另一車門而下、覺距離匪徒稍遠、遂猛向前奔、是役、匪徒僅將被綁陳王氏所御金戒兩枚搶劫、餘無所獲、

粵人王某
安然歸來
自述匪窟生活
竟由匪黨救出

廣東商人王某、十二日以前、被匪綁去、昨日脫險、安然歸來、據其與記者之談話云、十二日前、乘自備之汽車赴北四川路、車至奧迪安大戲院門前、後邊飛來一輛汽車、步下匪徒二名、乃由匪徒抬掖使登匪車、疾馳而去、車至滬西虹橋路外國坟山傍之空屋中、使爲住居、前夜有一匪語王曰、我覺爲匪、終非終身計、今見君、吾欲拯之出、第君若脫離是間、吾不能逗遛上海、亦不同家鄉、蓋必要受同儕之慘劫殺戮也、敢請予我若干金、使之遠颺他處、以謀生計云云、王諾之、遂負之而行、脫離匪窟云、

第四節　總標題

『總標題』之在吾國、爲一二年來之新產物、所謂總標題者、卽爲一日間全張報紙中各種重要新聞之『總代表』、蓋報紙中所載之新聞極多、編輯者應於各種稿件均已發畢之後報紙付印之前、在各種新聞中（不論屬於政治、軍事、社會、教育、或國內外及本埠）、擇一日間最重要之事件、而製成一總標題、故甲日之總標題、卽爲甲日報紙中重要新聞之總代表、

美報中之總標題、其地位在封面『報頭』之下、各種新聞之上、縱約一二英寸、橫占八欄(Column)其所用之『活字』亦特大、吾國報紙中之總標題、每刊在第一張社論之後新聞之前、特闢地位、用特號字刋之、但總標題之下、亦有附以小標題者、此項標題中之事實、雖不若總標題之重要、但亦不失爲一日間之次要事實、此項小標題每摘自各部之重要新聞、（如國際、本埠、社會、教育、運動等欄）、兹舉例於次、

日軍一萬八千在奉天大示威

張作霖死耗證實　日本要求割青島

濟南日兵無撤期　吾國民積極抵貨

滬鎗斃大批綁匪　埃及民衆大示威

第六章　『好標題』之要素

第一節　短引

標題之作法、既述於前矣、顧其要素果何如、此點各國學者見仁見智、各有不同、然以愚所見、則簡括言之、可別爲三、一曰顯、一曰活、一曰善、標題之優劣、以此斷焉、藝術之高下、以此判焉、三者兼備、是爲理想之好標題、苟不能『善』、則求其『活』、不能『活』、則求其『顯』、『顯』爲標題之最低限度、不能明顯事實之活動性者、卽無成立之價值、請分別論之、

第二節　顯

標題忌在揭出者非新聞中主要之點、良以此種標題、讀者有不讀新聞不明眞相之苦、讀者感受痛苦尙小、而湮沒新聞價值則實大、吾國報紙之犯此病者最多、

▲第一例▼

如中央旅館破獲賭窟一案、拘獲男女賭徒至七十六人之多、乃一件極好之社會新聞、編者斯時應運用其巧妙之藝術、製作一極活潑顯豁之標題、庶盡表現出新聞中之價值、而足以鼓動讀者之興味、乃上海甲報竟爲『旅館內之賭窟』、而將新聞中最有價値之點、一字不提、其不明顯孰

甚、其標題藝術之幼稚又孰甚、若乙報之標題、則其力量之厚、不可同日語矣、茲舉例於次、

中央旅館中

空前之大賭窟

拘獲男女七十六人

內女賭徒二十四名

係退職警員所私設

小東門外民國路中央旅館四號房間、自舊歷元宵以來、每日容留一般警界退職閑散職員、在內私設賭台、抽頭聚賭、曾由市公安局拘辦、科以罰金禁止在案、茲因抗不遵辦、仍然怙惡不改、又敢任令周某等號召賭客、男女混雜、通宵賭博、前晚（十三）九時許、又爲戴局長訪聞該號房間聚有男女老幼至二百餘人之多、特派保安隊宮警武裝往拏當場逮獲賭客男女共有七十六名口、內有女賭徒二十四口、搜出賭資數百元、一併解送公安局收押、昨聞准許保釋者須交罰金一百元、其餘各賭徒押候獲到該旅館主黃春榮及經理鄧少臣等到案再行核辦云、

▲第二例▼

『香港電、汪精衛在粵寓遇刺客、未中、兇手七八人、逃、』

閱各報、有以『汪精衛被刺』爲標題者、——此固不能謂爲非新聞中之主要事實、——有且幷標題而無之者、然而其最要者乃在汪之生死、愚敢斷言、旣閱此標題以後、殆無不欲知其被刺之結果者、故作標題之最不可忽者、卽在於斯、試於原有標題之後、加以『未中』二字、則事實有更不瞭然者乎、

汪精衛被刺未中

在粵寓……兇手逃

▲第三例▼

又如下式之京電一則、

△北京電、　馮玉祥命韓復渠旅、由津撤退、暫駐南苑、

此事實簡單而極明瞭之電訊也、乃某報標題則爲『國民軍近日舉動』、試思其所揭出者爲事實之要點乎、卽退一步言、『近日舉動』四字、果爲若何之舉動乎、其不合於『顯』之原則、不言可喻、設

易以

國軍一旅撤駐南苑
係韓復渠旅
奉馮玉祥命

則豈不更明顯而切於事實、

▲第四例▼

某報載津電、『張學良由魯返津、業已五日、昨乃父來急電、促卽返奉、張今晨起程』、而其標題則爲『張學良之行踪』、抑知『行踪』二字、僅言其行程中之踪迹耳、豈能表出『究離何處』及『究至何處』之事實、故應易爲

張學良由津返奉
乃父來急電催促

二者相較、相去何如、不言可喻、惜編者不明『顯』之要素耳、

▲第五例▼

如用『……解決』『……辦法』之大標題、則應將『如何解決、如何辦法』提出爲小標題、否則、卽失之晦澀、如上海英美烟廠之工潮、罷工數閱月、失業幾萬人、然而工人堅持不懈、卒達最後之勝利、當工潮完全終了之時、社會上必注意終了前之解決辦法、如僅僅製一『英美烟廠工潮解決』之大標題、而將如何解決之一點、付諸闕如、事實卽難明瞭矣、故應製作小標題如下式、

英美烟廠工潮解決

條件正式簽定　工人領款復工

廠方繳納烟稅　承認組織工會

▲第六例▲

鞋子盒裏裝鈔票

大世界內捉茶房

三山會館牆上的紙條

小菜場魚攤旁的盒子

上列標題中的文字、雖似甚工、然犯一種不顯的毛病、因一般人見『鞋子盒裏裝鈔票』後、不知究竟何人所裝、因何裝鈔票、又見『大世界內捉茶房』後、仍不知茶房被捉原因、更不知裝鈔票與捉茶房、何以連綴而成爲一件事實、故自大標題以至小標題、卽使完全讀畢、一般人腦海中必仍盤旋着一個『到底什麼一回事？』之疑問、而必須讀者在新聞中找尋事實、始能明瞭、耗精神、費時間、實爲此種標題之所賜、若下列標題二則、則一望而知爲匪徒嚇詐之事件、其活潑顯豁、不可同日語、

嚇詐匪本來面目 (1)

女傭之親戚
大世界茶房
索詐三萬元
已拘得二名

嚇詐三萬元破獲 (2)

錢吉生接到八封信
匪係大世界內茶房
且係錢之女傭親戚
蔡文桂小癩痢被拘

其他若『鞋子盒裏藏鈔票』『三山會館牆上的紙條』等、似可棄去、因標題中所提出者只須爲新聞中最重要之事實也、

▲第七例▼

臨時法院重罪案呈省核准

▲履行換文

上列標題中、所謂『重要罪案』者、係指死刑乎、抑一等以上之徒刑乎、雖閱標題、仍不能知『呈省核准』者爲何種罪案、故易爲下列標題、始切事實而明顯、

臨時法院

判處十年徒刑以上之案件

須呈請省政府核准

▲第八例▼

晒台上的血戰

跳出綁匪一羣

捕頭手鎗落地

死者四人……肉票脫險

上列標題之缺點、即在不『顯』、(一)『晒台上的血戰』六字、用字頗佳、但究竟因何血戰、何人與何人血戰、事實殊不明瞭、似應將此大標題、分爲兩行、第一行爲『探員與綁匪』第二行爲『晒台上血戰』、庶讀者一見而事實全明、(二)『跳出綁匪一羣』、亦嫌晦澀、且既曰『跳出綁匪一羣』、而又曰『死者四人』、則所謂『死者』、殆完全指探員矣、殊不知適得其反、蓋死者之四人中、三人係綁匪、而一人係西捕頭、故『死者四人』一語、有『囫圇吞棗』之憾、(四)『肉票脫險』未將其姓名提出、若下列之標題、似較顯明活潑、

◀第九例▶

昨格殺綁匪三名

事出閘北橫浜橋

探捕破扉入匪窟

救出肉票史久豐

西副捕頭中彈死

滬北引翔港九圖地方 有許姓一族、大半爲羽士生涯、有許康康之十四歲兒子許發發、於去年八月十七、隨堂兄 許與興等出外拜懺回家、已過午夜、行經陳家頭地方樹蔭處、突有鎗彈飛來、致將許發發擊中要害、送入醫院、當卽斃命、旋由臨時法院驗明、次日忽有前廿六軍稽查處拘獲許文文一名、旋卽釋放、許康康心不甘服、近乃控告於衞戍司令部、於去臘會同捕房將許文文拘獲、發交上海地方法院訊辦、業奉預審終結、提起公訴、昨日上午由沈推事官開庭隔別審理、被告許文文供稱、許發發是堂弟、並未打死他、且當時亦未知悉、直至翌日被捕始知、但因冤屈、卽行釋放云云、原告許康康訴稱、兒子許發發被害後、翌日傍晚在家收殮時、由念六軍將許文文解來、說我子是他所殺、許文文並扳伊叔許毛毛、由羅福生處借得手槍一支、唆使殺害我子、許文文前因竊物、被我告於前地方廳、所以有仇、但許毛毛與並無仇隙、後來稽查等卽將許毛毛捕去、到王子祥茶館內私和人命、拿了三百元、卽將人一併釋放、許文文在我家中說 是他殺死我子、有趙茂來許大大尹金福許與興聽見的、又證人趙茂來、供住九圖內、種田爲生、許發發死後、我於十八夜裏去看、見有兵及穿長衫者將許文文押來、許文文說、許發發是由許毛毛教他殺的、當時許毛毛捉去以後不知云云、許大大供爲道士、所供與許康康相同、並云許文文是爲謀財產、又尹金福供稱許文文被獲、爲兵將雙手拷住、手槍放在兒手手握中、致爲問官認爲做作、不近情理、又許興興供許文文捉獲解家中時、我與許大

大同在錢家宅、所以並未看見、問官又認爲彼此言語矛盾、發生疑點、故問官諭候親自實地調查、以明眞相、

上列一則新聞、有兩個不同之標題、

康康控文文殺發發(1)
昨又開庭隔別研訊
言語矛盾發生疑點

男孩死的可疑(2)
突然中了一鎗
稽查私和人命
法院着手偵查

試就其標題藝術而比較之、則優劣立見、(一)標題中提出之人名或地名、必須有提出之價值、如黎元洪與段祺瑞借款涉訟一事、而不揭出其姓名、即屬抹煞新聞價值、反之、一尋常案件而當事人又不甚著名者、則其姓名可記於新聞中、而不必揭諸標題、蓋雖揭出、而人不注意也、第一標題中所謂『康康』『文文』『發發』者、均係羽士之姓名、在本案中、無提出之價值、且讀時亦頗費力、(二)編者僅提出不重要人之姓名、而反忘新聞中之主要事實、故如改爲『堂叔控堂姪殺子』、則事實較爲顯明矣、(三)第二標題之優點、一在於顯明、一在於提出『稽查私和人命』及『突然中

了一鎗』之兩點、但其缺點、則在未揭出『堂叔控堂姪殺子』、蓋男孩的死、固然可疑、然因何中鎗及爲何人所殺、在寫述標題時、亦不可稍忽也、

第三節　活

活爲呆之反、吾人於事於人、莫不厭『呆』、固不獨標題爲然、特於標題爲尤甚耳、試披報紙、凡令人乾燥厭惡而生趣索然者、莫非坐『呆』之病、蓋有生氣勃勃之標題、始足以濃讀者之興、厚讀者之趣、未有『呆』而新聞價值不爲之減色者、亦未有『活』而反感乾燥無味者、閒嘗察之、以爲『呆』之病、一在標題無變化、一在作法不得當、請分別論之、

甲、無變化

華報之通病、在無變化、其中尤以『昨訊』『要訊』『近聞』『續誌』等等爲甚、試舉例明之、

▲第一例▼

嘗見某項問題發生以後、報紙有高揭『九誌』『十誌』『十一誌』以至無窮『誌』爲標題者、『誌』之多少常隨一種問題或新聞之久暫、而與之相終始、問題一日不解決、則此『⋯⋯誌』字一日不斷於吾人之眼簾、連環繼續、『嘆觀止矣』、而其重要事實、則每雜諸新聞、而缺於標題、一日然、二日然、

甚至十日二十日亦然、此活歟抑呆歟、足以增讀者之趣、抑反以減讀者之興、此不待智者而後知之、如常春恒被刺一事、第一日甲報登載『常春恒被刺』之新聞、第二日之標題爲『常春恒被刺續誌』、第三日則爲『常春恒被刺三誌』之老套標題、此種標題之取厭讀者無待深論、所惜者第三日所得之新聞、明明敘述常氏被刺之原因、不以此揭出爲標題、而殿以『三誌』兩字、新聞之價値、掃地以盡矣、茲將乙報之標題、列之於次、彼此相較、乙報當勝一籌、

常春恒如此死耶

生前接到恐嚇信 共有八九封之多 欲索詐洋二千元

福州路四百三十七號門牌丹桂第一臺名伶常春恒、於本月廿七號夜十一時三刻鐘在該戲館門口被暴徒數名向其開放盒子砲十餘響、彈傷常之胸腹臂部、嗣送往白克路寶隆醫院醫治、各情已兩誌本報、茲悉常於昨晨一時二十分鐘以受創過重、醫治無效氣絕身死、當由其妻

金氏及胞弟常鑫恒等用汽車將尸體運回北福建路海寧路四百七十三號門牌寓所、並着人報告老閘捕房、至上午十一時稟請臨時法院委派葛世勛推事乘車至常家檢驗尸體、委係被槍彈擊傷斃命、復蒞斐倫路驗尸所升座公位向汽車夫朱愛生詰據、供稱是晚我開車至丹桂第一臺門首等候老板(卽常春恒)歸家晚餐、嗣見老板由內走出、我卽欲將車門開啟、突聞鎗聲十餘響、我嚇急俯身於車旁、未幾槍聲停息、我卽回首、見老板已臥於地上、身上流出鮮血、後遂將老板送往寶隆醫院、開槍之人、並未看見云云、並據尸妻常金氏投稱、死者在日性情和平、並無仇人、惟於去年九十月間曾接到恐嚇信、要求借錢、現既被人槍殺、要求緝兇究辦、代死夫伸雪等詞、又據西探長康佽投稱、發事後、卽至出事處檢獲盒子砲彈壳八枚呈察並稱捕房對於本案正着手調查云云、葛推事得供諭曰、驗得已死常春恒委係被人開槍擊傷身死、着捕房嚴緝本案兇手到案訊辦、據聞常春恒未遭槍擊之前、曾迭接郵局遞到石英叙具名嚇詐二千元之匪函有八九封之多、字跡似係一人所書、後降至五百元、常未允許、致有此禍、現家屬擬將函呈訴各捕房請究矣、

▲第二例▼

無變化之標題、病在不知提出『新事實』（一件新聞、已登若干天者）、提出新事實後、卽有生動活潑之美、而無枯燥沉悶之弊、如女伶琴雪芳家刼案、第一日已刊載之、第二日卽不應加上『續訊』兩字、卽算畢事、而應竭力搜尋新事實之有無、如其有之、卽應揭出爲大標題、以提高一般人之興味、下例新聞中之新事實、卽爲『學校司閽爲盜』之一點、靈敏之編者、此等處不容放鬆絲毫也、

學校司閽竟是盜匪

琴雪芳家刼案
盜入格致公學
先後破獲六名

坤伶琴雪芳（卽馬幼珊）、家住九江路長安里一百六十四號門牌、前晚七時四十五分突來盜匪十名、以兩盜在外把風、三盜存樓下、五盜上樓、各出手槍、嚇禁聲張、其時樓上有男子十四人、婦女十一口、樓下有男子十五人、婦女三口、均被驅之一室、加以監視、各盜遂開始搜

刦、約十分鐘、計刦得鈔票洋四十元、現洋五元、金鋼鑽戒一隻、金戒五只、金圈一只、手表五只、共值洋七百七十元、攜贓由前門逃出、時適有天蟾舞台茶房朱根通欲入琴家、見盜逃出、卽在後躡隨至廣西路、有五盜入七十七號門牌工部局格致公學內、朱遂回報天蟾舞臺主顧竹軒、派劉道昌與朱復往格致公學、劉在外守候、朱飛報老閘捕房西探長康仇、立卽督同華探長尤阿根包探丁寶華楊德春等前往格致公學拘捕、而盜已無蹤跡、當在該校司閽山東人趙天成房間檯子下抄獲盜黨拋棄之實彈手槍兩支、(內有子彈十六粒)及鈔洋四十餘元、連同趙天成一併帶回捕房、未幾看守盜匪之劉道昌、又投捕房報稱、有盜匪兩人、逃入法租界東新橋街雲州旅館二號房間內、 西探長康仇復帶同西探目灘爾丕及華探會同法捕房探員密往按址拘獲海州人沈鳳鳴韓金修兩名、提回捕房收押、昨晨解送臨時法院、 經林彪推事向被告質訊口供、均不承認搶刦、諭飭押候改期兩星期查明再訊、但至昨晨八時老閘捕房又續獲盜黨一名、該盜亦在格致公學爲司閽人將於明晨解送法院訊究、(查事已略記昨報)、

▲第三例▼

『新事實』之應注意、乃編輯新聞者應有之常識、更可於下例證之、蓋『焚斃九命』一事、一般人所注意者、厥爲死者爲何如人、及失火之由來、故第二日之報紙、應搜求此『原因何在』之新事實、始有活氣、而製大標題曰『焚斃九命之由來』、再加以小標題數行、式如下、

焚斃九命之由來

張姓家新產嬰孩

煎苦草潑翻洋燈

倖得脫險亦九人

小南門外復善堂街仁壽里十九號門牌江濟明家、於上年十二月三十一日上午兩點餘鐘失愼、焚去房屋多幢、並焚斃男女大小共計九名口、其情經紀本報、茲聞此事除已將翻出屍身江妻陳氏及躭擱在內之親戚張王氏並一歲幼女張愛孳等、由上海地方法院聞報後卽委王檢察官蒞驗分別由家屬將屍棺殮外、其餘之屍、後又分起扒出、計女子平荷鳳(念歲)幼女張愛金(十一歲)、婦人張寅弟(念二歲)張唐氏卽雲妹(念五歲)、 又產甫數日之幼女、並在上海醫院內傷重斃命之六歲男孩 張煜林等、於元旦旁晚六時、續奉法院委檢驗員到場察視各屍

身、並抄記姓氏年歲、當囑各該屍屬趕緊棺殮、聞該屋內同居者共計五六家、是晚肇禍原因、實係由張姓家新產嬰孩、煎苦草不慎、潑翻洋油燈、先未覺察、迨從夢中驚醒時、火已滿室、樓梯先已燒斷、故逃命不易、當時得以脫險者計九人、而焚斃九命、其張王氏係無錫人、爲在蘇州開羊毛店、此次帶貨來申求售、不意當晚遽罹斯難、經其夫張瑤茂聞耗來滬棺殮、其中所居者均無錫人、而在勤餘襪廠內爲女工者多數、

若易以『小南門大火之由來』、固較勝於『小南門大火續誌』、然注意『由來』、而疎忽『焚斃九命』之一點、仍爲標題藝術上之缺憾、

第四例

除『續誌…續訊』之呆板標題以外、尚有『昨訊』式之標、其弊與上同、以十四年（一九二五）奉軍撤兵一事實言之、新聞內容爲

『南翔崑山之奉軍、自十一日起開拔以來、截至昨日止、前後共撤四旅、故翔崑一帶之第一軍、昨已不復見其踪迹矣』、

試問此則新聞中之主要事實、豈不在南翔崑山二處之奉軍業已撤盡歟、此時編者應即揭出而爲

下列之標題、

1. 翔崑奉軍全撤
2. 第一軍已撤四旅
翔崑間昨已無踪迹

乃各報標題、則大半爲

(一)翔崑撤兵之昨訊　(二)奉軍撤防之昨聞
(三)翔崑間撤兵之近訊(四)第一軍行動之要訊

試思所謂『近訊』『昨訊』『昨聞』『要訊』云云者、果爲新聞中之主要事實、抑爲『贅詞』、試問此種標題能令人一見即瞭然事實乎、曰、不能、然則能不費光陰與腦力、以搜求事實於新聞中乎、曰、不能、亦能合於顯明之要素、而不抹煞新聞價值乎、曰、又不能、

▲第五例▼

又如十四年(一九二五)十二月三十日漢口新聞報於同日同紙、連登『縱橫之局勢觀』之新聞三則、

●縱横之局勢觀（二一八）

●國民軍佔領天津後

●縱横之局勢觀（二一九）

●津戰結束中之時局問題

▲實力派傾向維持京局

▲修改政制命令之改定

▲許世英組閣之近勢

●縱横之局勢觀（二二〇）

●山東戰事之近報

▲改任總指揮

此項標題藝術之低劣不必問、但其天天如此、已登二百二十次之多、則不得不令人嘆服、以每日三則計之、當已連登在二月以上、夫每日發見同樣之標題、已足奇、載同樣標題於同日報紙、竟至三則、更奇、連載二月而無變化、則尤奇、吾人於此、不得不佩該報記者之别開生面、在報紙上

開『標題展覽會』也、

試進一步而借箸代籌、則推陳出新、實爲作標題之不二法門、不如是、不能求其『活』、況事實既與日而異、標題亦應隨事實而殊、『無變化』足以表現其藝術之拙、故爲袪除此種弊病計、莫若去『縱橫之局勢觀』之刻板式標題、而改大其小標題、使各各獨立、或編成一氣、豈不遠勝乎、

(一)二一八可改爲

國民軍佔領天津後

(二)二一九可改爲

津戰結束中之時局

(三)二二〇可改爲

魯戰改任總指揮

▲第六例▼

『昨訊』『續誌』式之標題、僅以最近發生之事實、而連續爲之刻板式刋載耳、然尙有『近訊』『近聞』式者在、一件事實、隔了若干時期、編者一見之後、即加以『近訊』『近聞』式之標題、有無『新

事實』、不問也、內容如何、不顧也、豈非標題藝術中最大之笑柄乎、如試用偵探王者蘇被殺一事、在二月以後、緝獲兇手、雖舊事重提、極有新聞價值、但多數報紙慣用『王者蘇案近訊』或『王者蘇案近聞』、讀者見了、仍莫名其妙、下列兩種、遠勝之矣、

(1)

暗殺偵探的兇手已獲

爲買法明一名

在草棚內拘獲

供出暗殺情形

---

(2)

暗殺的偵探

王者蘇可以無恨矣

兇手在草棚內就擒

乙、不得當 標題之長短、須合分寸、過短則上下空白多而不美觀、過長則難讀而失之呆矣、如

○○來往粉嶺沙頭角火車繼續行走

前報紀載來往粉嶺沙頭角火車、擬於一號停止來往、另闢長途汽車、以利便搭客一事、續查該處有地點名何坑坳、途程崎嶇、汽車不能行駛、故爲利便計、火車仍繼續行走云、

上列一則、發見於廣州某報、多至十三字之標題、固不可謂之『不明』、然其病乃在可省而不省、故令人一見頭痛、費了許多力氣、始克讀完、此無他、編者不知『刪蕪除繁』、以醒眉目耳、茲擬暫易爲下式之標題、

粉嶺沙頭角續行火車
何坑坳道途崎嶇
汽車路暫不行駛

粉嶺沙頭角均爲地名、苟爲廣州一般人所熟知、則可刪爲『粉沙間續行火車』、——猶滬報稱南翔崑山間爲『翔崑間』、——再加上小標題二列、則讀時較順、眉目較淸、奈何忽之、

第四節　善

標題不僅求其『顯』與『活』而已、且須求其『善』、但茲所謂『善』者、厥有二層、一爲排列的、一爲文字的、前者屬於形式、後者屬於實質、兩者相兼、則盡美而盡善、但標題文字果如何始得謂『善』、古典式歟、駢儷體歟、曲折歟、含蓄歟、曰、不然、茲所謂『善』、則一在達意、一在活潑、換言之、『善』之標題、實兼含『顯』與『活』之要素者也、至若排列之若何始合於『善』之條件、則全在編者之匠心獨運、不泥舊法而已、茲分述如后、

（甲）排列的　標題之縱橫上下、大小多少、務求恰當、應縱應橫、孰大孰小、須由編者善爲支配、以求排列上之美觀、或曰、排列方法果無一定乎、曰、然、試以同一新聞、聚七八人於一室、而令其各爲標題、則其結果必隨七八人之所見而不同、更隨此『不同之點』而有善與不善之分、（各種排列方法、具見各章、不再論列）、

（乙）文字的　『善』之標題、必須有華麗之詞藻乎、曰、否、蓋標題與文章不同、須『單刀直入』、開門見山、若多用『文縐縐』的詞藻、反膚泛而不切事實（但問題複雜而非簡單若干字之標題所得表明適當者、自得用相當之成語、見第二章第一節）、故『善』之標題之文字、初無異於『顯』與『活』之標題、所不同者、則『善』之標題中所用之鉛字、必多少恰當、大小精要、編者之手腕、必靈活而高妙、眼光必銳利而獨到、而用字之精當、尤能兼『顯』『活』而有之、其藝術之臻於至高、可以斷言、試舉例證之、

▲第一例▼

下列標題、不得謂爲『不顯』『不活』、然謂其合於『善』、則不可、

上海之盜匪世界

歲尾年頭　橫行里巷

▲辣斐德路　法新租界辣斐德路第五百五十九號門牌陳樂山家、於昨日下午三點餘時、突來盜匪十餘人、以修理電燈火表爲由、一擁入內、嚇禁聲張、當被劫去價值七八千元之金銀首飾等物、携贓一哄奪門逃逸、後由事主開具失單、報告捕房請緝、

▲福開森路　法新租界福開森路李家宅某尼菴、於陽曆除夕日上午一點餘時、突來盜匪五六名、敲門入內、各出手槍、嚇禁聲張、內有一盜、用洋燭火將尼姑永安左手臂燙傷、逼令交出藏銀處所、結果、被搶去洋二三十元而出、該盜等復又闖入居民李桂卿家、翻箱倒篋、被刦去衣服首飾等物、共值洋三百餘元、携贓而逃、後由兩事主開單報告捕房請緝、

▲聖母院路　聖母院路七十七號處和甡烟紙店、於一月　號晚上十點半時、突來盜匪兩名、闖進店室、袖出手槍、嚇禁聲張、當被搶去洋三十元小洋三百餘角、銅元十五千、携贓逃逸、

▲法大馬路　法大馬路第三五八號聯美號洋廣貨店、於舊曆初八晚上十點時、來盜三名、入內各出手槍、被刦去大小洋八十六元而逃、

▲東新橋街　元旦日上午九點半時、法租界東新橋街

一零五號坤興押店、突來盜匪兩名、以質衣爲由、袖出手槍恐嚇、勒令店主交出大洋三十元、小洋二百餘角、携贓而逃、(餘案從畧)

然其中最大之缺憾、則此種搶案、與尋常不同、蓋加以分析、則其中被搶者有退職軍人、有捕房偵探、有教員、有商店店戶、社會之『興味性』較厚、新聞價值亦較高、斯時優秀之編者、應運用其銳利之眼光、對新聞價值有深切之認識、然後出其靈活之手腕、發揮其高妙之藝術、若輕輕放鬆、卽有『盡美矣、未盡善』之遺憾、以下例與之較、相去不啻霄壤、

歲尾年頭盜匪橫行上海

被搶者有退職軍人

有捕房偵探有教員

陳樂山家

法租界辣斐德路五五九號陳樂山家(前第四師師長)、於昨日下午三點餘時、突來盜匪十餘人、以修電燈火表爲由、一擁入內、嚇禁聲張、被刧去值洋七八千元之金銀首飾、携贓一哄而逃、後由事主報告捕房請緝、

捕房偵探

法捕房特別偵探王文奎兼任衛戍司令部稽查、於前晚十點半時、行經滬西大西路、突被盜匪强

剝去皮大衣一件、並用刀戳傷頭部脚部等處、後由該管靜安寺捕房飭探任擎無着、當將王車送醫院醫治、現令法當局對於此案特別注意、諭令全體偵探、限期嚴拏該匪等到案究辦外、查得王探被刼時、尚有特別偵探憑證一張、藏在大衣袋內、同被刼去、深恐該匪等將此憑證在外有招搖情事、爰特通知各居民一體留心、如有此項憑證發現、隨時扣留報捕、

小學教員

向在法新租界西門路齊魯公學爲教員之般連生朱培生兩人、於初八晚十一點時行經西門路地方、突來盜匪五人、袖出手槍、攔住去路、當被强剝去灰鼠皮袍等衣服及現洋共值二百餘元而逸、後由事主開單報捕請緝、

尼姑庵中

法新租界福開森路李家宅某尼庵、於本月初八日上午一點餘時、來盜匪五六名、敲門入內、各出手槍、嚇禁聲張、逼令尼姑永安交出藏銀處不遂、將該尼手臂用洋燭火燙傷、結果被刼去三十餘元而出、該匪等又至居民李桂卿家、刼去衣飾等物値洋三百餘元、携贓而逸、◎

商店居戶

(一)法大馬路三五八號聯美號洋京貨店、於初八晚十點時來盜三人、入內各出手槍、刼去大小洋銀八十六元、(二)一月一號上午九時、東新橋街一〇五號坤興押店、來盜兩名、各出手槍、刼去大洋三十元小洋二百餘角、(三)聖母院路八七號居戶、於一月一號晚十點半時來盜兩名、袖出手槍、刼去洋念元小洋三百角銅元十五千文、

是可知『善』之標題、不論大小、均須有力量、惟其有力量、故有效力、若上例標題之製作、能見人所不見、記人所不記、且所見所記、於『顯』『活』之外、排列文字兩方、均更勝人一籌、愚故以此列

爲『善』之標題之一、抑有進者、則『上海之盜匪世界』、用字固甚切當、但斯時正爲冬報陰曆年底休刊後開始工作之第一日、故此項標題宜用於平時、若休刊以後則不如用『歲尾年頭……』之爲妥、蓋此爲合時的『本地風光』也、

▲第二例▼

下列標題、形式上排列美觀、文字上不特『顯』叫『活』、且能將私刑弔打、哀號欲絕之事實、以『宛如人間地獄』形容之、用字頗有力量、若易爲（一）婦人私奔之結果、（二）鐵鍊鉛絲鎖住私奔婦、即不足以語於『善』、

宛如人間地獄
翁夫私刑弔打
少婦哀號欲絕
一足鐵鍊鎖住
一足鉛絲扣牢
路人不平報警

少婦張劉氏、今年十七歲、高郵人、於去年三月由家長遣嫁與虹口香烟橋大滙路三十六號門牌同鄉人張雨榮之子張聲川爲妻、過門後、夫婦作工互助、惟因猜忌之心甚深、並不和睦、時常爭毆、但該氏因受氣、連次逃逸、均被尋獲、歸後卽遭毆打、如是六七次、張父子恨極、卽用野蠻手段、將該氏一足以鐵鍊鎖住、一足則扣以鉛絲、繫在巨石上、而將兩手捆綁、使該氏手足不能自由、卽施以朴擊、直如人間地獄、前日張父子正在施刑之際、該氏號哭、慘聲達於戶外、致爲路人張淮齋聞悉、探詢隣居、知有此種慘酷虐待、於是大抱不平、遂代鳴崗警、將張父子並該氏連同鐵鍊巨石一併帶入五區三分署訊供後、於昨解送地檢廳究懲、

▲第三例▼

今有新聞一則、配以下列之標題、

◉前晚四川路之盜刼

粵籍少年二人

當場拘獲其一

損失二百餘元

有一十九歲之學生、因於二十六日晚九句鐘、入北四川路西首一千八百四十三某號書店行刼、經店中人追獲、現被押於虹口捕房、其同伴攜有手鎗、刼得鈔洋二百五十元、當被逸去、據書肆主人言、是晚九點許、有粵籍少年二人、入肆購書、一人行至門面、一人突出手槍、逼令店主開其賬箱、當被搜去鈔洋二百五十元、並未上樓、開門而逸、店主出追、持手鎗之盜在前、並未開放、其同伴忽然失足顛仆、遂被拘獲、據供係學生、年僅十九云、

試就其標題之藝術而批評之、則雖不失爲『顯』、更不失爲『活』、但不得爲『善』、蓋滬人對於盜案、已司空見慣、苟無新奇事實或切身關係、則雖映入眼簾、必且棄而不顧、故編者對於此種新聞、應隨時提出新奇者爲標題、若上列一則新聞中之行刼者、非爲一勇赳赳之盜匪、而爲一號稱文弱之學生、學生爲盜、已足稱奇、十九歲之學生而爲盜、則尤罕見、不着眼於此點、以引起社會人士之注意與興趣、其拙可知、試易以

十九歲學生行刼
持有手槍突入書店
刼鈔洋二百五十元
同伴二人一拘一逸

則讀者必急欲一知此十九歲學生之如何行刼、而津津有味矣、

▲第四例▼

十八歲學徒、用刀刺傷左手、圖吞帳款、製作下列標題、固不得爲劣、亦不得爲不顯與不活、

學徒謊報盜刼
圖吞帳款二千
竟敢刺傷左手
僞稱遇盜敗露

但其中缺憾、一在不將『十八歲』三字提出、減殺興味不少、一在不將『用刀』一點提出、致如何刺傷難以明瞭、且大標題中之『謊報盜刼』、與小標題『僞稱遇盜』衝突、下列標題、則以刺傷吞款、喻爲『苦肉計』、大小標題之製作、似又勝之、

十八歲學徒
竟用苦肉計
圖吞賬款二千
用刀刺傷左手
謊報盜刼敗露

▲第五例▼

下列新聞一則、有若干不同之標題、不曰『鎗決劇盜記』、即曰『衛戍部鎗決劇盜』、而其中最有新聞價值之『談笑自若……臨死懺悔……』二兩點、反一字不提、是蓋僅知表現新聞中之事實、而不知表現新聞中最有價值之事實、何則、尋常鎗決劇盜、僅見劇盜俯首服罪、默無一語、砰然一聲、飲彈以死耳、若此次則不然、劇盜之人數雖三、而顯然有一極大之區別、無形中分爲兩種不同之人、一種愍不畏法、一種臨死懺悔、此種反常之事實、編者應將新聞中之價值、盡量寫述之、發揮之、下列一則、庶乎近焉、

> **鎗決劇盜三名**
> 依然談笑自若
> 沿途高唱京戲
> 一名臨死懺悔
> 勸人安分營業

淞滬衛戍司令部前據市公安局呈解盜匪王振祥等五名、業由軍法處訊明、除金大寶子一名情罪尚輕、判處一等有期徒刑十二年、高金才一名私售鴉片供人吸食、處以四等有期徒刑二年、送交第二監獄執行外、其王振祥汪匯川韋文才等三犯、實犯聚衆搶刦、幷由事主指明、依盜匪暫行條例第一條十三款之規定、處以死刑、於昨日(八日午刻由營倉提出)派隊押送市公安局、於午後一時許加派保安隊武裝巡警一排、將該三犯如法綑綁、判發行刑條、分插於該三犯背部、以汽車並派偵探多名押往閘北四區警署、另雇黃包車三輛、分往熱鬧各處游行一週、後至該區附近長安路如法執行槍決、該盜等於臨刑時、仍然談笑自若、毫無畏谷、幷於遊行時沿途高唱京戲、迨抵刑場、由韋文才一盜高聲自言、『我乃陸軍畢業學生、祗因誤入匪伍、以致違犯法紀、奉勸諸公、務要安分營業、惟我家有老母及三歲小孩、如有與車站小寧波相熟者、請渠代向各友商請周濟我母死後之棺木、幷勸我妻於輭[?]緣從善爲[?]我子撫育成人、俾韋氏子嗣仍能接續、言畢、槍聲即作、瞑目而斃、計王振祥年二十九歲、汪匯川年二十四歲、均阜寧人、韋文才年三十二歲淸江人、查三盜迭搶恒通路淑德里二十一號錢復根

家財物、與天寶里三弄第四家及時品里某家等搶案多起、

▲第六例▼

昨晨二時許滬西曹家渡、白利南路積德里口、江北人黃餘廷所開之柴爿店內、忽告火警、因時在深夜、其初無人、迨至覺察、火已燎原、曹家渡救火會聞訊、驅救火車前往施救、未幾公共租界救火車亦到、因該處附近租界均裝有鐵絲網、交通阻礙、施救爲難、以致延及公和竹行及陸小四子所開餅店並草屋六間、被災之家計共十餘戶、當火熾時、公共租界第三十九號救火員因站立於高處施救、詎偶不愼、失足跌下、適跌於鐵絲網內、當因受傷甚重、不省人事、即經送往醫院醫治、聞傷勢恐有性命之虞、是役起火原因、經各方調查、始知係一江北人小癟頭者、先至黃餘廷所開柴爿店外放火、迨至燎原、乃趁火打劫、計被搶去衣箱一只、銀洋二元、嗣至該處某粥店尋獲贓洋兩元、至在身上、乃由警察拘往六區警察署暫押聽候解廳究辦、

上列新聞一則、一般人每製作『曹家渡之火警』再加以若干小標題、求其『顯』與『活』足矣、殊不知此一件新聞、實有特別之價值、蓋『延燒』及『阻住救火車』、均受租界鐵絲網之賜（斯時滬人正

請拆除鐵絲網甚力）、下列之標題、實合於『善』之要素、自非其他標題所能望其背項、

嗚呼鐵絲網之賜

救火車跑不過……延燒益廣

救火員被刺傷……不省人事

為兩元而放火的小癩頭！

第七例

滬西海格路五百二十八號門牌、西婦福爾特史家之西崽甬人阮金水、於上年十一月二號糾同 錢小林等潛入其家、強索工資不遂、用利斧將其主婦福爾特史砍斃、並刦取鈔洋四百元 及金表一隻、逃回原籍、案發被華探長 魏金福與西探長倍克查獲、將阮錢兩名拘解臨時法院、訊判阮處死刑、 錢處徒刑十六年、嗣捕房奉判、以兩被告係共同在場行兇、對於錢小林部份處罪太輕、故不服第一審判、決提起上訴、業經上訴院訊供在案、昨日午後二時半、由謝永森庭長 偕洪仇兩推事升座上訴庭續訊、而英惠副領事亦蒞座觀審、即據工部局刑事科代表律師到庭 陳述上訴理由、謂本案在第一審時、已由判處死刑之 阮金水供明 被上訴人錢小林係當時共同在場行兇者、且刼得鈔洋後、錢亦承認 得洋一百元、足可證明阮錢兩人係共同犯無疑、惟第一審判處錢之徒刑未免太輕、照律亦應處死刑等詞、該律師又向見證阮金水詰據、供稱在死者福爾特史處為西崽、已有二年、於上年十月十五號無故

被其停歇、所有工資、並不照給、故於十一月二號偕錢小林及在逃之朱某 同往索取工資、錢在門外馬路旁等候、我與朱某 入內索討工資、詎死者非但不給、反將利斧行兇、被我奪下、將其砍斃於廚房間內、朱某亦幫我動手、後見其已死、始往樓上刦取鈔洋而逃、但事前並未同謀、錢實未在場、亦未看見、緣本案 未發生以前、我曾欠錢洋一百元、而錢即糾同多人 將我軋在茶館勒索、並被羞辱、是日跟我至海格路、在死者門外等候、亦係向我索欵、後我搶得死者鈔祟、即行還訖、在第一審時攀伊、實因懷恨被辱之故、現我已受 刑事處分、不便誣攀他人、惟在逃之朱某、係共同行兇者等語、末由指定之義務律師與工部局律師辯駁良久、經謝庭長核供宣諭本案辯論終結、定期宣判、

上列新聞、申報之大標題爲『西婦被殺案中之錢小林』、乙報爲『西婦暗殺案之兇犯』、各有小標題兩行、不曰『捕房提起上訴』、即曰『同黨不願誣攀』等等、固已可謂其合於『顯』與『活』、然新聞中最有價値之點、厥爲『已處死刑之阮金水、不願誣攀錢小林』之一點、如後列之標題、始有力量、始有興味、而始合於『善』、蓋『兇手大發天良』一語、必能博得一般人之注意也、

謀殺西婦案

兇手大發天良

自己判處死刑
不願累及他人
陳述誣攀原委

▲第八例▼

小東門中華路晉康里四號門牌源康夏布莊主姚善榮等擄刦案內之要犯曹金標等、由特別市公安局一區二分所協同老閘捕房拿獲後、申解衞戍司令部訊供明確、於昨日(十八號)下午一時綁赴犯事處(晉康里後弄口)、執行槍決、衞戍司令部除委田良特別市公安局委陳學嚴等爲監刑官外、並派兵士一排在刑場護衞、而一區二分所所長曾曙先亦偕巡官周傑督同武裝長警二十名到場照料、該犯執行槍決、共擊四槍、屍身由十五圖地保潘炳堂報堂收殮、茲將衞戍司令部發出該犯罪狀照錄如下、

淞滬衞戍司令部佈告法字第三〇號、『爲布告事、案據上海特別市公安局局長戴石浮呈解擄刦匪犯曹金標姜金根王希文等三名、請予訊辦等情到部、當經提案分別研訊、並傳集被擄人姚善榮孟伯賢及汽車夫殷阿二等質證明確、除王希文一名經證明並不在場亦未與聞其事另行辦理、姜金根一名雖爲擄人勒贖之共犯而情節較輕、再依照懲治盜匪暫行條例第二條第一項及第三項之規定減等治罪、處以一等有期徒刑十二年、發交江蘇第二監獄執

行外、至該曹金標一名、冒充軍官、擄人勒贖、實犯懲治盜匪條例第一條第一欵之罪、應處死刑、業經驗明正身、發由上海特別市公安局巡警押赴出事地點執行槍決、以昭炯戒、合行佈告週知此布、計開槍決擄刦匪犯一名、曹金標、江蘇徐州人、年二十歲、兼代司令熊式輝印、』

上列新聞、有下列三種標題、試比較之、

(1)

熊司令昨日槍決綁票匪一名

▲曹金標執行槍決……姜金根徒刑十二年

(2)

擄刼犯曹金標鎗決

在小東門執行

共開四鎗始斃

(3)

鎗決綁票匪

曹金標徐州人

小東門姚姓案

年僅二十歲

第一第二兩個標題、雖顯而活矣、然祇可謂爲盡美、而不可謂爲盡善、蓋『綁匪年僅二十歲』、爲新聞中最有價值之一點、一般人見其年齡之輕、遽加極刑、必鼓動其興味之念、而細閱其內容、若第一第二兩標題、則湮沒新聞價值殊甚、對照比較、優劣自分、若第三標題、庶幾近乎『善』焉、

▲第九例▼

旅館內擒獲盜匪

男女七名之多
探員喬裝茶房
結果無一漏網

夏曆正月初六日清晨六時餘、南市十六舖裡馬路新泰街乾大祥皮毛行、突來盜匪七八、各執手槍、刧去元寶六只、鈔洋一千五百元、現洋四百八十二元、小洋一百數十角、金戒兩隻、皮大衣一件、皮袍皮馬褂各一件、一併攜贓逃逸無蹤、經該行主鄭某報請市公安局飭緝、茲經市公安局偵緝隊副隊長周根瑞購線偵悉該盜黨匿跡公共租界湖北路大通旅館二十六七及三十三等號三房間內、卽於前日清晨五時除親率特別班探員、各穿藏馬甲身藏實彈手槍、會同老閘捕房中西包探、馳往該旅

館、由周副隊長與高探員焦偵探等喬裝茶房、首先衝入各房間、在被窩中擒獲盜首池福福沈小富、盜夥陳小毛王大郎湯祥生及盜婦沈陳氏殷阿毛等七名（被擒時、盜婦殷阿毛與盜首池福福、沈陳氏與沈小富、均雙雙赤身同睡被中）、一併帶至老閘捕房、昨日上午九時、解送臨時法院由周副隊長投文請求引渡、問官准之、遂由周副隊長督同高探員等、將男女七盜、一併解回公安局偵緝隊由婁隊長將各盜提案研訊、均直認夥刦乾大祥皮毛行財物不諱、奉判押候研詰有無他案後、再行移解第三科訊核、

上列新聞中之標題、固足稱爲好標題、但尚不足稱爲『善』之標題、蓋旅館中擒獲盜匪、在上海已屬司空見慣、若在被窩內擒獲强盜、而男女盜正赤身同臥、以新聞價值中之新奇及興味言、乃屬一上上之新聞、今既有此項新聞價值、編者應具銳利之目光、盡量發揮之、奈何以『非常』之事、而製『尋常』之標題乎、若下列標題、則必能吸引多數之讀者、而增厚其興味矣、

被窩內之强盜

正與盜婦赤身同臥
探員喬裝茶房掩入
當場拘獲男女七名

第七章　上海各報之標題

第一節　實例之比較

段系要人徐樹錚、於民國十四年十二月三十日清晨一時許、在廊坊被陸建章之子陸承武所暗殺、消息傳來、咸爲震驚、此種極重要之事件、不特應有靈捷詳確之新聞、且須有力量偉大之好標題、始足相得益彰、茲就當時滬上各報所列之標題而研究比較之、

1. 甲報

徐樹錚在廊坊被暗殺

▲昨日上午一時許車中突發炸彈

▲陸繩武發通電爲父陸建章復仇

2. 乙報

徐樹錚突被暗殺

陸承武子報父仇

廊坊站徐氏殞命

3. 丙報

徐樹錚死於廊坊

陸繩武報父仇
段祺瑞要追悼

丁報

◎徐樹錚被暗殺

5. 戊報

▲陸承武刺死徐樹錚

以上僅舉五種報紙之標題、其鉛字之大小各別、藝術之優劣亦異、試約略論之、

(一)標題之最低要件爲『顯』、以上五種標題中、大半將新聞中之主要事實揭出、故不得謂之不顯、惟丁戊兩報、則除大標題外、小標題獨付缺如、故雖『顯』而製作之藝術尙有遺憾、

(二)標題之第二要件爲『活』、以上五種標題中、表現事實、除丁戊兩報外、尙切於『活』、

(三)標題之第三要件爲『善』、『善』之意義俱述於前、丁報僅敍述『徐樹錚被暗殺』、而被何人暗殺、因何被殺、地點何在、均略焉不提、必予讀者以『找尋事實』之痛苦、在五個標題中、實爲藝術最幼稚之標題、戊報之病、與丁報同、但『陸承武刺死徐樹錚』、則死者與兇手、均已包含於一個標題之中、雖暗殺原因及地點、亦未揭出、然已勝丁報一籌、至若甲乙丙三報、則均能將1被暗殺者、2暗殺地點、3暗殺原因、4兇手姓名等等提出、固已遠勝於丁戊兩報、然三者

之中、亦有高下、甲報之大標題『徐樹錚在廊坊被暗殺』、一個標題中能包含死者、地點、死之性質三種、而用字不見冗蕪、乙丙兩報之大標題藝術、大致相等、丙報僅敘一『死』字、而死之性質未明、雖有小標題『陸承武報父仇』、但一般人僅知『報父仇』、而其如何報法、字意晦澀、故不若乙報『徐樹錚突被暗殺』（另以小標題敘出死之地點）之較爲顯活而有力量、惟以上五種標題中、除甲報外、尙有一種通病、卽未將『如何暗殺』（用刀、用鎗、用炸彈或其他）及『何時發生』之二點表出、若甲報之第一小標題『昨日上午一時許車中突發炸彈』則已將此二點包羅無遺、第二小標題則更將『發通電』之一點揭出、足以顯出陸承武殺徐後之態度、亦爲乙丙兩報所無、故以今般之標題藝術觀之、甲報最佳、用字亦精當、合於『善』之要件、乙報次之、丙報又次之、僅列於『顯』『活』之林而已、戊報雖勝丁報、但兩者相差無幾、至多謂爲『顯』之標題而已矣、

第二節　製作標題之趨勢

編輯工作中最重要之工作、厥爲製作標題、曩已言之、故年來上海各報、除於新聞爲劇烈之競爭外、並於製作標題上特別努力、一洗陳腐之病、其致力之結果、新聞價値『躍然紙上』、大受讀者

歡迎、雖一件普通新聞、苟有良好標題、讀者人數必見增多、其遇好新聞而製以好標題者無論矣、反之、好新聞而無好標題、則讀者必爲製作好標題之報紙所吸引、而對於編法守舊之報紙、輒望望然去之、其藝術之重要若此、其具有高妙之標題藝術者之爲報紙所需要、尤爲顯著、茲更就上海報紙製作標題之趨勢而言之、

1. 電報　上海各報對於電報、向不立標題、若字紙簏之並蓄兼收、紛然雜廁、自直皖戰後、始知電報立標題之重要、乃由一二報嘗試之、成效大著、各報爭相效尤、今則幾無不立標題之報紙矣、惟尚有一種遺憾、卽除少數報紙外、尚視電報與新聞爲二事、遇同性質之事件、仍分別門類、不知合併、

電報標題之用字、最初僅用三號或二號鉛字、今則漸有『特號』之發現、若頭號鉛字、則自甲子江浙戰前、以迄於今、採用已久、將來對于重大事件、必有改頭號爲特號之一日、卽不然、以特號字製作標題、必多於現在、至若電報之編輯法、已詳論第二編第十一章中、不贅、

2. 新聞　新聞應多立標題、絕無疑義、惟年來上海報紙、對於新聞、不僅『多立』標題、且有

『研究如何多立』及『如何較有效力』之趨勢，此實爲一種好現象，蓋以前報紙之標題，大半爲『滬訊』『近訊』『昨訊』『瑣誌』，今則漸見銷聲匿迹（內地報紙仍多），此其一，往昔幼稚之標題，滿紙皆然，今則漸知改進，然不注意於新聞價值者尚多，往往標題中之用字，不盡爲新聞中最有價值或主要事實之點，仍有廣泛，晦澀，呆板，之病態，此其二，往昔標題中所用之鉛字，至多爲二號字，年來不特由二號而頭號，且有由頭號而擇要改用特號之趨勢，此種現象，以各報之社會新聞爲尤甚，將來新聞中之特號活字，必日見增多，一如電報，此其三，好新聞須有好標題，否則新聞價值，必抹煞殆盡，故今後好編輯之至低限度，須有製作好標題之特殊技能，報紙之銷路，除新聞外，標題有左右之力量，此其四，

以上所舉，雖僅限於上海，然內地報紙之現狀，尚如十年以前之上海報紙，在在足以顯出幼稚與弱點，若上海報紙，則年來日在奮鬥之途程中，今後所競爭者，必不限於標題，然標題藝術之因競爭而日見進化，可以斷言，

更以美國言之，則年來美國之新聞事業，幾執世界之牛耳，紐約尤爲其輿論之重心，若吾國之於上海然，若太晤士報(N. Y. Times)，若美利堅人報(N. Y. American)，銷路之大，勢力之偉，以視

吾國報紙、瞠乎其後矣、美報標題之製作、約分二類、一種多用大號鉛字、一種則反之、代表前者爲哈斯脫之報紙、如紐約美利堅人報及其他晚報是、慣用大號鉛字、以聳社會聞聽、遇新奇事件、報紙印刷、或用紅紙黑字、或用白紙紅字、社會爲好奇心所動、每爲其吸引、浸潤日久、遂養成一種讀報習慣(Reading habit)、代表後者者爲富於守舊性之報紙、如紐約太晤士報等是、讀太晤士報者、以中等社會以上之人居多、讀美利堅人報者則大半爲中等社會以下之人、此乃兩種報紙之讀者之不同點也、

往昔吾國報紙之標題、乃屬於後者、年來則一反其道、至兩者之得失如何、見仁見智、各有不同、蓋標題之製作、貴在『開門見山』、盡量表現新聞中之價値、無甚價値者、無聳動社會聞聽之可能、自不必特別下筆、但如有十二分新聞價値、而用極小標題、則其價値必等於零、中國報紙、頗有此種現象、故製作標題、應以新聞價値爲標準、尤應以『不抹煞新聞價値』爲原則、若不應大而大之、或不應小而小之、皆非所宜也、

最新實驗新聞學

周孝庵著

第四編　雜著

> 茲當再版之初、特搜集年來愚在報紙或雜誌上發表之短文、增入本書爲第四編、聊備參考、並誌雪泥鴻爪云爾、——孝庵、

報紙的實益主義

（一）引言

報紙對於新聞、有兩種主義、一種是趣味主義、一種便是實益主義、美國報紙偏重趣味主義、而日本報紙則偏重實益主義、

趣味主義僅偏重於新聞中的『趣味成份』的多少、凡是趣味成份多的新聞、就認爲好新聞、實益

主義則就不然、報紙登載新聞的標準、完全拿多數人的實際利益做標準、凡是一種新聞、有害於社會或國家的利益的、那就沒有登載的餘地、

但是、倘太偏重於趣味、而不顧實益、流弊很多、因爲趣味僅是『新聞價值』要件中的一種、似不能僅拿這一點來估定新聞價值的高低、換句話說、新聞的應否登載、同時應顧到趣味和實益兩方面、凡是有趣味而且對於社會國家並有實益的、才是一種最好的新聞、

吾國報紙於近幾年來、都很注意趣味主義、但對於實益主義、却未免太疏忽了、因此、吾特地提出這個問題、來和關心新聞事業的同志共同討論、

（二）新聞上的實益主義

新聞的實益主義可分兩種、一種是廣義的、（屬於社會或國家的利益）、一種是狹義的、（屬於團體或個人）、

編輯者對於一條新聞、應同時考慮到四點、（一）新聞價值（趣味是其中之一）、（二）法律、（三）社會風化、（四）道德、說得簡明些、就是這條新聞、新聞價值高嗎、是否爲法律所容許、是否妨害社會風化、是否與道德有礙、假使一條新聞、極有新聞價值、但是易於觸犯法律的、就不應該登、登

了以後、報紙有受法律制裁的危險、卽使不觸犯法律、而爲道德上或社會風化上着想所不應登的、也就不必登載、所以應該登的新聞、必須爲法律所許、道德所容、和社會風化無礙而有新聞價值的材料、

譬如、大華銀行總經理李蜜被沈新民控爲土豪劣紳、因而被拘、報紙上往往做着這一類的標題『土劣李蜜被捕』、其實是極大的錯誤、因爲李蜜的被控、究係實在、抑或虛誣、在未經審判確定之前、報紙斷不能貿然就把「土劣」加於李蜜、所以遇到這種情形、不如用『李蜜因被控土劣被捕』的標題、比較上妥當些、因爲標題的製作、應從客觀描寫、須避編輯者主觀的見解、及批評的態度、報紙應以眞實的事實爲根據、常立於第三者的地位、

除不妥當的標題以外、報告虛僞事實的新聞、也常常足以觸犯刑法、不再舉例了、

報紙注意到個人的利益（如李蜜一事）、就是狹義的實益主義、但是、倘使報紙過於注意個人的利益、而常登與個人有利的宣傳新聞、也不是狹義的實益主義之眞諦、

報紙固然應該注意狹義的實益主義、但廣義的實益主義、尤其重要、爲什麼、因爲一個人或數個人的實益、屬於局部、而社會或國家的實益、則屬於多數人、

廣義的實益主義、可以分幾方面來談談、

（甲）社會新聞　近年來、吾國各地報紙、頗注意社會新聞、但其中有關風化的新聞、却常充滿了報紙的篇幅、這恐怕是報紙只顧到『趣味』、而漠視社會的『實益』的緣故、現在舉出幾個實例在下面、

在任何國家裏、未嘗沒有强姦的事情發生、但任何國家裏的上等報紙、却不需要這類的新聞、因爲這種新聞、妨害社會的善良風俗、而且往往受當局的取締、但在吾國報紙上、常常可以看到如下列的新聞、

禽獸行爲

强姦幼女受傷

江灣路林肯坊某弄張阿福、（淸江人）三十六歲、住該坊二六四號、妻陳氏、生有兩女、長名小妹、九歲、有住林肯坊附近花園街一弄一號之通州人馬阿福、二十四歲、向以拉車爲生、現則賦閒在家、因時往張處游玩、故與小妹甚熟、昨晨九時許、張赴菜場購菜、陳氏則因次女病、挈赴醫生處求醫、留小妹在家看門、而張適又來遊玩、因僅見小妹在家、突起獸性、竟

將小妹抱至床上、褫去衣袴、施行强姦、小妹年幼、不解人事、遂遭姦污、事後馬以言詞恫嚇、令勿訴知父母、旋即逸去、迨張返家、見小妹行路蹣跚、異而詢其故、不肯明言、旋見其袴上血跡斑斑、不禁大駭、乃察其私處、見極紅腫、遂一再嚴詰、小妹始將被姦情形和盤託出、當即報告五區公安局、派警馳往花園街、捕馬未獲、後將馬妻拘案、追究之下、始復將馬捕獲、但馬供詞猶狡猾、不認强姦、經該署將小妹送醫院驗明、處女膜已損傷、確被姦過、馬始俯首無詞、游區長以强姦幼女、案情重大、即着解送公安局轉送法院訊辦、

試觀其中『突起獸性、竟將小妹抱至床上、褫去衣袴』、『小妹年幼、不解人事、遂遭姦污』、『見小妹行路蹣跚』、『見其袴上血跡斑斑』、『乃察其私處、見極紅腫』、『處女膜已損傷、確被姦過』幾句、描寫得何等淋漓盡致、但新聞當中、有的應該描寫得淋漓盡致、有的却不必如此、强姦新聞就是『不必如此』中的一種、編輯者對於這種新聞、應毅然決然的廢棄、至少亦應改如下式、

『有住居閘北江灣路林肯坊附近花園街第一弄第一號之通州人馬阿福、二十四歲、向以拉車爲生、昨晨九時許、至林肯坊二六四號張阿福家、竟將張之長女(名小妹年九歲)强姦、現馬阿福已被拘送法院訊辦、』

照原則上說、强姦新聞應當割棄、其理由、（一）美前總統哈定創辦星報時、自定一規律、卽『所登新聞、勿傷兒童之天眞』、美國報紙雖偏重趣味主義、而他們的一等報紙常對訪員預約『不需强姦、墮胎、或穢褻之事件』、蓋報紙的讀者、男女老幼都有、此種新聞、兒童讀後、必在腦海中留一個深切的惡印像、卽使青年人、血氣方剛、見了這種描寫過份的『肉感』新聞、也不免受他影響、而有促其犯這一類罪的可能、（二）況且、報紙是以灌輸文化、並供給人類日常生活中所必需明瞭的事實或常識爲要件、强姦新聞徒然沾汚了報紙上寶貴純潔的篇幅、却非人類日常生活中所必需的知識、與文化相去更遠、（三）再退一步說、被姦的女子（不限於幼女）、社會往往加以輕視、影響到伊的名譽、所以卽使與社會風化無關、而報紙爲道德上着想、也不能登出、免一般人對伊的人格上懷疑、而影響伊在社會上的地位、（四）報紙站在民衆的前面、所代表的是民衆的利益、所應特別注意的也就是民衆的利益、有時固須迎合社會心理、擴充他的銷路、但不正當的社會心理、却是有害無益、絕對不能迎合的、

除了强姦新聞一類的新聞以外、有時看見報上登出說得太穢褻的新聞、其無聊與强姦新聞同、如下例

新郎下體異常人

腎囊特別大……認爲無缺點

住居滬西曹家渡和豐里一百五十五號安徽人龔海清之子正宣、曾娶妻生二子、其妻旋與人姘識而逃、因是離異、龔內顧乏人、亟欲聘一續弦、由同鄉人彭道餘爲之作伐、謂有同鄉人費祥發之寡弟婦潘氏現年二十二歲、其夫費祥泰死方二月、現欲再醮、議定財禮一百四十元、遂於舊歷九月初九晚過門、洞房之後、新娘終夜嬌啼、翌日喚媒人到家、大加詰責、謂龔正宣之下部並無龜頭、豈非剝奪終身幸福、媒人無法、遂謂口說無憑、應俟檢驗、因即在通商旅館開房間邀同費祥發及潘氏並龔正宣脫袴檢驗、見龔正宣之腎囊特大、如兩只飯碗相合一般、並非無龜頭、不過因腎囊特大之故、以致將龜頭隱藏在腎囊中間、媒人驗畢、認爲尙無缺點、但該氏終不願、乘間逃去、龔正宣懊喪歸家、告知其父、當以若輩明明串放白鴿、乃於前日扭費祥發彭道餘至六區警署控告、並令子解袴請求檢驗、求判將被告押候交到潘氏、昨日一併解送地方法院訊辦、

新聞中的內容、何等的令人作嘔、其他像捉姦、雞姦的新聞、舉不勝舉、這當然不能說報紙提倡

這類新聞，但他並不顧到報紙的實益主義，却是一種事實，

（乙）政治新聞　人是政治的動物，任何人不能免國家政治環境的支配，所以政治新聞對於一般人，尤有密切的利害關係，報紙於此，尤應注意到一般人的實益，譬如（一）英兵侵入西藏，是吾國何等的一件重大的事體，報紙應如何的表而出之，登於極顯明的地位，以喚起民衆的注意，眞可惜，有幾家報紙所登的，是極小的字，極小的地位，有的併新聞而無之，（二）日本年來努力侵略滿州，在吾國境之內，建鉄路，設崗警，築砲台，立郵局，干涉司法，操縱金融，竟然「旁若無人」的侵害吾國主權，吾國報紙是代表吾國全民族的利益的，對於此種事件，當然要大聲疾呼，眞可惜，「大聲疾呼」的還是少數，其餘尙存「越人視秦人之肥瘠」的態度，（三）像重要官職的更動死亡，報紙應滿足一般人的需求，同時把略歷照片刊出來，又如近日漢口消息，老河口形勢緊張，戰事將作，但民衆對於老河口，熟知的究屬少數，所以報紙應把老河口的地勢，和電報同時登出來，以便利讀者，所以報館於採訪編輯之外，還須有充分的準備工作，（四）市政上的新設施，和市民最有關係，譬如，東區新設一郵局，西區添造一菜場，中區添闢一馬路，以及市中心區域的確定，租界電話的正謀出售，工部局的計劃車輛施行辦法等等，最關民衆的實際利益，此種新

開始有詳記的價值，並且始有『描寫得淋漓盡致』的必要，

（丙）國際新聞　中國報紙中有一個最大而普遍的毛病，就是太漠視了國際新聞，這未免不合現代潮流，（一）去年日俄訂一種密約，專爲分配滿蒙權利，非既外洩，上海的英美報紙都很顯明的登出來，而吾國報紙則對此與吾存亡相關的事件，反祇有『語焉不詳』和『輕描淡寫』的記載，（二）華僑在國外遭受虐待及驅逐出境的事件，吾國報紙往往不很注意，致流離失所之僑胞，呼籲無門，坐以待斃，而外國政府益無顧忌，（三）此次五強海軍會議，歐美日本等國報紙大書特書，吾國報紙則較遜色，其實這次海軍會議，與吾有密切關係，因各國海上爭霸，以東亞大陸爲對象，（四）以上僅舉與吾有關的國際事件，其他與吾無關而在現代國際潮流中所不容忽視的，如蘇俄決定實行五年實業計劃，以代新經濟政策，如蘇俄土地的公有，蘇俄新共產政策，南極發見新陸地，菲律濱印度安南朝鮮的獨立運動等等，都是幾月來新發生的事實，報紙有特別注意的必要，

（三）廣告上的實益主義

廣告是事業之鑰（Key to bisiness），一切事業，太半須依廣告，才得發展，故一九二九年八月柏

林市世界廣告會議有一德文標語、爲『廣告爲鑰、啓世界鴻運之門』(Reklame Dér Schiussei Zum Wohist and Der Weit)

世界上以廣告致富的極多、像十九世紀美國大馬戲園主勃納(J.P. Barnum)、橡皮糖大王美國人湯姆、(Tom Wrighiey)、美國汽車大王福特(Henry Ford)與國維也納女子愛娜(Anna Csillag)等等、莫不藉廣告之力、獲利極厚、廣告効力的偉大、於此可見一斑的了、一般人靠着廣告去獲利、而報紙也依賴廣告來生存、所以新聞學者常說『廣告是報紙的血液』、

因爲彼此相依相賴的環境、所以廣告家常鈎心門角、專心致志於千變萬化的廣告術、而報紙也常千方百計的去兜攬廣告、藉謀營業上的進展、

惟其有這種的需求、有種商家常製作虛僞或言過其實的廣告、即以吾國言、(一)往往有種騙子、假託公司名義、在報上招考職員、徵收應考人押櫃或保證金、待欵既到手、所謂公司也者、早已閉門大吉、而招考之期、不知何日才能實現、應考人因受騙而自殺、或致雙方涉訟的、紀不勝紀、(二)某洋行的生殖精、美其名曰滋補極品、其實是一種春藥、却常在各報大登廣告、獲到不少造孽錢、幸現已被當局發覺、禁止發售及再登廣告了、廣告固然不完全含有詐欺性質、但報紙却不

可不注意社會的實際利益、而加以嚴密的審查、和自動的取締、

一九二四年倫敦市世界廣告會議、有一個標語、爲『眞實的廣告』（Truth in Advertising）其意即指廣告須眞實、社會不需要虛僞的廣告、

廣告須求眞實、確是報紙實行實益主義的一種、並且是報紙進步的一個特徵、卽如歐美日本的報紙、近年來特別注意於廣告、不收欺詐性質的廣告、吾國報紙也應急起直追、將此種不良廣告驅逐於報紙之外、

但如何實現上面所說的計劃、確是一個值得研究的問題、下列幾個辦法、不妨逐步的『促其實現』、

（一）凡是不著名公司之招考職員、予以拒絕、即須登載、至少應派人實地調查、並令其覓一般實舖保、

（二）拒絕誨淫的廣告、（如誨淫的小說及春藥花柳藥等）、遇到此種廣告、須查閱此書的內容、並請醫生檢驗藥品、認爲可靠、然後登載、

（三）對懷疑之廣告、須由登廣告者覓殷實舖保、或竟不登、

(四)刪除廣告中言過其實的宣傳文字、例如、歐洲諸邦的廣告文字、以前喜用極端的形容詞、如『最佳』『最廉』等等、但現在則『最』字廣告用語、已漸少用、而改爲『甚佳』『甚廉』了、

(五)照歐美報紙的成法、聘請律師、審查廣告中有關法律的文句或事實、

(六)隨時注意別種不眞實的廣告、並檢查商店新出物品是否名副其實、

報紙倘能隨時留意民衆的實益、而審查廣告的內容和出品的質料、則民衆自然可以信仰廣告而減少不少流弊、

(四)結論

報紙固然以『代表輿論、監督政府、發揚文化……』爲職志、但另一方面也須顧到民衆的實際利益、新聞固應注意『趣味』、但仍以不違反『實益』爲原則、

單講新聞的文字方面、亟須提倡通俗化、因爲貴族化的古典或富麗文字、不容易使平民領略、譬如說、『年方而立』不如改爲『年方三十』、『怙恃早喪』不如改爲『父母早喪』、『性喜麴蘖』不如改爲『性喜飲酒』、『常與友作樗蒲戲(或牧豬奴戲)』不如改爲『常與友賭博』、『早與波臣爲伍屍未發見』不如改爲『早已溺斃屍未發見』、其他不勝例舉、新聞與小說及文藝作品不同、所以新聞中

的文字應力求淺易通俗，以便利未受高深教育的人們的閱讀，

其次，講到社會新聞，固然有注意之價值，但有傷風化的新聞，却應舉行一次『清潔運動』，掃除了這類新聞以後，社會新聞的材料還很多，正待去開闢，譬如，（一）隨時增加些合時的照片，（人物或風景）以增進人們藝術的興味，（二）供給讀者所應知的常識，如腦膜炎盛行時，一面登這一類新聞，一面去訪問著名的醫生，把防禦及急救的方法登出來，（三）一到冬天，居民因不善處置煤爐，中煤毒而死的，日必數起，報紙應登於較顯明的地位，並揭布防禦及急救的方法，（四）去年，南市有建築小菜場的計劃，報紙都不很重視，其實小菜場和住戶日常最有關係，應把他的地點，經費，計劃等詳細披露，（五）去年上海法租界蒲石路東段一百六十五號，有一十六層之新建築，在上海可算是一個『最高記錄』，在開工時，應先把建築經費，所占地畝，用途，工程，主人等等詳細調查，等到落成的時候，應把房屋攝一照片，製版登出，並實地參觀他的內容，以報告此最大建築的眞相於讀者，（六）公共租界工部局有一次發表關於巡捕檢查行人時所應知的事項，此種新聞和市民有切身關係，值得特別注意，有一次，有一行人，遇着巡捕檢查，不即停步，不把雙手舉起，依然向前行走，巡捕恐係匪類，遂開槍將其擊斃，枉送一命，翌日，有幾家報紙做

着『遏巡捕檢查』『末舉手停步』等小標題，倘漠然視之，豈非憾事。（七）其他關於社會新聞中應開闢的來源很多，隨時看環境而決定他的方針。

其次，報紙是一個公共機關，除登正確的新聞以外，更有『爲民喉舌』評述時事的責任，可是，各報只有自己所做的『社評』，而對於民衆的意見，頗少發表的機會，今後似宜仿照西報的辦法，擴大『來函』一欄，除讀者更正信以外，並容納他們申述意見或評述時事，除非觸犯法律的文件，一律公開，予以刊布，這也是報紙顧到民衆『實益』的一端。

又其次，報紙對於國際新聞應特闢較多的地位，來盡量登載國際時事，因爲倘只注意國內，而漠視國外及邊疆（如滿蒙西藏），報紙有虧職責尚小，而影響到國家及民衆的實大。

總之，編輯者好像自來水公司的濾水池，水中包含各種質料，——有毒的，有清的，有濁的，——須經過濾水池，加了一種消毒工作，然後毒的濁的變成了好的水料，人民始可飲而無害，新聞像水一樣，編輯者也得加一種消毒工作，去渣滓，存精華，始可無害於讀者，而爲讀者日常所必需的東西，美前總統威爾遜說，『新聞是國民的食料』，試問有毒的食料，不致危害國民的生命嗎，依據現在吾國報紙的情形，實有提倡實益主義的必要。（記者週報，七，十三，一九三〇）

報紙革命運動

吾國的新聞事業、同現代各國比較起來、可以算得是很「落伍」的一個了、但是、吾們試展開歷史一看、吾國有報紙、還在各國之前——在東周的時候——不過、那時的報、僅有一個雛形、內容簡陋、所登的又非完全是新聞、嚴格的說、實在不足以稱報紙的、至於吾國的有近代報紙、還不到百年、自從民國元年到現在、報紙的勃興、好像雨後春筍一般、讀者也日見增多、而研究新聞學的人、尤感覺極大的興味、這是一個極好的現象、吾們固然不能不承認吾國的新聞事業尚在幼稚的境地、但也不能否認已在進步的途程中、所可惜的、進步的很遲緩罷了、

吾國新聞事業的進步遲緩、到底是什麼原因呢、現在很簡單的說在下面、

（一）教育的不普及　報紙是給識字的人看的、不識字的人、當然不能看報、所以教育的普及與否、與一國新聞事業的發展、有極大的關係、吾國號稱人口四萬萬、但識字的人、還不到百分之三十、這是何等慚愧的一件事、現在新聞事業最發達的國家、可以說是美國了、紐約是他新聞業的中心點、銷路最大的報紙——如紐約日報 N. Y. Daily News——每日有一百〇二萬份的

銷路、星期日則竟至一百四十萬之多、吾國報業最發達的地方、要算上海、然而上海銷路最多的報紙、至現在爲止、尙不到十五萬份、彼此比較、相差極遠、但是、拿人口來比較、美國不逮吾國、何以他的報紙銷路、突過吾國很遠呢、這是完全因爲他受教育的人比吾多的緣故、有一證明、吾們小的時候、受初等教育、簡直不知報紙爲何物、更完全不需要報紙、現在受了高深的教育、方知報紙與人類生活有密切的關係、一天不看報、無異一個瞎子、獨自生存在一個荒僻的世界、以吾個人而論、每天起來、可以犧牲早飯、可以不去洗面、而第一件的日常功課、却是「讀報」、總之、教育的普及與否、與報紙的銷路成一個正比例、教育愈普及、則讀者愈多、報紙的銷路也愈廣、因爲現在的小學生、都是將來報紙的「主力軍」、况且、吾國有這樣多的人口、將來教育普及後、每天有二三百萬份的報紙、也不足爲奇的、

(二)交通的不發達　一國交通的如何、與文化及一切事業都有很密切的關係、而於新聞事業、尤爲重要、因爲交通發達的結果、可以縮短國際間的距離、從採訪方面說、歐美日本的新聞記者、近來常用飛機去採訪新聞、以前與變的時候、中山先生匆匆乘輪離粵、但是這個消息、極爲秘密、後爲日本東京的新聞記者所聞、乘了飛機、高翔太平洋上、偵查行踪及到達日期、及中山

抵粵、而這種消息、已刊布於日本報紙之上、又鐵路像蛛網的結果、也予採訪以極大的便利、最近黃慧如產子喪命一案、轟動遠近、傳爲美談、但死後忽有復活的傳說、某報以爲其是否身死、可以離蘇時有無死狀測之、乃派員赴蘇、詳詢向李兩醫生、始知黃在蘇時、熱度已一百度以上、囈語時作、神志暈迷、且有毒菌、在蘇已屬無救、此事遂得大白、該報記者於上午七時乘車赴蘇、上午九時到達、有極裕餘的時間、從事採訪、當日下午六時返滬、翌日、即刊布於報紙、試思鐵路未通的時候、決不可以朝發夕返、使採訪上有如此的便利、更從發行上面說、上海報紙每天在上午五時左右出版、以南京而論、須當日下午五時始可讀上海報紙、假如有飛機送報、那末、上海到南京、只須一二小時、當日上午九時左右、南京的人即可得見上海報紙了、如此、上海的報紙、必在南京有突增的銷路、可以無疑、可惜吾國尙少飛機送報、現在所恃的、只有鐵路、但吾國雖有極廣的幅圓、而鐵路的距離、尙不逮日本遠甚、這又何怪內地民智的閉塞、與報紙的不能增加內地的銷路呢、

此外、如資本的短絀、內亂的不絕、固然也是吾國新聞事業進步遲緩的重要原因、然而、他的主要原因、實在人才的缺乏、因爲沒有人才、現在的環境不能改進、一切計劃不能實施、中山先

生的『知難行易』學說、很有眞理、吾們不怕不能去做、只怕沒有人能夠去做、尤怕不曉得如何去做、

吾們政治上的革命、一次二次的失敗、但有中山先生和國民黨員努力不懈的奮鬬、喚醒民族的精神、現在已經告一段落了、不過、吾國報業如何、現狀能使人滿意嗎、幼稚是不足諱言的、惟其如此、吾們對於吾國的報業、也應提倡一種『革命運動』、把舊而不良的制度、加以改造、另創一種新生命、美國杜威博士說、『野蠻社會要死死的保守舊俗、不肯改變、爲什麼不肯改變、因爲沒有鑑別的能力、文明社會則不然、對於固有習俗、當存就存、不當存就變』、現在吾國的報紙、亟應改進、『不當存就變』、決不可『死死的保存舊俗』、吾們尤其要鼓着十二分的勇氣、向前衝鋒、以達到最後的目的、吾們爲什麼要有報紙革命運動、因爲、時代是前進的、不進卽退、一時代有一時代的思想與精神、吾們生存在這一個時代、而沒有這時代的思想與精神、就不配生存在這一個時代、他是一個時代的『落伍者』呵、一個人是如此、報紙也未嘗不是如此的、

但是、政治上的革命、是以頭顱與熱血換來的、換句話說、不擲頭顱、不流血、政治上的革命是難能成功的、報紙上的革命如何、他雖不需流血、但是不可不有熱烈奮鬬的精神、與犧牲一切的決

心、而尤其需要革命的隊伍與同志、站在一條戰綫之上、一致進攻、吾很深切地希望、吾新聞界同志能不顧一切的組織一有力的團體、一致聯合團結起來、提倡並參加報紙革命運動、否則、墨守舊法、不知那一日始能與歐美並駕齊驅、

一九二九年、四、十七、(載報學月刊第一卷第三期)

新聞檢查與報紙條例

(一)

『新聞檢查』歐美本有此制、原非一新奇名詞、當甲國與乙國宣戰、或其國內有重大事件發生施行戒嚴令之時、每派員檢查各報新聞、其目的、不外(一)防止洩漏軍事秘密、致爲敵人所乘(如作戰計劃、軍隊調動等)、(二)禁止發刊與本國政府或本國人民不利之新聞、(如外人在當地所辦之報紙等)、

吾國之有新聞檢查、僅係近數年來之事、但報館與新聞檢查處、因之常有糾紛發生、如去年蘇州各報、曾因反對新聞檢查而一致停業、即係顯著之一例、

報界中人、或以爲各種新聞、報館自負其責、何用檢查爲、此固言之成理、惟當局既因不得已而施行檢查、報界亦未嘗不可容忍此種制度之暫時存在、但檢查新聞、下列數點實爲其先決問題、

(甲)檢查新聞、應以軍事時期爲限、否則、即應撤銷、平時絕對無設置之必要、

(乙)檢查新聞、應明定範圍、應受檢查之新聞、應祇限於軍事、至多亦應以軍事及外交政治(與反動有關者)爲限、以現在情形而論、報館認爲可登者、檢查處往往加以刪除、外界不明眞相、以爲報館或有偏袒、遂成怨府、如祥昌布廠工潮巡捕槍殺一工人之事、乃社會上一極可注意之流血事件、但此種新聞、終未獲發刋、工人不察、遂有搗毀時事新報工場之舉、此種不幸事件、實由於檢查範圍之不確定、換言之、此種新聞本無受檢查之必要、

(丙)新聞檢查處對於刪除之新聞、除應遵守上項之範圍外、尤須有一定之標準、換言之、應刪、則各報同刪、不可刪此而存彼、如本年一月二十日本埠大隆花衣行經理何允梅被綁一事、各報均刪除、而一報則登出、又一月念三日第五師十五旅二十七團第三營營長南京人張勳吞餉潛逃一事、上海各報均有新聞、均被檢刪、而事後則有一報刋出、更嚴格言之、則『綁票』『吞餉』新聞之受檢查並被刪除、實越出於新聞檢查範圍之外、

(丁)新聞檢查處之組織、除由當地黨政軍機關派員主持外、得由日報公會派員參加、

(二)

其次、現在吾國報界所處之環境果何如乎、扣報紙、封報館、拘捕記者、罰令停刊、任何一機關、對報館均得任意執行、以致報業黯淡無色、記者絕無保障、瞻念前途、不寒而慄、故目前急要之圖、莫如請中央政府根據三民主義、頒布『報紙條例』之單行法規、以法律保障吾報業、蓋法家常言『惡法、勝於無法』、惟其無一定依據之法律、乃得任意加報館以任何處分、對記者加以任何暴力、事之不平、莫甚於此、吾國於光緒宣統年間、曾一度頒布『報律』、民國三四年間、袁世凱帝制自爲、亦曾頒布『出版法』、以壓迫輿論、此種惡劣之印像、至今猶深印於吾報界中人、此後『報紙條例』之釐訂、一方面應依據黨綱言論自由之原則、一方面應顧及刑法第三百二十七條之精神、即以善意發表言論而有左列之情形之一者、不罰、(一)因自衛自辯、或保護合法之利益者、(二)對於可受公評之事、而爲適當之評論者、(三)對於中央及地方之議會、或法院、或公衆集會之記事、而爲適當之載述者、

日本於明治四十二年五月六日頒行新聞紙法、凡四十五條、至今適用、其審理機關、限於法院、

審判確定後之執行機關亦爲法院『新聞紙揭載事項有錯誤時、倘與該事項有關之本人或直接關係者、請求更求或揭載正誤書辯駁書、須實行更正、或揭載正誤書辯駁書之全文』、其禁止或限制登載之新聞、亦有一定範圍、該條例第二十七條規定『陸軍大臣外務大臣、對於新聞紙、得以命令禁止或限制關於軍事或外交事項之揭載』、對於報紙最重之處分、處編輯人印刷人以二年以下之禁錮及三百元以下之罰金(但限於揭載欲冒瀆皇室之尊嚴、改變政體、紊亂朝憲之事項者、見該條例四十二條)、報紙揭載之事項、認爲有紊亂安甯秩序或妨害風俗者、始得禁止發賣頒佈、必要時得扣押之(見二十四條)、日本對於報紙、須繳保證金於地方官廳、不繳保證金時、停止其發行、(見二十二條)、又揭載陸軍大臣外務大臣所命令禁止或限制之新聞、或揭載紊亂安甯秩序或妨害風俗之事項、或欲傾危皇室者、亦得由審判廳停止其發行(見四十三條)、

日本新聞紙法中、可注意之點有三、(一)對報紙編輯人印刷人最重之處分、爲二年以下之禁錮、三百元以下之罰金、不若吾國之隨時隨地可以拘記者、殺記者、(二)審判報館或編輯人印刷人者爲司法機關、(三)不繳保證金、或欲紊亂朝憲等者、始停止發行、不若吾國報紙隨時隨地可以封閉、較諸專制高壓之日本帝國、似又加甚、凡此諸點、均足爲將來吾國釐訂報紙條例時之參考

者也、

（三）

總之、爲圖吾國報業之生存發展、及新聞記者得着法律上之保障起見、下列各項、實爲吾報界現在最低之要求、

（A）請中央政府頒布『報紙條例』、（一）規定審判報館或記者之機關、限於法院、（二）未經裁判確定、不得處分報館、（三）未經司法手續、不得侵害新聞記者之自由（卲飄萍林白水之死、可爲殷鑒）、（四）對新聞記者之處分、須裁判確定後、始可執行、

（B）於不抵觸報紙條例或其他法令之範圍中、請中央重行釐訂新聞檢查規程、（一）規定新聞檢查祇限於軍事時期、或當地施行戒嚴令之時、（二）新聞檢查應有一定之範圍與限制、（三）應刪除或禁載之新聞、須由新聞檢查處敍明理由、（四）因新聞檢查而予報館以處分、須依據報紙條例辦理之、

（見上海記者週報第二期）

美國初期新聞事業

近代報紙最發達之國家、莫若美國、報紙中之勢力最大者、亦莫『美國式』若、然美國初期新聞事業發達之史略、則在吾國新聞學書籍中、尙屬罕見、爰草斯篇、以介紹於國人、

美國之得以稱强於世界者、實有四大要素、曰實業、曰電報、曰報紙、曰鐵路、而以報紙之發展爲特甚、故今日之美國、苟不爲一『新聞統治之國 A Nation Governed by News Papers』、則至少成一『爲印刷家墨汁勢力所凝合之國家 A Nation Held Togather by the Cohesive Fower of Printers' ink』、然美國新聞紙發源於何時乎、曰由在松德Sumter砲台被轟之日、當時美國之內亂、實助其爲一『新聞紙讀者之國家』(A Nation of Newspaper Readers) 蓋斯時美人爲國效忠於沙場者甚衆、其家屬或愛人、則殷殷日盼其無恙、關山阻隔、望穿秋水、欲言無從、欲晤莫能、乃不得不藉報紙上之『戰訊』、以探求其近狀、並戰事之何若、斯時報紙銷路之大、實非夢想所及、而報紙遂被視爲供給新聞之利器、其重要不在糧食之下、實開美國報紙一新紀元、嗣後新聞事業與年俱進、而與人民之關係亦日密、雖如機器之發明、亦不能與新聞紙並駕齊驅、故今日美國新聞事業之盛、實不得不歸功於松德砲台之陷落、換言之、實『國內戰爭』促成之也、

歐洲報紙發源於一六二〇年間帕爾麥(Plymouth) 殖民地之居民乘曼弗洛佛(Mayflower) 號輪

船赴美之時（曾開闢 Massachusetts 者），一六三九年，報紙之『先鋒』，由英國帶至麥索吉塞海灣(Massachusetts Bay)之殖民地，是為英報輸入美國之始，但厥後殖民地當局不准人民印行新聞紙，不論登載新聞或法律等等，皆在禁止之列，違禁書籍之被燬於火者，亦屢司空見慣，如是者甚久，在此時期以內，絕無自立之新聞紙可言，直至一六九〇年，波斯登商人哈立斯(Benjamin Harris)冒險刊行報紙自為主筆，然僅刊一期，即為當局禁止發行，該報名『Public Occurences』，日出一小紙，計三頁，每頁二欄，該報實為美國報紙之鼻祖，惜僅一日而熄耳，迨一七〇四年，波斯登始又有報紙出現，名『Boston News Letter』，式僅半頁，縱十二英寸，橫八英寸，印刷人為格林(Bartholomew Green)報館主人為一蘇格蘭人，任波斯登郵政局長，名康壁爾(John Campell)，此小規模之先鋒報紙，雖每週刊行一次，然發行幾及七十五年，直至一七七六年之亂，始行停刊，一七一九年波斯頓又有新聞紙出，未幾費城 Philadelphia 遂有報紙之蹤跡，一七二五年，紐約亦有一報紙發行，又閱三十年，紐約之報紙由四而增至九，一七七六年，全國報紙數目共三十七，（包含一三日刊）

然以上三十七種之新聞紙，或為月刊，或為週刊，但無日刊焉，其第一種之日刊發現於美國者，厥在一七八四年之費城、當十九世紀初葉美國報紙凡一百餘、而日報則僅見于較大之四五城市而已、更後數十年、突增至三百六十種、然日刊約僅占其中之二十餘種耳、至一八三〇年間、雖鐵路尚未通行、電力印刷尚未發明、然已達千種矣、

茲將一八四〇年至一九〇〇年間鐵路與報紙之雙方增加狀況、列表如后、以資參閱、

年份	鐵路英里	報紙數目
一八四〇	四、〇〇〇	一、六三一
一八五〇	一〇、〇〇〇	二、八〇〇
一八七〇	五〇、〇〇〇	五、八七一
一八八〇	九〇、〇〇〇	一一、三一四
一八九〇	一六〇、〇〇〇	一六、九四八
一九〇〇	一九〇、〇〇〇	二一、二七二

是時、（指十九世紀之初）美國居民每二萬六千五百五十八人中、平均有一新聞紙、而當十九世紀之末、則每三千六百人中已有一新聞紙、以發行份數論、仍有增進焉、

十九世紀中、美國人口較昔增十五倍、而報紙則增百倍、日刊尤在一千倍以上、每年發行之報紙及雜誌總數、殆有八十萬萬份之多、每人平均佔一〇八份、飛躍騰進、不將令人瞠目結舌乎、

當美國最初刊行之報紙、大半由英報轉載而來、『本埠新聞』中之新聞、寥若晨星、而輪船火車之時刻表、則佔其大半、缺乏材料、聊以塞責而已、而所謂『國外新聞』者、復轉載自倫敦報紙、其達到期間、每在發行期之一月以後、雖有『明日黃花』之憾、然亦無可如何、波斯登的『Boston News Letter』主筆嘗謂『美國登載國外新聞、在歐洲報紙發行十三月之後』、乃當時之實況也、美報之最初主持筆政者、大半爲郵政局長、蓋當時之郵局、實爲轉遞新聞之中心也、印機木製、印刷以手、日銷四五百份而已、斯時報紙之發行雖稍覺自由、然不敢稍觸當道之怒、不然、則朝成立、而夕被封禁矣、此種情狀、與今日之中國、及歐洲大陸各國無異、

美國最初之報紙、以嚴格言、實名不副實、蓋所載者大半爲道德或政治有關之論說、而爲新聞記者者亦得從容從事、不若今月之貴平敏捷也、例如、七月四日在費城國會所通過之對英獨立宣言、直至十三日始登載於該地所謂之大日刊、而波士頓報紙則甚至二十二日始刊此文、相去幾二十日、設在今日、不將有『痲木不靈』之誚乎、且當時重要人物之『起居注』、竟視爲最重要之新

聞、而別種消息、則每漠然視之、當美國革命政潮洶湧之秋、報紙實乃鼓舞國民情感之一種工具、政潮既平、報紙一變而爲政黨政客之機關、主筆之地位、竟在報紙之上、遂變成『個人新聞事業Personal journalism』之時期、

在十九世紀中葉、其視新聞事業爲一種職業而需特別能力與預備者、幾無其人、即在一八五〇年間、發行報紙竟視爲副業而非職業、新聞記者多兼營律師或醫生之業務、此其人皆貧困異常、不得不卑躬屈節、乞憐于人、以求政治或私人之厚惠、當時報紙之利益、純在他方之醵金、瑣屑之印刷事務、及因敲詐而得之收入、商人之登廣告、亦僅欲結好於報館主人、以免其吹求耳、報館主筆亦常以筆戰爲榮、挑戰詬詈、習以爲常、浪廢篇幅、非所深計、『村嫗罵街』之惡風、竟沾染於報紙、此種報紙之無發展希望、可以斷言、然今日吾國報紙之與當時美報相若者、尙不勝縷計也、

然尙有令人不解者、則斯時之新聞記者、大都注意於批評新聞、而不注重如何採集新聞、居至高地位、而不圖改進、甯不可惜、新聞之重要者、時亦傳達於國中、或爲郵遞、或爲口述、或恃旅客、或藉舟車、本埠新聞大都出以批評語氣、各地新聞、無力特派專員、仍不得不轉載各地地方報焉、

直至墨西哥戰起，紐屋令司 New Orleans至紐約間，雖有直達電線，然一切戰訊及軍事行動之消息，竟不得之於官場公報及私人通函，每日以快馬一匹傳遞消息於兩地之間。

美國新聞界之離『舊』而進於『新』之時代，實自紐約通報 (New York Herald) 始，該報以美金五百元，創立於一八三五年，創辦人為戈登班納脫(James Gordon Bennett)，當發刊之初，戈氏曾宣言，『本報當力圖獨立，而不供任何政黨為機關』，遂開報界一新局面，氏識見高遠，勇於果斷，以為『人民需要新聞，甚於批評』，其識見實非一般人所能企及，氏且具採訪新聞之天才，往往以敏捷之方法，報告重要新聞於讀者，報紙之聲譽遂鵲起，而為社會所歡迎，一八三八年，『先鋒』輪曳拉斯號 Sirius 渡涉大西洋航行英美間，氏利用此良好的時機，以傳遞歐洲消息，美國新聞之脫離『轉載』而變為直遞，自氏始，美報之用新聞插圖亦自氏始，氏在該報刊『錢市』欄，或 Wall street之商業報告，迄至今日，則『商業金融』欄，殆為各報最重要之一部份矣。

同時，氏亦為『黃新聞』Yellow Journal之發明者，其新聞動人而使人興奮，故以黃色目之，氏實為美國新聞改進史中之功臣。

厥後奴隸事件發生，亦為美報發展之始點，此一時期間，吾人名之為『評論時期』，其足以代表此一時期者、厥爲紐約講台報（N. Y. Tribune）之主筆格利闌（Gracé Greelly）、禿筆一枝、論文一篇、足以左右政局、及擁護或推倒一政治家而有餘、其因氏之評論而升沉于宦海中者、不勝數計、其勢力之偉大、可想見一斑、惟當時 Bennett 式之新聞、亦在社會中占大部份勢力、自紐約通報成立後之十二年、電氣印刷發明、報界遂呈一新氣象、然斯時各報守舊者多、直至內亂爆發、各報始覺悟『新聞紙之最大功用、在刋載新聞、而不在評論』矣、

一八六一年後、機械發明、電遞新聞、亦開始使用、戰事未起、紐約講台報已至少每日刋載電訊二欄、及至戰事發生、各種報紙之銷路、莫不飛躍突增、廣告家見銷路增大、不惜以巨資登於報紙、而報紙遂得盡量發展其業務、當時各報戰地訪員咸活躍于前線、以傳遞新聞、常駐華盛頓之特派員亦奉命多寄新聞、而少發空泛之議論、

斯時國民對於新聞之胃口、亦漸擴大、報紙卽不得謂爲穩固之職業、然亦已視爲正當之營業矣、而最堪注意者、則搜集新聞已變爲一種實際科學、迄至今日、世界各種重要事實、報紙莫不每日記載焉、

三，二八，一九二八，于上海。（載上海光華書局出版之新聞學刋全集）、

新聞記述

新聞怎樣記述才好、不但做新聞記者的人（或想做新聞記者的人）必須了解、就是新聞界以外的人也有明瞭的必要、玆述其要點如下、（一）新聞須根據事實、非如小說中的事實是可由作者任意虛搆的、（二）小說多側重於文字的富麗、而新聞則必簡潔明瞭、並須通俗、（三）小說的第一段常敘述不重要的事實以爲襯托、新聞則貴乎單刀直入、第一段的引子(Lead)必須把新聞全部的事實（發生及結果）扼要的記在其中、換句話說、新聞中的事實、愈重要的愈記在前、而小說的事實、則愈重要的往往愈在後面、（四）新聞中必須說出這一件新聞的事主(Who)、出事的地點(Where)、出事的時間(When)、出事的原因(Why)、譬和事主爲王逸亭、必須把他調查清楚、不可僅說『王某』、出事地點在北京路、則須調查什麼里、幾號門牌、住家抑商店、一一的調查出來、不可含糊其詞、僅說『北京路某里某號門牌』、（五）小說有數天數月數年始做好的、而新聞則必在極短促之時間內做成、往往一事尚未記畢、而驚訊頻至、記者又須出發調查訪問了、（六）有價值的事實應該詳細記述、否則只要記得簡單明瞭就好了、因爲無聊事件的舖張揚厲、決不能引起人們閱讀的興趣、（七）記述新聞須側重於客觀的記述、記者主觀的見解不是新聞、而是廢話、所以記者不可把他個人的愛憎夾雜在新聞當中、（八）『提要化』之新聞記法、就是重要而複雜的新聞、必須要做一個引子（或稱總冒）、使讀者沒的讀新聞以前、對於新聞中的重要事實、都已明瞭、總冒做好、然後以人爲經、以事爲緯的敍述下去、　一九三〇，三，廿一。（載第五卷第十七期生活週刊）

寫述新聞的時候

採訪新聞是一件事、採訪以後的寫述新聞、又是一件事、倘使一個新聞記者、能夠有極高的本領、採訪到極好的新聞、而同時又能記成一篇很生動的記事、這纔是一個全才的新聞記者、本文所欲討論的、不是新聞的如何採訪、以及如何的去記述新聞、而是寫述新聞時容易犯的毛病、現在分記在下面、

（一）字迹要清楚整齊、更要避用鉛筆、倘若寫得太潦草、編輯者必定多費不少時間及精神於閱稿的上面、而排字人也容易增加些錯字、

（二）新聞記者記稿時、每句要加標點、
（三）每一個長句、不如改爲二個短句、較易明瞭、
（四）每一張紙、只可寫一面、
（五）字要直寫、勿橫寫、尤須照舊有的習慣、從右邊寫起、否則、排字時容易錯誤、
（六）每一行新聞、兩旁須留空白、使編輯的人有添註增減的餘地、
（七）過於長的新聞、須照事件的性質、分爲幾個段落、另行寫起、
（八）記新聞的紙、須用白色、紅綠等色的紙張、不用爲宜、
（九）記述新聞的紙上、須標明頁數、以防先後錯誤、
（十）一段新聞記好後、最好加上一個標題、使得編輯的人、在新聞分類的時候容易辨別些、
以上幾點、不但做新聞記者的應該明瞭、就是投稿於報紙的人、也有注意的必要、倘能如此、編輯上必感覺到不少的便利、（見上海記者週報第二期、一九三〇，五，廿五。）

中國最近之新聞事業

（一）引言

世間最複雜之事業、莫過於新聞事業、最難經營之事業、亦莫過於新聞事業、新聞事業之範圍至廣、降至近代、物質進化、事業繁盛、民治潮流、瀰漫全球、其與人類間國際間之關係日密、效用亦日偉、一國新聞事業之何若、民智啓閟、於以覘焉、民權消長、於以察焉、政治良窳、於以繫焉、西哲有言、『報紙爲世界人類生活之反映、新聞記者爲無冕之皇、手執一筆、强勝鎗礮萬倍』、非虛語也、

歐美新聞事業之進步無論矣、顧反觀吾國則何如、最老之報、祗有五十餘年之歷史、新聞事業之名詞、在國人腦筋中、印象極淺、試以近狀與歐美較、吾勝人歟、人勝吾歟、此爲不可掩之事實、無庸諱言、夫以報紙發刊之歷史言、吾國已見於東周、早於歐美新聞先進之羅馬、其他各國更不必論、然當時之報紙、與其稱之爲「報」、曷若名之爲「再版公文」、其略具近代報紙之雛型、而爲國人所經營者、實自同治初年始、以年程計之、尙不足六十年、其得臻於發達狀態、亦僅二十年來之事耳、夫以甚短之時期、而欲責其與歐美齊驅、猶之以牙牙學語之孩童、而强之爲滔滔雄辯、烏乎可、故謂吾國新聞事業不逮各國則可、謂其無進步則不可、據此以斷其無希望、則尤不可、

易言以明之、則中國之新聞事業、固已在「進步之途」中、所不同者、進步之遲速而已、

（二）中國新聞事業之時期

吾國新聞事業、可分作四時期、試申述於次、

（一）萌芽時期　東周之官報、唐宋間之京報邸報、雖爲皇帝發施號令之一種刊物、不普及於民間、然其目的在報告事實、實已萌新聞之芽、

（二）外報時期　自道光末年至同治初年、海禁初開、外國牧師、紛蒞華土、實行佈道、爲互通聲氣計、乃集資刊華字報紙、而由西教士主其事、一八四九年、香港始有唐字新聞、（或謂其前有察世俗每月統計傳、發行於一八一五年、但地點在馬六甲）一八五七年（咸豐七年）、有六合叢談（月刊）發刊、一八六一年（咸豐十一年）、香港新聞出世、係日刊、而規模又較大、是爲外人經營華報及新式報紙發現於中國之始、

（三）國人經營時期　香港新聞之後又二十餘年（一八七二年）即同治十一年三月二十三日、乃始有申報出版、（然最初經營者仍爲外人美查氏（Mr. F. Major）至民國初元後、始由史量才君等出資收辦）、繼之起者、如新民叢報、中外日報、新聞報、東方雜誌等、皆爲一時負時譽者、是

爲國人經營時期、

（四）勃興時期　自民國初元以迄今日止、當民國肇建之始、民氣伸張、潮流一變、報紙遂應運而現勃興之象、民立報其最著者也、其後北京、上海、廣州、漢口、天津、杭州等處、風起雲湧、先後成立、而以「五四」以後爲尤甚、中以限於資本、倐起倐滅者甚多、據外人調查、一八九一年、全國報紙共三十一家、一九一三年、三百三十家、（二十二年中增至十倍）、一九二十一年、共八百二十一家、（八年中又增二倍）、據最近郵局統計、則全國報紙已達千餘家、

（三）編輯上之缺點

（一）標題之藝術　標題爲編輯上極重要之藝術、須將記事之活動性、全部表現、令讀者一見卽領其意味、故秀美而生氣勃勃之標題、實爲新聞之骨髓、足以助長讀者之興味、而津津不倦、自他方面言之、有好新聞而無好標題、既不足以發人興趣、而新聞之價值亦爲之抹煞不少、如數年前徐國樑被刺一事、爲極足轟動社會之新聞、宜有極能鼓動情感或引人注意之大號標題、而各報不曰『徐國樑昨晚遇刺』、『徐警察廳長之橫禍』、卽曰『徐國樑廳長禍臨不測』、在三個標題之中、第二第三太長而未將被刺表出、不得爲上乘、當然以第一個較爲醒目、惜無小題目、致刺

後之生死、仍須由讀者於新聞中求之、然苟易以大號之『徐國樑忽遭暗殺』、旁加較小號之『方出浴堂突中二彈、廣西路口肉搏慘狀、兇手李大生已拘押、徐入醫院危在旦夕』等標題、則新聞神髓、躍然紙上、讀者行且趣味津津、以一讀爲快、蓋此項含有刺激性之標題、極易激發人之情感也、美新聞家吉弗遜有言『新聞之標題、猶商品之包裝、新聞不患無人閱、患無秀美之標題、商品不患無銷路、患無時式之包裝』、其藝術之重要若此、

此外吾國報界尙有通病二、(一)爲標題之不整齊、吾人常發見有並列之小標題、或爲六字排成、或爲五字、「標題美」既失、卽不雅觀、(二)爲帶有批評語氣之標題、如『警佐不應草菅人命』『醫生豈能索詐』等等、均宜避免、

(二)批評式之記事　記事貴將事實紀出、記事之妙者、不必加以批評、而事之曲直是非、悉已流露於字裏行間、若批評、則另有專欄、不必於記事或標題中出之、乃各報記事之末、間有『說者謂此事……』或如『該醫生者、庸醫殺人、直人類之賊、官廳急宜起而禁之……』此等乃評論或謾罵體、不宜雜於記事中也、

(三)矛盾之新聞　吾國報紙、採地方主義、而不以新聞之重要與否、爲刊登先後之標準、稿件

來自本埠、則入於「本埠新聞欄」、新聞之不屬「本埠」、不問也、事實之如何、不顧也、如張宗昌南下一事、京電『張宗昌(三日)南下』、本埠則謂『張尙滯留京津』、不將令讀者莫名其妙乎、此種記載、歐美報紙絕無之、而華報則日有數起、矛盾若此、何異自披其頰、揆厥原由、則因本外埠編輯各守門戶、不爲一度之接洽而起、故以稿件發送之地爲本外埠之分、而不以新聞發生所在地爲別、其結果(一)不關「本埠」者、亦登於「本埠」、(二)同一事件、本外埠所報告者每不一致、(三)費讀者找尋之時間、(四)外埠已登過者、隔若干時日後、「遞解回籍」於本埠新聞、

(四)編輯方針之不統一　「新聞之矛盾」既如上述、尤奇者、則爲編輯之雜亂、如孫中山逝世一事、先在專電中刋『孫昨晨逝世』之電文、而「特約路透電」欄、與「東方電」欄中、同時又登標題各異之新聞各一則、「國內要聞」中所登者則爲『孫病稍有起色』——此係轉載北京快報、而未與電訊編者接洽之故——返觀本埠新聞、則謂『據民黨電訊、孫中山雖瀕危境、不致無望』、而所謂「地方新聞」者、亦散見松江各地慰問孫病之電報、夫以同一事件、「地方主義」之複雜如此、——新聞中亦分界限、如電訊、路透、東方、均各立專欄、不相併合——、新聞之錯綜矛盾又如此、甯非一種怪現象、此皆由編輯方針不統一所致也、

（五）編輯法之守舊　新聞在報告事實，編輯法貴在使事實明瞭，有栩栩欲活之記載，而無藝術高妙之編法，是一則「呆新聞」耳，吾今所欲言者，卽爲各報編法之守舊，以同一事件之新聞言，各報冠以「又一消息」，「又訊」，「另據某方面報告」，「續訊」，或「報告一」「報告二……」，幾如刻版文章，而牢不可破，至於雷同之處，則鮮加改易，盡量刊登，多多益善，一若不如此不足以顯其新聞之多且確者，殊不知模稜兩可，前後矛盾之記載，「多」何足貴，與「確」何與，徒見其編輯之惰性，與損耗讀者之光陰及腦力而已，然則，如何而可，曰『雷同者去之，蕪雜者删之，懷疑者留待證實，以不背 accuracy 之原則而已矣』，

（六）「昨訊式」之標題　標題所最忌者，在守舊不變，在不將事實要點揭出（餘詳上述之「標題之藝術」中），各報通病往往一事件之標題，加以「昨訊」，「昨聞」，「近訊」，「要訊」，「近紀」等字樣，致讀者雖閱標題，尚不明眞相——讀畢新聞，始得瞭然，以最近撤兵一事言，如「翔崑撤兵近聞」，「奉軍撤防之昨訊」之標題，讀者能不閱新聞而知其事實乎，耗費光陰，莫甚於此，一事件如此，以報紙全體計之，則所耗讀者光陰，豈不驚人，但苟易以「翔崑軍隊全撤」，「第一軍已撤四旅」，則事實瞭然，忙迫之讀者可無庸再細閱新聞矣，

（七）編輯深居簡出　吾國各報編輯、往往深居編輯室中、與外界隔膜、新聞則依賴於訪員與通訊社之供給、「親自出馬」者不多見、蓋誤解編輯與採訪無與也、歐美記者、不徒「編」而已、且須「實地訪察」、夫如是、始能洞悉外界情形、不爲外來之新聞所朦蔽而受其愚、自分鴻溝、非新聞記者之本色也、

（八）新聞排列之次序　重要者排於前、否則移於後、此定例也、無如各報每以地域爲單位、而不注意新聞價值之如何以定先後、即就專電一項而論、凡北京發來之電、則統入於「北京來電」、盡量納入、重要者不爲之大其鉛字、新奇其標題、讀者苟欲知其所亟欲知之事、須讀畢「北京來電」、始知其詳、然而苦矣、精神時間、耗去幾何、例如、廣東電「汕頭大地震、死傷十萬、損失二百萬」、反排在「殷祺瑞傷風」之北京電之後、甯不可惜、

（九）「布告式」之新聞　社會組織愈複雜、則發生之事實愈多、而「新聞地位」愈可寶貴、新聞記載當愈求經濟、若吾國各報「布告式」「通告式」之新聞、則所佔篇幅既多、且不經濟孰甚、如『本埠留日學會昨發通告云、逕啓者、本會爲討論會務起見、訂於四月三十日下午三時在大東旅社開會、事關重要、務希撥冗光降、無任盼禱之至、專此、即請大安、上海留日學會啓』之一則、此

中不必登之字句甚多、如改爲『留日學會定四月三十日下午三時、在大東旅社開會、討論會務云』之新聞、則簡潔明瞭、且省地位、望各報注意及此也、（其不關重要之布告、亦可改爲新聞、與時局有關或極重要之通告或布告、自有登之價值）、

（十）無聊新聞太多　新聞應合於"Every news worth to be printed"之原則、如『某會介紹科近訊、某校託聘英文教員一位、月薪二百元、以留學生爲合格、請逕往接洽可也』之新聞、則含有廣告性質、應在割棄之列、又如不關重要之團體開會、秩序多至二十餘條、徒惹人厭、重要新聞反被擠而不能付刊、故亦應省略、

（十一）通電與新聞價值　各報向有「公電欄」之設、此項電文大半刊以六號字、不易引人注意、然以新聞價值言、則通電實爲新聞之一種、有時且視爲極重要之新聞、設一律以小字刊在通電中、未免減色、如齊燮元兵敗臨去時之通電、爲全社會所極注意者、而滬上各報則大半刊於「公電」中、新聞價值頓爲之抹煞不少、如另行提出、易以「齊燮元通電解職」之大號標題、而刊於「要聞」或「本埠」、則相去不可以道里計矣、

（十二）新聞之提綱挈領　新聞之提綱挈領、實爲一篇新聞之主腦（Heading）、編輯於總集新

聞、編稿既竟時、將新聞全部爲概括之記載、置於篇首、長短不拘、但事實要點則不可或遺、其目的、（一）在以極短之紀載、報告新聞之全部、（二）爲有系統之記述、（三）節省讀者之光陰與腦力、何則、讀者之忙暇不盡同、讀報時間之多寡、乃因之而異、若夫繁忙之商人、每晨匆匆入寫字間、雜務紛集、雖欲遍讀標題、尙勢有所不能、則滿紙新聞又焉能一一畢讀、報紙編輯乃擇其冗長或較重要者、爲提綱挈領之敘述、蓋所以爲繁忙之讀者計也、吾國報紙則多忽於此點、讀者苦之、

（四）採訪上之缺點

（一）公雇訪員　各報訪稿、大別爲二、普通稿與特稿是、前者得自各報公雇之訪員（或來稿）、後者則得自自雇之特別訪員、公雇訪員（或普通訪員）者何、以同樣之稿件若干則、供給各報、而由各報給以若干之訪薪者也、以中國最近之新聞界現狀論、公雇多而自雇少、兩者相較、自以後者爲宜、歐美報紙殆鮮採用公雇制者、日常新聞除由通訊社供給少許外、大半爲其外勤記者努力之結果、故同一事件、記載不同、詳略亦異、優劣判然、至若新聞事業尙在幼稚時代之中國以種種原因、不能盡量發展、而採用「公雇制」、乃進步途中所必經一之階、美國名記者威廉博士

(Dr. Walter Williams)曩曾一蒞滬濱、考察新聞事業、認訪員公雇制爲新聞業進步之絕大障礙、豈虛語哉、請言其弊、(一)記載雷同、報紙不易表現其特點、(二)報館既依賴公雇訪稿、鮮爲新聞採訪上之競爭、足以阻新聞事業之進步、(三)公雇訪稿、未必爲報館所欲訪刋之事件、(四)現在之公雇訪員、未必富新聞學識、所採新聞、未必均有新聞價値、且時有敲詐情事、而報館未之覺、(五)足以養成編輯之惰性、(六)無聊新聞、較多發見、

爲目前計、各報宜多雇外勤記者、以採訪特稿、使公雇訪員漸歸淘汰、而開各報新聞競爭之端、優勝劣敗、進步可預卜焉、

(二)社會新聞與政治新聞　各報每視政治新聞重於社會新聞、致新聞之採訪、亦側重於前者、雖然、新聞價値初無大小可言、全視事件之何若與採訪之結果而定、不宜以政治社會分重輕、更不宜以之定新聞價値之高下也、蓋新聞之價値、在新聞自身、初不以政治經濟之分、而價値始不同、例如、一爲「破獲擄贖匪盜二百人」之新聞、一則爲「孫寶琦將就市政督辦」、前者足以轟動全社會、雖婦人孺子、皆將資爲談柄、而一欲聞大批匪盜之如何破獲、後者、則其「新聞力」較小、不若前者能驚動全社會、矧孫就職猶無確期乎、據此以觀、則以政治社會分新聞之重輕、實

一誤解、新聞價值不容以社會少數或主觀之眼光定之也、

(三)通訊社與特別記者　吾國各大報近雇特別記者者漸多、此實新聞界之好現象也、然訪員之蒐集新聞材料也、有僅就聞見而筆之者、有費較久之時間而得之者、成績若何、則全視各個人採訪手段之高下矣、如日本幸德秋水之獄、同謀七人、皆處死刑、將執行之日、各報外勤記者齊集監獄、而門禁森嚴、絕無所得、獨某報記者秘至一向送囚飯之飯店、詢之曰『幸德秋水之飯、已送否』、店中人答曰『方送去』、於此始知七人實未處死、傍晚又去、則送獄之飯、已退其六、店中人並曰『僅管野須賀子之飯未退回耳』、該記者聞之、即奔返報館、特出號外、大書『幸德秋水等六人、下午執行死刑、僅管野須賀子尚暫留獄中』、號外既出、銷至二十餘萬、此以極小之事故、而發見極重要之新聞者、吾人於此、尤佩該記者識力之過人也、吾國今日之所謂特別記者果何如、此則深有待於努力矣、

年來吾國通訊社漸發達、國聞、遠東、中外、東南、其組織之較完備者也、但與歐美較、則相去遠甚、今請以言歐美、通訊社之組織與吾異、其報告新聞之方法亦然、——或以電話、或以電報、極詳細者有之、寥寥數字者亦有之、如曩日顧維鈞離美一事、美國聯合通訊社第一次稿、謂『駐美

華使顧維鈞定今晚七時離美返華」、第二次則僅謂『顧已赴留美學生會歡迓宴』、而（一）顧乘何船、（二）同行何人、（三）返國原因、（四）誰代公使、（五）何時上船、（六）船名等等、均付缺如、蓋該社所報告者僅簡單之事實、而報告以外之探求、則全賴各報外勤記者之努力矣、各報爲競爭計、攝影也、談話也、四出探訪、各顯所長、以同一之事實、而所得之結果則各各不同、優劣判然、夫有競爭、始有進步、此其新聞事業所以能蒸蒸日上歟、

此外如編輯部之設備與組織、訪員之日常習練等等、容日後專論詳之、

（五）一般人之誤解

竊嘗推求吾國新聞事業進步遲緩之原因、簡括言之、由於（一）教育不普及、（二）交通不便利、（三）缺乏鉅大資本、（四）印刷業不發達、（五）言論不自由、常受政府之壓迫與箝制、（六）報紙鮮能經濟獨立、且不注意於營業之發展、（七）缺乏新聞人才、致編輯採訪兩方、俱少改進精神、（八）國人平時視報紙、一若秦越人之視肥瘠、漠焉不加於其心、世界潮流、國家大事、每視爲痛癢無關、迨政局有大變動、始稍稍加以注意、銷路焉能廣大、

有上述之原因、於是吾國今日之報紙、均現沉滯不進之現象、改進之道無他、曰經濟獨立、曰造

就新聞人才、

然國人(或辦報者自身)對於新聞事業、尙有一種誤解、不容忽視、其最顯著者、如

(一)誤認報紙爲無聊文人遊戲三昧之筆、舞文弄墨之場、

(二)誤認報紙爲個人之武器、

(三)誤認報紙爲一黨一派之機關、

(四)誤認新聞記者之目的、在爲文學家或政治家、

(五)誤認記者個人主張、卽爲一般之主張、少數之輿論、卽爲全體之輿論、

因此種誤解、報紙遂有爲「贋化」「個人化」或爲攻擊政敵之利器之虞、而健全輿論、末由實現、故欲除吾國新聞事業發展途中之障礙、須自袪除此種誤解始、

(六)結論

最後、吾國報館之設備如何、竊謂報館設備之何若、當視資本人才二者以爲衡——資本小、則難盡量發展、人才缺、則編輯採訪上之改進、極感困難、中國今日之新聞界、欲求一組織完備之報館如歐美者、百無一焉、欲求一資本之大人才之多如歐美者、亦百無一焉、皆資本與人才缺乏之故

耳、雖然、吾爲此言、非謂全國無一組織較完備之報館、亦非謂全國報館中無一資本較大者、蓋就全體言、僅居少數而已、日本新聞家有言、「今日中國之報界、尚不逮五十年前之日本」、其尚在幼稚時代可知、夫以幼稚時代之新聞界、設備不甚完備、亦何足怪、美前總統威爾遜曰『新聞爲國民之食料』、其與國民不可須臾離、彰彰明甚、況以中國人口之多、文化之發達、由幼稚而趨於進步、由進步而全盛、意中事也、記者濫竽報界、學識譾陋、不自諒其愚陋、草成茲篇、遺譏大雅、知所不免、尚望海內外同志、加以匡正、幸甚幸甚、　一九二五，四，十，（載東方雜誌第二十二卷第九號）

採訪系之組織

本書第一編第十二章、曾論及編輯部採訪科之組織、但『報館組織』每視人才及經濟或環境而異、各報初非一律、前年冬、上海時事新報編輯部有一新組織、將該部劃分爲三大系統、曰評論系、曰編輯系、曰採訪系、系各設主任一、而以總主筆總其成（評論系主任得由總主筆兼任）、各系在總主筆指揮監督之下、分別執行其職務、茲列表以明其系統、隨時登入行踪錄中、俾遇有事件發生時、該系主任得以從容應付、如沈張王趙四記者均已外出、而突有重大事件亟須派人調查、則該系主任祇須檢閱『本報記者行踪錄』、卽可瞭如指掌、（一）以電話分別通知大東旅社三〇一號房間及春泉飯店八號房間、令趙樹才王德超二人速卽回館、（二）倘需記者乘汽車出外調查、則預計沈之峯將回來否、苟距其回館之時間尚遠、則須向汽車公司另雇一輛、出外訪問、記者行踪錄如下式（照原樣縮小者）、

十九年　八月　廿一日　星期四　雨

姓名	目的地	事由	離館時間	預計鐘點	返館時間	備註
沈之峯	市政市	訪市長	下午三時十分	三小時〇分	午時分	本館汽車去
張立己	總巡捕房	綁票案	下午四時卅分	一小時〇分	午時分	
王德超	春泉飯店	宴會	下午六時〇分	二小時〇分	午時分	電話六五四七九 八號房間
趙樹才	大東旅社	訪友	下午六時〇分	一小時〇分	午時分	三〇一號房間
			午時分	小時分	午時分	
			午時分	小時分	午時分	

該報記者實行值夜制、每日由一記者輪流值夜、以應付夜間臨時發生之事件、其辦法已詳組織大綱中、茲錄其格式於下、

本報記者值夜日記

年　月　日　星期	
摘要	
到館時刻	上午　時　分
離館時刻	上午　時　分
值夜者	

注意

一、本報記者之值夜時間、自上午一時起、至本報最後拼版之時爲止、

一、在值夜時間之內、非因公不得外出、

一、因事或因病不能值夜者、除須先托人代理外、並依照本館請假規則辦理之、